甘肃省农村基层治理研究

王向东 - 著

The Governance of Rural Grass-roots in
Gansu Province

社会科学文献出版社
SOCIAL SCIENCES ACADEMIC PRESS (CHINA)

本研究是以中共甘肃省委政策研究室委托课题（委托研究任务书编号：ZYSZK2019－09）为基础完成的，该委托课题研究成果获得了中共甘肃省委政策研究室颁发的2019年度智库课题研究优秀成果奖（获奖证书编号：20190106）

前　言

　　治国安邦重在基层，基层治理是国家治理的根基所在。基层治理重在农村、难在农村。农村基层治理是国家治理体系的重要组成部分和乡村振兴战略的重要内容。党中央和国务院高度重视农村基层治理。2017 年 10 月，党的十九大将"治理有效"作为实施乡村振兴战略的总要求之一。2019 年 3 月，习近平总书记在参加十三届全国人大二次会议河南代表团审议时强调"要夯实乡村治理这个根基"。2019 年 6 月，中共中央办公厅、国务院办公厅印发《关于加强和改进乡村治理的指导意见》，指出"实现乡村有效治理是乡村振兴的重要内容"，强调"坚持把夯实基层基础作为固本之策"。

　　甘肃省地处我国西北欠发达地区，其存在的农业、农村和农民问题更为突出，实施乡村振兴战略的任务更为艰巨，因此甘肃省做好农村基层治理工作尤为重要。为全面深入地认识和把握甘肃省农村基层治理的现实状况、主要举措、存在问题和改进方向，在中共甘肃省委政策研究室委托课题支持基础上，笔者系统地开展了甘肃省农村基层治理研究，结合甘肃省农村基层治理实际，将其现实基础、基本对象、主要举措、典型案例、实践困境和改进思路六个部分循序展开探讨。同时，为了便于读者对甘肃省农村基层治理有更全面深入的理解，本书将甘肃省在农村基层治理方面富有特色和创新的若干政策文件作为重要内容在附录里列出。

　　需指出的是，甘肃省农村基层治理在全国具有典型性和代表性，对甘肃省农村基层治理进行研究，对全国其他地区尤其是欠发达地区的农村基层治理工作具有重要的借鉴意义和参考价值。农村基层治理的内涵和外延都很丰富，涵盖农村经济治理、社会治理和环境治理等各个方面，涉及基层党组织、基层政府、经济组织、社会组织、农民群众等各类主体，这要求我们的研究必须具有开阔的视野。而所谓基层，是指各种组织中的最低一层，基层跟群众的联系最直接、最紧密。农村基层主要是指县级以下直接面向农民群众的乡镇和村一级，这要求我们的研究要务实。对此，本研究既强调站在基层的角度，从乡镇和村一级来探讨农村基层治理，注重具体性和操作性；也强调站在甘肃省乃至全国的角度，跳出农村基层来研究农村基层，注重一般性和普遍性；还重视遵循农村基层治理的逻辑，突出农村基层治理的丰富性和多样性。

目录
CONTENTS

第一章

甘肃省农村基层治理的现实基础

甘肃省农村基层的各方面现状，构成了甘肃省农村基层治理的现实基础。本章着重通过数据资料来概要展现和描述甘肃省农村基层治理的现实基础。

第一节　区域概况

一　行政区划

甘肃省，简称甘或陇，地处中国西北地区，位于黄土高原、内蒙古高原和青藏高原交汇地带。甘肃地域狭长，自西北向东南延伸，东接陕西省，南邻四川省，西连青海省、新疆维吾尔自治区，北靠内蒙古自治区、宁夏回族自治区，西北端与蒙古国接壤。甘肃省共下辖 14 个地级行政区，即 12 个地级市、2 个自治州；下辖 86 个县级行政区，即 17 个市辖区、5 个县级市、57 个县、7 个自治县。

根据《甘肃发展年鉴 2019》，截至 2018 年底，甘肃省 14 个市（州）和 86 个县（市、区）共设置了 1354 个乡级行政区，包括 125 个街道、886 个镇、343 个乡（含 32 个民族乡）。这 1354 个乡级行政区之下，共设置了 1.61 万个村民委员会①，以及 9.72 万个村民小组。详见表 1-1。

---

① 另据第三次全国农业普查数据，截至 2016 年末，甘肃省共有 1233 个乡镇，其中乡 546 个，镇 687 个；16395 个村，其中 16068 个行政村，327 个涉农居委会；8.56 万个自然村；4538 个 2006 年以后新建的农村居民定居点。

表 1 - 1   甘肃省基层行政区划

单位：个

地区	乡镇级				街道	村民委员会	村民小组
	合计	镇	乡	#民族乡			
甘肃省	1354	886	343	32	125	16118	97186
兰州市	115	47	14		54	745	4251
嘉峪关市	3	3				17	117
金昌市	18	11	1		6	139	1083
白银市	78	53	16	1	9	702	4526
天水市	123	101	12		10	2491	11359
武威市	102	84	9		9	1133	8476
张掖市	65	48	12	4	5	840	5722
平凉市	105	70	32	9	3	1472	9130
酒泉市	76	53	15	6	8	438	2445
庆阳市	119	67	49	1	3	1261	9216
定西市	122	87	32		3	1887	12807
陇南市	199	140	55	4	4	3201	14093
临夏州	130	58	65	4	7	1130	11008
甘南州	99	64	31	3	4	662	2953

注：#表示包含关系，是年鉴中普遍使用的方式，在此处加以说明，后文不再赘述。

资料来源：甘肃省统计局、国家统计局甘肃调查总队编《甘肃发展年鉴2019》，中国统计出版社，2019。

二 人口状况

根据《甘肃发展年鉴 2019》，2018 年甘肃省常住人口为 2637.26 万人，其中农村常住人口 1379.55 万人，占比 52.31%，农村常住人口占比高出同期全国平均水平（40.42%）11.89 个百分点。按户籍口径统计，2018年甘肃省有农村户籍人口 2074.27 万人。2018 年，甘肃省农村户籍人口比农村常住人口多出 694.72 万人，亦即甘肃省有多达 694.72 万城乡两栖人口，这其中大多数都是进城务工的农民工。

甘肃省及各市（州）2018 年人口情况详见表 1 - 2。其中，兰州市、嘉峪关市、金昌市、酒泉市农村常住人口占比较低，均小于40%；白银市农村常住人口占比居中，小于50%；其余9个市（州）农村常住人口占比都相对较高，均高于全省平均水平，特别是庆阳市、定西市、陇南市、临夏州、甘南州，占比都高于60%。除嘉峪关市、金昌市、甘南州和酒泉市之外的10个市（州）的城乡两栖人口都相对较多，均大于35万人，特别是天水市、庆阳市、定西市、陇南市，人数都超过了75万人。

表1-2 甘肃省及各市（州）2018年人口情况

地区	常住人口（万人）	城镇常住人口（万人）	农村常住人口（万人）	常住人口城镇化率（%）	农村常住人口占比（%）	农村户籍户数（万户）	农村户籍人口（万人）	城乡两栖人口（万人）
甘肃省	2637.26	1257.71	1379.55	47.69	52.31	505.46	2074.27	694.72
兰州市	375.36	304.15	71.21	81.03	18.97	33.36	122.91	51.70
嘉峪关市	25.20	23.60	1.60	93.65	6.35	0.58	2.14	0.54
金昌市	46.86	33.02	13.84	70.47	29.53	7.20	23.36	9.52
白银市	173.42	87.79	85.63	50.62	49.38	34.74	132.88	47.25
天水市	335.49	139.73	195.76	41.65	58.35	68.12	306.23	110.47
武威市	182.78	77.33	105.45	42.31	57.69	36.09	146.95	41.50
张掖市	123.38	58.67	64.71	47.55	52.45	29.17	101.08	36.37
平凉市	211.91	87.16	124.75	41.13	58.87	46.76	192.12	67.37
酒泉市	112.70	69.33	43.37	61.52	38.48	17.43	63.65	20.28
庆阳市	226.66	87.03	139.63	38.40	61.60	56.41	232.05	92.42
定西市	282.17	100.24	181.93	35.52	64.48	63.64	261.92	79.99
陇南市	263.43	89.57	173.86	34.00	66.00	61.18	249.21	75.35
临夏州	205.88	74.16	131.72	36.02	63.98	38.22	182.54	50.82
甘南州	72.02	25.93	46.09	36.00	64.00	12.56	57.23	11.14

资料来源：《甘肃发展年鉴2019》。

三 土地利用

根据甘肃省2016年土地利用现状变更调查成果，甘肃省2016年土地总面积为4258.89万公顷（约42.59万平方公里，含宁夏回族自治区飞地

表1-3 甘肃省及各市（州）2016年农村土地利用情况

单位：万公顷

地类		甘肃省	兰州市	嘉峪关市	金昌市	白银市	天水市	武威市	张掖市	平凉市	酒泉市	庆阳市	定西市	陇南市	临夏州	甘南州
耕地	小计	537.24	28.15	0.69	11.11	51.80	53.23	44.35	31.23	40.18	26.01	69.30	80.77	55.61	27.15	13.23
	#水浇地	132.57	8.63	0.69	11.10	11.63	1.84	30.64	28.92	1.83	26.01	0.44	4.23	1.06	4.42	0.27
	#旱地	404.05	19.51	0.00	0.01	39.82	51.39	13.71	2.19	38.35	0.00	68.85	76.55	54.42	22.73	12.97
园地	小计	25.64	0.91	0.29	0.06	1.01	6.02	0.78	0.72	4.20	0.86	2.13	0.12	7.34	1.06	0.14
	#果园	15.43	0.85	0.02	0.06	0.59	4.56	0.73	0.39	4.19	0.59	2.11	0.10	0.94	0.27	0.05
林地	小计	609.81	10.55	0.11	10.86	10.73	52.13	37.05	37.17	42.01	11.69	76.83	38.95	157.47	7.83	104.39
	#有林地	370.47	4.96	0.05	0.70	4.98	43.67	8.01	15.41	27.25	0.99	59.89	13.10	125.25	2.91	62.03
	#灌木林地	151.39	3.19	0.02	9.82	0.96	0.93	26.89	17.97	5.82	9.73	1.89	5.96	18.62	2.46	36.94
牧草地	小计	1418.65	75.95	0.76	14.69	100.67	14.78	98.53	200.38	9.97	442.25	102.53	51.60	37.49	24.79	232.51
	#天然牧草地	584.79	3.68	0.09	11.83	0.03	3.25	58.85	52.44	1.05	145.02	55.80	4.31	3.19	2.69	232.10
	#人工牧草地	7.18	0.00	0.00	0.01	0.45	0.07	0.26	0.41	0.18	0.96	3.13	1.17	0.05	0.37	0.10
镇村用地	建制镇	8.61	1.27	0.02	0.31	0.71	0.51	0.83	0.43	0.60	0.91	0.61	0.92	0.55	0.69	0.24
	村庄	52.85	3.08	0.08	0.96	3.97	4.89	4.89	2.79	5.73	2.47	9.17	6.53	4.19	2.96	1.13
水域及水利设施用地	水域	63.98	0.81	0.10	0.62	0.85	1.15	1.77	13.37	1.11	33.35	1.03	1.91	2.34	2.00	3.09
	水利设施用地	10.79	0.41	0.06	0.83	1.00	0.25	2.02	2.67	0.04	2.82	0.03	0.25	0.21	0.12	0.04
交通运输用地	公路用地	6.84	0.66	0.07	0.19	0.37	0.43	0.63	0.51	0.39	1.15	0.67	0.62	0.46	0.31	0.38
	农村道路	17.91	1.07	0.05	0.43	1.59	1.13	1.92	2.00	1.09	2.25	1.47	1.99	1.51	0.75	0.59

续表

地类		甘肃省	兰州市	嘉峪关市	金昌市	白银市	天水市	武威市	张掖市	平凉市	酒泉市	庆阳市	定西市	陇南市	临夏州	甘南州
其他土地	设施农用地	4.29	0.21	0.12	0.21	0.27	0.08	1.11	0.97	0.11	0.73	0.10	0.14	0.05	0.13	0.04
	田坎	56.51	2.99	0.01	0.09	4.72	7.22	1.70	0.58	5.39	0.42	6.52	11.21	10.10	3.18	2.29
	盐碱地	29.22	0.03	0.03	1.11	0.27	0.00	4.05	11.00	0.00	12.74	0.00	0.00	0.00	0.00	0.00
	沙地	209.14	0.00	0.00	0.85	0.43	0.00	105.76	13.98	0.00	87.89	0.00	0.00	0.00	0.00	0.21

注：部分相关性不大的地类（如城市）没有列出，部分地类由细分地类（如水域）合并而来。

资料来源：甘肃省 2016 年土地利用现状调查成果。详见土地调查成果共享应用服务平台，http://tddc.mnr.gov.cn。

5322.53 公顷），详见表 1 - 3。全省农村土地分地类来看，耕地面积 537.24 万公顷（8058.60 万亩），占 12.61%；园地面积 25.64 万公顷（384.60 万亩），占 0.60%；林地面积 609.81 万公顷（9147.15 万亩），占 14.32%；草地面积 1418.65 万公顷（21279.75 万亩），占 33.31%；镇村用地面积 61.46 万公顷（921.90 万亩），占 1.44%；交通运输用地面积 26.47 万公顷（397.05 万亩），占 0.62%；水域面积 63.98 万公顷（959.70 万亩），占 1.50%；水利设施用地面积 10.79 万公顷（161.85 万亩），占 0.25%。

分市（州）来看，耕地面积最大的是定西市 80.77 万公顷，其中水浇地面积最大的是酒泉市 26.01 万公顷；园地面积最大的是陇南市 7.34 万公顷，其中果园面积最大的是天水市 4.56 万公顷；牧草地面积最大的是甘南州 232.51 万公顷，其中人工牧草地面积最大的是庆阳市 3.13 万公顷。建制镇面积最大的是兰州市，为 1.27 万公顷；村庄面积最大的是庆阳市，达到 9.17 万公顷。农村道路面积最大的是酒泉市，达到 2.25 万公顷。设施农用地面积最大的是武威市，达到 1.11 万公顷。

从农村人均用地情况来看（根据同期农村常住人口计算），甘肃省人均耕地面积 5.58 亩、人均园地面积 0.27 亩、人均牧草地面积 6.15 亩、人均村庄面积 366.11 平方米。其中，人均耕地面积最大的是金昌市 11.48 亩，是甘肃省人均耕地面积的 2.06 倍；人均园地面积最大的是嘉峪关市 2.70 亩，是甘肃省人均园地面积的 10 倍；人均牧草地面积最大的是甘南州 72.13 亩，是甘肃省人均牧草地面积的 11.73 倍；人均村庄面积最大的是金昌市 661.16 平方米，是甘肃省人均村庄面积的 1.8 倍，详见表 1 - 4。

表 1 - 4　甘肃省及各市（州）2016 年农村人均用地情况

地区	人均耕地面积（亩）	人均园地面积（亩）	人均牧草地面积（亩）	人均村庄面积（平方米）
甘肃省	5.58	0.27	6.15	366.11
兰州市	6.00	0.19	0.78	437.69
嘉峪关市	6.43	2.70	0.84	496.89
金昌市	11.48	0.06	12.23	661.16
白银市	8.69	0.17	0.08	444.02

地区	人均耕地面积（亩）	人均园地面积（亩）	人均牧草地面积（亩）	人均村庄面积（平方米）
天水市	3.85	0.44	0.24	235.98
武威市	5.87	0.10	7.82	431.48
张掖市	6.82	0.16	11.55	406.47
平凉市	4.61	0.48	0.14	438.04
酒泉市	8.43	0.28	47.33	533.94
庆阳市	7.13	0.22	6.06	629.16
定西市	6.38	0.01	0.43	343.70
陇南市	4.61	0.61	0.27	231.44
临夏州	2.99	0.12	0.34	217.14
甘南州	4.11	0.04	72.13	234.00

资料来源：《甘肃发展年鉴》编委会编《甘肃发展年鉴2017》，中国统计出版社，2017；全国2016年土地利用现状调查成果。

第二节　农村经济

一　农村就业人员

根据《甘肃发展年鉴2019》，2018年甘肃省有经济活动人口1565.59万人，就业人员1555.64万人（常住人口统计口径）。按产业来分，第一产业就业人员有838.54万人，占比53.90%；按城乡来分，农村就业人员有918.01万人，占比59.0%。农村居民平均每户常住人口为3.9人，平均每户整、半劳动力为2.3人，每一农村劳动力负担人数为1.67人。

2018年，甘肃省有农村就业人员1130.07万人（户籍人口统计口径）。按国民经济行业来分，甘肃省农村就业人员中，农林牧渔业有652.26万人（占比57.72%），工业有52.98万人，建筑业有121.53万人，批发零售贸易业有37.10万人，交通运输仓储和邮政业有29.94万人，其他非农行业有236.26万人。分市（州）来看，天水市就业人员总数、农林牧渔业就业人员数均为最多，分别达到168.28万人和96.15万人；嘉峪关市就业人员总数、农林牧渔业就业人员数均为最少，分别仅为 1.30 万人和 0.82 万人。农林牧渔业就业人员占比最高的是甘南州，达到 71.02%，占比最低的是兰州市，仅为 50.40%。甘肃省及各市（州）2018 年农村就业人员情况详见表 1-5。

表 1-5 甘肃省及各市（州）2018 年农村就业人员情况

单位：万人，%

地区	总计	农林牧渔业	工业	建筑业	批发零售贸易业	交通运输仓储和邮政业	其他非农行业	农林牧渔业占比
甘肃省	1130.07	652.26	52.98	121.53	37.10	29.94	236.26	57.72
兰州市	70.64	35.60	6.12	5.64	2.98	4.11	16.19	50.40
嘉峪关市	1.30	0.82	0.13	0.06	0.04	0.07	0.18	63.08
金昌市	13.59	7.74	0.88	1.48	0.49	0.60	2.40	56.95
白银市	70.60	48.54	2.66	5.33	1.92	1.86	10.29	68.75
天水市	168.28	96.15	8.10	20.65	5.34	3.26	34.78	57.14
武威市	83.96	47.07	4.92	9.33	3.79	2.67	16.18	56.06
张掖市	61.05	33.64	2.34	8.87	2.21	1.79	12.2	55.10
平凉市	103.84	56.01	5.01	12.99	3.04	3.12	23.67	53.94
酒泉市	36.70	20.97	1.66	3.26	1.59	1.23	7.99	57.14
庆阳市	118.15	67.02	6.23	9.89	4.07	2.81	28.13	56.72
定西市	144.82	91.54	4.80	17.29	3.98	2.35	24.86	63.21
陇南市	132.69	73.82	4.27	12.85	3.15	2.37	36.23	55.63
临夏州	93.15	51.11	5.3	11.64	3.69	2.98	18.43	54.87
甘南州	31.30	22.23	0.56	2.25	0.81	0.72	4.73	71.02

资料来源：《甘肃发展年鉴 2019》。

分县（市、区）来看，农村就业人员、农林牧渔业就业人员最多的都是凉州区，分别达到 43.76 万人和 20.11 万人；最少的是阿克塞县，分别仅有 0.17 万人和 0.12 万人。详见表 1-6。若从农林牧渔业就业人员占农村就业人员比例上看，比例最高的是玛曲县，达到 92.92%；最低的是安宁区，仅为 12.50%。

表 1-6 甘肃省各县（市、区）2018 年农村就业人员情况

单位：万人

地区	农村就业人员	#农林牧渔业	地区	农村就业人员	#农林牧渔业	地区	农村就业人员	#农林牧渔业
甘肃省	1130.07	652.26	张掖市	61.05	33.64	通渭县	22.45	13.52
兰州市	70.64	35.60	甘州区	21.32	12.42	陇西县	24.69	15.41
城关区	1.96	0.57	肃南县	1.47	1.02	渭源县	17.97	12.89
七里河区	5.03	3.01	民乐县	13.10	8.61	临洮县	24.81	15.17
西固区	4.36	1.73	临泽县	7.55	3.73	漳县	9.76	4.46
安宁区	2.16	0.27	高台县	8.21	3.97	岷县	24.41	16.87
红古区	3.08	1.83	山丹县	9.41	3.89	陇南市	132.69	73.82
永登县	20.17	10.04	平凉市	103.84	56.01	武都区	26.30	10.97
皋兰县	6.27	3.33	崆峒区	18.68	9.11	成县	11.88	6.49
榆中县	20.79	11.83	泾川县	15.69	9.46	文县	11.97	6.90
兰州新区	6.80	2.98	灵台县	11.20	6.33	宕昌县	15.16	9.47
嘉峪关市	1.30	0.82	崇信县	5.17	2.55	康县	9.82	6.74
金昌市	13.59	7.74	华亭县	23.28	11.58	西和县	20.69	12.65
金川区	2.90	1.64	庄浪县	22.37	13.93	礼县	24.28	14.70
永昌县	10.69	6.10	静宁县	7.45	3.05	徽县	10.44	4.61
白银市	70.60	48.54	酒泉市	36.70	20.97	两当县	2.16	1.30
白银区	3.43	1.49	肃州区	12.34	6.67	临夏州	93.15	51.11
平川区	6.48	3.81	金塔县	6.32	3.67	临夏市	3.84	1.05
靖远县	23.23	17.23	瓜州县	5.98	4.06	临夏县	18.11	7.32
会宁县	27.54	19.54	肃北县	0.32	0.23	康乐县	13.42	9.45
景泰县	9.92	6.47	阿克塞县	0.17	0.12	永靖县	9.46	5.71
天水市	168.28	96.15	玉门市	5.95	3.49	广河县	11.82	7.66
秦州区	24.67	12.62	敦煌市	5.62	2.74	和政县	11.53	3.60
麦积区	24.36	13.29	庆阳市	118.15	67.02	东乡县	12.55	8.66
清水县	15.86	10.10	西峰区	13.70	7.33	积石山县	12.39	7.65
秦安县	31.11	19.71	庆城县	12.59	8.09	甘南州	31.30	22.23
甘谷县	30.15	15.77	环县	17.75	8.90	合作市	2.09	1.81
武山县	23.83	13.06	华池县	6.25	5.05	临潭县	7.47	5.08
张家川县	18.29	11.60	合水县	8.14	5.09	卓尼县	5.31	4.12

地区	农村就业人员	#农林牧渔业	地区	农村就业人员	#农林牧渔业	地区	农村就业人员	#农林牧渔业
武威市	**83.96**	**47.07**	正宁县	12.12	6.85	舟曲县	6.58	3.10
凉州区	43.76	20.11	宁县	26.53	14.54	迭部县	2.02	1.51
民勤县	11.17	8.01	镇原县	21.08	11.17	玛曲县	2.26	2.10
古浪县	19.71	12.98	**定西市**	144.82	91.54	碌曲县	1.61	1.46
天祝县	9.33	5.96	安定区	20.73	13.23	夏河县	3.96	3.05

资料来源：《甘肃发展年鉴2019》。

二 农业生产价值

根据 2010～2018 年《甘肃发展年鉴》，甘肃省第一产业增加值、农林牧渔业总产值和农林牧渔业增加值均持续增长，详见图 1－1。其中，2018年，甘肃省实现第一产业增加值 921.30 亿元，全年实现农林牧渔业总产值 1659.36 亿元、农林牧渔业增加值 962.11 亿元[①]；第一产业占 GDP 比重为 11.17%，农林牧渔业增加值占农林牧渔业总产值的比重（农林牧渔业增加值率）为 57.98%。

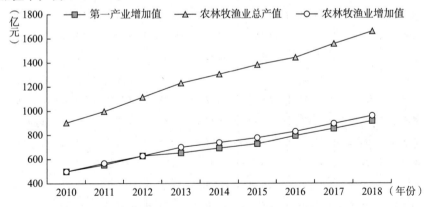

图 1－1 甘肃省 2010～2018 年农业总产值和增加值情况

资料来源：2010～2018 年《甘肃发展年鉴》。

---

① 农林牧渔业增加值等于第一产业增加值加上农林牧渔服务业增加值，亦即农林牧渔业增加值－第一产业增加值＝农林牧渔服务业增加值。

分市（州）来看，2018 年第一产业增加值和农林牧渔业增加值最大的都是武威市，分别达到 120.53 亿元和 123.22 亿元。分行业来看，农业增加值最大的是天水市，达到 80.95 亿元；林业增加值最大的是陇南市，达到 4.68 亿元；牧业增加值最大的是武威市，达到 47.66 亿元；渔业增加值最大的是酒泉市，为 0.19 亿元；农林牧渔服务业增加值最大的是酒泉市，为 9.33 亿。若按比例计算，第一产业增加值占 GDP 比重最高的是武威市，达到 25.69%，比甘肃省均值 11.17% 高出 14.52 个百分点；农林牧渔业增加值率最高的是甘南州，达到 72.05%，比甘肃省均值 57.98% 高出 14.07 个百分点。甘肃省及各市（州）2018 年农业发展情况详见表 1 – 7。

三 农作物种植

（一）粮食作物种植

根据《甘肃发展年鉴 2019》，2018 年甘肃省粮食播种面积为 2645.26 千公顷，其中小麦播种面积 775.56 千公顷、玉米播种面积 1012.74 千公顷、薯类播种面积 570.73 千公顷；粮食产量为 1151.43 万吨，其中小麦产量 280.51 万吨、玉米产量 589.99 万吨、薯类产量 202.33 万吨。

各市（州）中，粮食播种面积最大、产量最高的都是庆阳市，分别达到 389.74 千公顷、141.60 万吨，定西市紧随其后，分别达到 388.79 公顷、141.02 万吨。分作物种类看，小麦播种面积最大、产量最高的都是庆阳市，分别为 135.85 千公顷和 41.60 万吨；玉米播种面积最大的是庆阳市，达到 170.30 千公顷，玉米产量最高的是张掖市，达到 82.12 万吨；薯类播种面积最大、产量最高的都是定西市，分别达到 165.54 千公顷和 56.82 万吨。不论是从总量来看还是分作物来看，嘉峪关市粮食播种面积和产量均为最低。甘肃省及各市（州）2018 年粮食作物播种面积和产量详见表 1 – 8。

（二）经济作物种植

根据《甘肃发展年鉴 2019》，2018 年甘肃省油料播种面积为 325.82 千

表 1－7　甘肃省及各市（州）2018 年农业发展情况

地区	GDP（亿元）		农林牧渔业总产值（亿元）						农林牧渔业增加值（亿元）						第一产业占GDP比重（%）	农林牧渔业增加率（%）
	合计	#第一产业	合计	农业	林业	牧业	渔业	农林牧渔服务业	合计	农业	林业	牧业	渔业	农林牧渔服务业		
甘肃省	8246.07	921.30	1659.36	1166.10	33.07	318.88	1.97	139.33	962.11	699.70	15.04	209.75	1.39	36.23	11.17	57.98
兰州市	2732.94	42.98	78.63	53.39	1.50	15.98	0.12	7.64	44.97	30.35	0.55	11.98	0.09	1.99	1.57	57.19
嘉峪关市	299.62	3.98	6.50	5.19	0.01	1.27	0.00	0.03	3.99	3.32	0.00	0.66	0.00	0.01	1.33	61.37
金昌市	264.24	19.09	39.87	27.43	0.66	5.47	0.03	6.27	20.73	14.93	0.46	3.68	0.02	1.63	7.23	51.99
白银市	511.60	69.27	122.25	78.28	1.62	32.83	0.16	9.36	71.70	45.65	0.41	23.10	0.12	2.43	13.54	58.65
天水市	652.05	91.07	146.05	128.05	0.76	14.48	0.12	2.63	91.75	80.95	1.76	8.24	0.11	0.68	13.97	62.82
武威市	469.27	120.53	204.02	130.87	5.19	57.59	0.04	10.33	123.22	70.38	2.46	47.66	0.03	2.69	25.69	60.39
张掖市	407.71	89.13	167.70	91.48	1.61	45.77	0.16	28.68	96.58	55.60	0.74	32.69	0.09	7.46	21.86	57.59
平凉市	395.17	87.89	152.68	122.17	1.96	25.38	0.05	3.12	88.70	73.31	0.59	13.96	0.03	0.81	22.24	58.09
酒泉市	596.89	73.83	156.82	90.72	4.11	25.86	0.27	35.87	83.15	54.82	2.42	16.40	0.19	9.33	12.37	53.02
庆阳市	708.15	71.01	117.37	80.88	3.45	26.64	0.11	6.31	72.65	49.86	1.08	20.01	0.06	1.64	10.03	61.89
定西市	356.26	65.60	115.97	91.19	2.98	15.85	0.05	5.90	67.13	53.51	1.18	10.88	0.03	1.53	18.41	57.89
陇南市	379.23	71.03	112.04	87.78	6.76	12.20	0.08	5.21	72.39	58.07	4.68	8.22	0.05	1.36	18.73	64.61
临夏州	255.35	32.76	59.57	32.94	1.32	16.34	0.13	8.83	35.05	20.19	0.62	11.86	0.09	2.30	12.83	58.84
甘南州	155.73	36.88	54.18	9.23	3.78	32.88	0.00	8.30	39.04	6.38	2.35	28.16	0.00	2.16	23.68	72.05

资料来源：《甘肃发展年鉴 2019》。

表 1-8　甘肃省及各市（州）2018 年粮食作物播种面积和产量

地区	粮食播种面积（千公顷）				粮食作物产量（万吨）			
	粮食	#小麦	#玉米	#薯类	粮食	#小麦	#玉米	#薯类
甘肃省	2645.26	775.56	1012.74	570.73	1151.43	280.51	589.99	202.33
兰州市	78.19	23.68	25.31	21.67	29.77	7.87	13.19	6.50
嘉峪关市	2.48	0.68	1.45	0.13	1.92	0.46	1.30	0.10
金昌市	60.53	21.31	26.72	6.26	43.18	12.80	21.87	4.94
白银市	256.12	41.47	106.82	64.85	94.92	13.78	51.65	19.98
天水市	310.41	129.65	90.25	77.77	115.79	38.57	50.63	23.89
武威市	164.26	44.38	86.05	19.93	109.80	25.91	68.31	11.48
张掖市	207.08	42.24	109.12	21.36	139.63	25.39	82.12	15.58
平凉市	305.20	115.49	92.68	73.09	107.72	34.71	45.25	22.72
酒泉市	68.29	22.91	43.68	0.38	50.86	14.84	35.36	0.33
庆阳市	389.74	135.85	170.30	22.90	141.60	41.60	75.68	8.14
定西市	388.79	79.41	107.91	165.54	141.02	21.09	54.36	56.82
陇南市	231.14	85.13	64.41	58.26	83.34	29.44	31.77	17.68
临夏州	117.62	20.69	69.01	24.72	65.74	8.04	46.74	10.13
甘南州	38.60	7.56	4.05	8.39	9.41	2.20	1.30	2.10

资料来源：《甘肃发展年鉴 2019》。

公顷，蔬菜播种面积为 353.57 千公顷，果园播种面积为 313.65 千公顷（其中苹果园播种面积为 234.36 千公顷），中药材播种面积为 234.24 千公顷；油料产量为 70.41 万吨，蔬菜产量为 1292.57 万吨，园林水果产量为 370.03 万吨（其中苹果产量 291.53 万吨），中药材产量 101.85 万吨。值得指出的是，2018 年全省蔬菜播种面积、产量分别比上年增长 4.6% 和 6.6%，中药材播种面积、产量分别增长 3.4% 和 9.8%，油料播种面积、产量分别下降 6.0% 和 9.0%。

甘肃省及各市（州）2018 年经济作物播种面积和产量详见表 1-9。其中，油料播种面积最大、产量最高的是天水市，分别达到 65.60 千公顷和 12.10 万吨。蔬菜播种面积最大的是天水市，达到 52.31 千公顷；蔬菜产量最高的是武威市，达到 252.35 万吨。果园播种面积最大、园林水果产量最高的都是平凉市，分别达到 81.34 千公顷、110.95 万吨。中药材播种面积最大、产量最高的都是定西市，分别达到 73.98 千公顷、30.09 万吨。蔬菜播种面积最小、产量最低的都是甘南州，分别仅为 0.99 千公顷和 1.86 万吨。油料、果园、中药材播种面积最小和油料、园林水果、中药材产量最低的都是嘉峪关市。

表 1-9　甘肃省及各市（州）2018 年经济作物播种面积和产量

地区	经济作物播种面积（千公顷）				经济作物产量（万吨）			
	油料	蔬菜	果园	中药材	油料	蔬菜	园林水果	中药材
甘肃省	325.82	353.57	313.65	234.24	70.41	1292.57	370.03	101.85
兰州市	8.05	51.95	9.08	7.85	1.63	166.91	11.73	3.17
嘉峪关市	0.40	1.66	0.35	1.97	0.18	15.28	0.28	0.64
金昌市	4.54	10.52	1.03	1.38	1.60	53.32	0.80	1.76
白银市	19.39	16.83	11.14	21.29	3.45	121.05	8.43	9.33
天水市	65.60	52.31	72.09	11.67	12.10	184.56	126.28	4.20
武威市	21.46	48.37	20.28	10.06	8.93	252.35	16.03	6.97
张掖市	30.43	19.33	6.57	18.09	7.25	106.13	6.21	10.26
平凉市	32.52	21.74	81.34	3.47	5.47	46.64	110.95	2.07
酒泉市	16.61	27.99	11.73	22.54	3.88	123.30	23.87	9.08
庆阳市	51.52	29.15	53.98	3.13	9.01	41.46	34.39	2.28
定西市	19.37	21.49	6.04	73.98	4.28	43.86	6.11	30.09
陇南市	27.41	32.69	34.28	39.46	4.65	72.16	19.19	13.94
临夏州	13.16	12.30	1.69	3.95	5.12	34.81	2.77	2.81
甘南州	10.47	0.99	0.93	12.91	1.96	1.86	1.03	4.23

资料来源：《甘肃发展年鉴 2019》。

四　农业生产率情况

（一）农业劳动生产率

农业劳动生产率即农业产值与农业人口数量的比值，由于农业产值可从总产值和增加值两个角度衡量，农业人口可从常住人口、就业人口两个角度衡量，从而农业劳动生产率也有不同的计算方式，如人均农林牧渔业

增加值/总产值、劳均农林牧渔业增加值/总产值。具体而言，甘肃省 2018
年的人均农林牧渔业总产值和增加值分别为 12028 元和 6974 元，劳均农林
牧渔业总产值和增加值分别为 25440 元和 14750 元。分市（州）来看，人
均农林牧渔业总产值和增加值、劳均农林牧渔业总产值和增加值最大的都
是嘉峪关市，分别达到 40640 元和 24939 元、79298 元和 48662 元；最低的
都是临夏州，分别仅有 4523 元和 2661 元、11656 元和 6858 元，分别仅占
嘉峪关市的 11.13%、10.67%、14.70% 和 14.09%，亦即甘肃省农业劳动
生产率最低的市（州）仅是最高的市（州）的不足 15%。甘肃省及各市
（州）2018 年农业劳动生产率情况详见表 1-10。

表 1-10 甘肃省及各市（州）2018 年农业劳动生产率情况

地区	农林牧渔业总产值（亿元）	农林牧渔业增加值（亿元）	农村常住人口（万人）	农林牧渔业从业人员数（万人）	人均农林牧渔业总产值（元）	人均农林牧渔业增加值（元）	劳均农林牧渔业总产值（元）	劳均农林牧渔业增加值（元）
甘肃省	1659.36	962.11	1379.55	652.26	12028	6974	25440	14750
兰州市	78.63	44.97	71.21	35.60	11042	6315	22087	12631
嘉峪关市	6.50	3.99	1.60	0.82	40640	24939	79298	48662
金昌市	39.87	20.73	13.84	7.74	28805	14975	51507	26777
白银市	122.25	71.70	85.63	48.54	14277	8373	25186	14772
天水市	146.05	91.75	195.76	96.15	7461	4687	15190	9543
武威市	204.02	123.22	105.45	47.07	19348	11685	43344	26178
张掖市	167.70	96.58	64.71	33.64	25916	14926	49852	28711
平凉市	152.68	88.70	124.75	56.01	12239	7110	27260	15836
酒泉市	156.82	83.15	43.37	20.97	36159	19173	74784	39653
庆阳市	117.37	72.65	139.63	67.02	8406	5203	17513	10840
定西市	115.97	67.13	181.93	91.54	6374	3690	12668	7334
陇南市	112.04	72.39	173.86	73.82	6444	4164	15177	9806
临夏州	59.57	35.05	131.72	51.11	4523	2661	11656	6858
甘南州	54.18	39.04	46.09	22.23	11756	8471	24375	17562

资料来源：《甘肃发展年鉴 2019》。

（二）农业土地生产率

农业土地生产率即农业产量与农业土地面积的比值，其中农业土地面积有单种和复种之别。为简便，此处用粮食作物产量或经济作物产量与其播种面积的比值即单产来反映农业土地生产率，详见表1－11。具体而言，甘肃省2018年的粮食作物单产平均为4.35吨/公顷，其中小麦、玉米和薯类的单产分别为3.62吨/公顷、5.83吨/公顷和3.55吨/公顷；经济作物中油料、蔬菜、水果和中药材的单产分别为2.16吨/公顷、36.56吨/公顷、11.80吨/公顷和4.35吨/公顷。

分市（州）来说，粮食单产最高的是嘉峪关市，达到7.72吨/公顷（其中小麦和玉米单产最高的也是嘉峪关市，分别达到6.76吨/公顷和8.97吨/公顷，而薯类单产最高的是酒泉市，达到8.69吨/公顷）；最低的是甘南州，仅有2.44吨/公顷（其中小麦、玉米和薯类单产最低的也都是甘南州，分别仅有2.91吨/公顷、3.21吨/公顷和2.51吨/公顷）。经济作物中，油料和蔬菜单产最高的都是嘉峪关市，分别达到4.49吨/公顷和92.02吨/公顷；水果单产最高的是酒泉市，达到20.35吨/公顷；中药材单产最高的是金昌市，达到12.77吨/公顷。油料、蔬菜、水果和中药材单产最低的分别是陇南市、庆阳市、陇南市和嘉峪关市，分别仅有1.70吨/公顷、14.22吨/公顷、5.60吨/公顷和3.28吨/公顷。

表1－11　甘肃省及各市（州）2018年农业劳动生产率情况

单位：吨/公顷

地区	粮食作物单产				经济作物单产			
	粮食	#小麦	#玉米	#薯类	油料	蔬菜	水果	中药材
甘肃省	4.35	3.62	5.83	3.55	2.16	36.56	11.80	4.35
兰州市	3.81	3.33	5.21	3.00	2.02	32.13	12.92	4.04
嘉峪关市	7.72	6.76	8.97	7.69	4.49	92.02	7.87	3.28
金昌市	7.13	6.01	8.18	7.90	3.53	50.69	7.73	12.77
白银市	3.71	3.32	4.84	3.08	1.78	71.93	7.56	4.38
天水市	3.73	2.97	5.61	3.07	1.84	35.28	17.52	3.60

地区	粮食作物单产				经济作物单产			
	粮食	#小麦	#玉米	#薯类	油料	蔬菜	水果	中药材
武威市	6.68	5.84	7.94	5.76	4.16	52.17	7.90	6.93
张掖市	6.74	6.01	7.53	7.29	2.38	54.91	9.46	5.67
平凉市	3.53	3.01	4.88	3.11	1.68	21.46	13.64	5.97
酒泉市	7.45	6.48	8.10	8.69	2.34	44.05	20.35	4.03
庆阳市	3.63	3.06	4.44	3.55	1.75	14.22	6.37	7.29
定西市	3.63	2.66	5.04	3.43	2.21	20.41	10.11	4.07
陇南市	3.61	3.46	4.93	3.04	1.70	22.08	5.60	3.53
临夏州	5.59	3.88	6.77	4.10	3.89	28.30	16.39	7.13
甘南州	2.44	2.91	3.21	2.51	1.87	18.81	11.03	3.28

资料来源：《甘肃发展年鉴 2019》。

五 农村新经济发展

甘肃省通过推进农村一二三产业融合发展，加强农业与加工流通、休闲旅游、文化体育、科技教育、健康养生和电子商务等产业深度融合，在农产品加工、戈壁生态农业、乡村旅游、农村电子商务、创意农业等农村新经济方面取得了较大的进步。

农产品加工方面，2017 年甘肃省各类农产品加工企业发展到 2300 多家，农产品加工能力达到 2500 多万吨，农产品加工率达到 52.5%，加工领域由以粮食加工为主向中药材、马铃薯淀粉以及地方性特色农产品加工等方面扩展，加工产品已由以初级为主向精深加工方向延伸。

戈壁生态农业方面，截至 2017 年底，甘肃省已建成以日光温室大棚为主的戈壁生态农业 6.36 万亩。特别是河西走廊地区发展戈壁生态农业已经初见成效，仅酒泉市截至 2017 年底的戈壁生态农业面积就达到 2.79 万亩，非耕地日光温室达到 9000 多座，占日光温室的 38.8%；受益农户人数达到 5.6 万余人，人均年均纯收入 2.7 万元，比传统日光温室高出 18%。其中建成戈壁生态农业园 39 个、万亩戈壁生态农业蔬菜生产基地 2 个（分别主要位于肃州区和玉门市）。戈壁生态农业已经成为甘肃省技术密集、科技含量相对较高的一个新兴产业。

乡村旅游方面，甘肃省乡村旅游已经得到了长足的发展，并探索出了景区带动型、康养休闲型等乡村旅游发展模式，旅游收入不断增加。2017年甘肃省乡村旅游接待游客突破7036万人次，同比增长31%；实现总收入127.5亿元，同比增长37.6%，旅游人数和旅游收入均保持了30%以上的增长。

农村电子商务方面，甘肃省截至2017年底已建成75个县级电子商务服务中心、1159个乡级电子商务服务站、5360个村级电子商务服务点，2017年电子商务交易额达2760亿元，注册地在甘肃的零售网店约4.5万个（约80%从事农产品销售）。

创意农业方面，甘肃省农业创意已逐渐融入主导产品、核心技术和农耕文化等各个方面，创意形式多种多样，形成了一批创意农业品牌产品，典型代表有兰州高原夏菜、富硒农产品、百合、玫瑰饮品等，发展生产基地7万多公顷，在全省创意农业发展中起到了带头示范作用。

六　村级集体经济经营收益

村级集体经济是农村经济的重要组成部分。据统计，2017年甘肃省16115个村的集体经济经营收益总量达到4.41亿元，村均经营收益2.74万元。其中，无集体经济经营收益的村为7325个，占比45.45%；有集体经济经营收益的村有8790个，占比54.55%，其中包括经营收益5万元以下的村6722个、占比41.71%，经营收益5万～10万元的村1203个、占比7.47%，以及经营收益10万～50万元、50万～100万元和100万元以上的村分别有756个、79个和30个，分别占比4.69%、0.49%和0.19%。

从村级集体经济经营收益分组变化来看，近几年甘肃省村级集体经济发展明显好转，2015年之后无经营收益的村数量在持续下降、有经营收益的村数量在持续增加，详见图1-2。其中，相对于2016年，2017年甘肃省无经营收益的村减少了2036个，经营收益5万元以下的村增加了2344个，经营收益5万～10万元、10万～50万元、50万～100万元的村分别增加了233个、302个、13个。

从村级集体经济经营收益总量变化来看，情况却不容乐观，自2013年以来村级集体经济经营收益总量在持续下滑，2017年下降至4.41亿元（比高峰期2011年减少3.87亿元），详见图1-3。

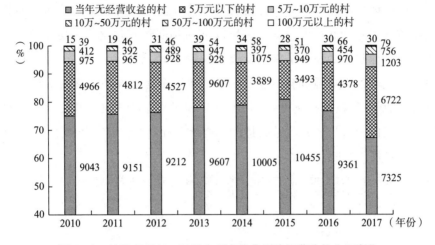

图1-2　甘肃省2010~2017年村级集体经济经营收益分组变化

资料来源：朱智文、陈波、王建英主编，《甘肃县域和农村发展报告（2019）》，社会科学文献出版社，2018。

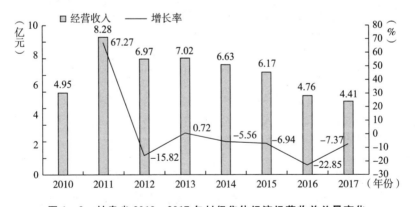

图1-3　甘肃省2010~2017年村级集体经济经营收益总量变化

资料来源：《甘肃县域和农村发展报告（2019）》。

从村均集体经济经营收益变化来看，2010~2014年基本呈现稳定上升（仅2012年出现下降）趋势，2014~2017年则呈现持续下降态势，2017年村均集体经济经营收益下降到了3.40万元。但若从村均补助收益变化来看，村均补助收益在2010～2012年快速上升（从0.31万元上升到了2.19万元），2012～2016年保持基本稳定（在2.10万～2.30万元波动），2017年显著增长，达到了2.58万元（比上年增加了0.46万元）。详见图1-4。

从村级集体经济平均收益（村均经营收益、村均补助收益和村均其他收益之和）变化来看，2010～2017年村均非经营收益、村均补助收益和村均其他收益之和基本在稳步增长（仅2015年有所下降），村均总收益（村均非经营收益和村均经营收益之和）则是在波动中逐渐下降（特别是自2014年以来持续下降）。2017年，村均非经营收益增长到了1.71万元，但由于村均经营收益的持续下滑导致村均总收益下降到了5.11万元。详见图1-4。

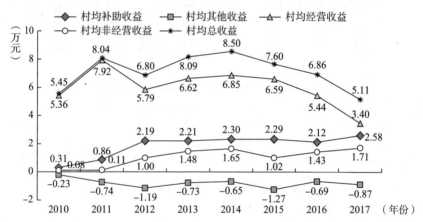

图1-4 甘肃省2010～2017年村均集体经济经营收益变化

资料来源：李振东、潘从银、贾琼：《甘肃省村级集体经济发展情况研究》，《农村金融研究》2019年第5期，第72～76页。

从有经营收益和无经营收益村级集体经济平均来看，2017年甘肃省村均补助收益为2.58万元（农村平均获得政府补助8.31万元，扣除包括干部报酬、报刊费等在内的管理费用5.73万元之后的剩余）、村均经营收益为3.40万元、村均其他收益为-0.87万元（收小于支），村均总收益为4.45万元。从各市（州）村级集体经济平均收益来看，14个市（州）村级集体经济平均收益在5万元以上的只有4个市（张掖市、嘉峪关市、兰州市和定西市），占28.57%；其余10个市（州）村级集体经济平均收益都在 5 万元以下，占 71.43%。

此外，若从村级集体经济资产积累来看，2017 年末，甘肃省平均每村拥有集体资产 104.45 万元，包括村均集体债权 83.05 万元、村均集体负债 21.40 万元；如按村集体的户籍人口平均计算，人均拥有的集体资产仅为 1195.86 元，包括人均集体债权 950.81 元、人均集体负债 245.05 元。

第三节　农民生活

一　收入情况

根据《甘肃发展年鉴 2019》，2018 年甘肃省农村居民人均可支配收入为 8804 元，比上年增长 9.0%，其中工资性收入 2535 元、经营净收入 3824 元、财产净收入 212 元、转移净收入 2234 元，分别增长 11.4%、7.5%、48.6%、6.3%。工资性收入、经营净收入、财产净收入、转移净收入占农村居民人均可支配收入的比重分别为 28.79%、43.43%、2.41%、25.37%。

2018 年，甘肃省各市（州）和县（市、区）农村居民人均可支配收入情况详见表 1－12。分市（州）来看，农村居民人均可支配收入最高的是嘉峪关市，达到 19291 元；最低的是临夏州，仅有 6817 元（仅是嘉峪关市的 35.34%）。分县（市、区）来看，农村居民人均可支配收入最高的是阿克塞县，达到 26909 元；最低的是东乡县，仅有 5369 元（仅是阿克塞县的 19.95%）。

甘肃省 2018 年各县（市、区）农村居民人均可支配收入可分为五个等级，即很低（5000～8000 元）、较低（8000～10000 元）、中等（10000～15000 元）、较高（15000～20000 元）和很高（20000～30000 元）。从空间分布来看，甘肃省农村居民人均可支配收入呈现自东南向西北递减的趋势，中等以上高收入地区包括酒泉和嘉峪关两市的全部县（市、区）、兰州和金昌两市的市区以及张掖的肃南县，中等以下低收入地区则包括临夏、甘南、定西、天水、庆阳、陇南六市（州）的全部县（市、区）以及平凉市各下辖县和白银市东部三县区。

表1-12　甘肃省2018年各市（州）和县（市、区）农村居民人均可支配收入情况

单位：元

地区	农村居民人均可支配收入				
	合计	工资性收入	经营净收入	财产净收入	转移净收入
甘肃省	**8804**	**2535**	**3824**	**212**	**2234**
兰州市	**12367**	**6163**	**4154**	**226**	**1824**
城关区	24484	13792	309	5754	4629
七里河区	18527	9144	7549	59	1774
西固区	18387	10876	4490	198	2824
安宁区	19207	6357	10646	56	2147
红古区	10649	3788	4204	-1	2658
永登县	10769	5293	4808	67	601
皋兰县	10459	5353	3610	52	1444
榆中县	19291	9824	8236	1079	151
嘉峪关市	**14434**	**4919**	**7249**	**1256**	**1011**
金昌市	**18179**	**6418**	**8602**	**2857**	**303**
金川区	13384	4499	6869	807	1209
永昌县	9057	3648	4259	92	1059
白银市	**14339**	**3078**	**10968**	**154**	**139**
白银区	9746	4385	3988	51	1322
平川区					
瓜州县	16550	2831	11865	-136	1990
肃北县	24951	2345	8171	286	14149
阿克塞县	26909	5068	14242	232	7367
玉门市	17021	4681	11232	67	1041
敦煌市	17801	7456	9503	347	496
庆阳市	**8862**	**3062**	**3476**	**190**	**2134**
西峰区	9976	4819	3422	761	974
庆城县	8595	3578	3078	182	1757
环县	8464	2595	3550	232	2087
华池县	8521	3738	3283	65	1435
合水县	8717	3197	3794	47	1680
正宁县	9670	2610	4997	223	1839
宁县	8800	2341	3121	48	3291
镇原县	8621	2866	3371	76	2308
定西市	**7492**	**2021**	**3408**	**157**	**1906**
安定区	7778	1784	3028	201	2765
通渭县	6755	1350	2493	78	2834

续表

地区	农村居民人均可支配收入				
	合计	工资性收入	经营净收入	财产净收入	转移净收入
靖远县	9555	3443	5315	114	683
会宁县	7460	3639	2514	92	1215
景泰县	10701	3895	5233	48	1525
天水市	7693	2379	2466	150	2698
秦州区	8886	3079	2734	401	2672
麦积区	7668	3156	1924	368	2220
清水县	7004	2152	1415	76	3361
秦安县	7783	1473	3637	175	2499
甘谷县	7707	2575	2752	85	2295
武山县	8017	2817	2137	69	2994
张家川县	6933	1710	2143	1	3079
武威市	11518	3357	6513	179	1469
凉州区	14124	4244	7610	280	1990
民勤县	13224	2510	9325	78	1311
古浪县	6918	2536	3680	109	593
天祝县	7569	2649	3449	47	1425
张掖市	13710	5192	6898	377	1243
甘州区	14370	5916	6301	407	1745
陇西县	8287	3524	2779	58	1925
渭源县	7456	1079	4030	405	1941
临洮县	7868	1937	4577	50	1305
漳县	7082	2020	2544	73	2444
岷县	7071	2402	3419	223	1028
陇南市	7012	2849	2299	89	1774
武都区	7341	3202	2685	37	1417
成县	8478	5074	2044	110	1250
文县	6508	2566	2147	74	1721
宕昌县	6397	3032	2337	184	843
康县	6588	2682	1912	144	1849
西和县	6550	2155	1686	10	2699
礼县	6529	1618	2173	79	2660
徽县	8555	4327	3282	167	778
两当县	6514	1916	2955	153	1490
临夏州	6817	2084	2769	124	1840
临夏市	13555	6867	4437	773	1477
临夏县	7180	2728	2824	156	1472

续表

地区	农村居民人均可支配收入					地区	农村居民人均可支配收入				
	合计	工资性收入	经营净收入	财产净收入	转移净收入		合计	工资性收入	经营净收入	财产净收入	转移净收入
肃南县	17004	1527	12248	141	3088	康乐县	6965	1111	3545	110	2199
民乐县	11766	4179	5736	679	1172	永靖县	6749	2030	2868	66	1785
临泽县	14594	3671	10355	109	459	广河县	7456	1920	3052	46	2437
高台县	13813	6327	6478	256	752	和政县	6462	2130	2393	117	1822
山丹县	13297	5874	6595	207	621	东乡县	5369	1214	2394	32	1730
平凉市	8303	3002	2668	88	2545	积石山县	5763	1713	1904	70	2076
崆峒区	10389	3975	2449	95	3870	甘南州	7677	3234	3267	83	1093
泾川县	9592	2345	3458	140	3649	合作市	7890	5064	2282	5	539
灵台县	8294	4875	1318	-32	2133	临潭县	7283	3933	2003	12	1335
崇信县	7962	4199	1502	143	2118	卓尼县	7530	2084	5122	26	298
庄浪县	6745	2580	1960	260	1944	舟曲县	7402	4912	1730	22	739
静宁县	7600	1408	4074	-71	2189	迭部县	7308	3214	3087	81	926
华亭市	8974	5858	1570	103	1443	玛曲县	9221	76	6234	28	2884
酒泉市	17104	4881	10693	189	1341	碌曲县	9076	1224	5330	662	1860
肃州区	16724	4572	10700	392	1060	夏河县	7756	1998	4039	363	1355
金塔县	17247	5706	10083	127	1330						

注：安宁区无农村人口，无相关数据。

资料来源：《甘肃发展年鉴 2019》。

二 消费情况

根据《甘肃发展年鉴 2019》，2018 年甘肃省农村居民人均总支出为 16923 元，其中人均消费支出 9065 元（占比 53.56%）、人均生产经营费用支出 3958 元（占比 23.39%）、人均财产性支出 46 元、人均转移性支出 370 元、人均部分商业保险支出 93 元、人均配置资产支出 981 元、人均非经常性转移支出 1475 元、人均借贷性支出 935 元。农村居民人均消费支出中，人均食品烟酒支出为 2695 元，占人均消费支出比重即恩格尔系数为 29.73%。

2018 年，甘肃省各市（州）和县（市、区）农村居民人均消费支出情况详见表 1 - 13。分市（州）来看，农村居民人均消费支出最高的是嘉峪关市 14299 元，最低的是临夏州 6157 元（只有嘉峪关市的 43.06%）；农村居民恩格尔系数最高的是甘南州 43.68%，最低的是平凉市 26.48%。分县（市、区）来看，农村居民人均消费支出最高的是城关区 23032 元、最低的是东乡县 4319 元；恩格尔系数最高的是舟曲县 47.00%，最低的是金川区 23.94%。

表 1 - 13　甘肃省 2018 年各市（州）和县（市、区）农村居民人均消费支出情况

单位：元，%

地区	消费支出									恩格尔系数
	合计	食品烟酒	衣着	居住	生活用品及服务	交通通信	教育、文化娱乐	医疗保健	其他用品和服务	
甘肃省	**9065**	**2695**	**558**	**1726**	**514**	**1078**	**1202**	**1133**	**160**	**29.73**
兰州市	**9697**	**3130**	**672**	**2102**	**500**	**1046**	**1102**	**961**	**183**	**32.28**
城关区	23032	5893	950	9556	712	2576	1544	1342	460	25.59
七里河区	9172	3377	937	1720	474	979	968	609	108	36.82
西固区	21254	5467	1507	7641	1011	1887	1858	1564	319	25.72
安宁区										
红古区	14660	4602	928	2470	1027	1987	1157	2176	313	31.39
永登县	8656	3021	702	1732	461	828	903	908	101	34.90
皋兰县	6801	2747	389	1316	284	697	600	553	213	40.40

续表

| 地区 | 消费支出 | | | | | | | | | 恩格尔系数 |
	合计	食品烟酒	衣着	居住	生活用品及服务	交通通信	教育、文化、娱乐	医疗保健	其他用品和服务	
榆中县	8791	2698	502	1579	452	1056	1337	942	223	30.70
嘉峪关市	14299	4355	1064	2444	486	2662	2184	862	241	30.46
金昌市	10921	3151	764	1621	434	1541	979	2179	252	28.85
金川区	14971	3584	872	2679	433	3235	1268	2444	455	23.94
永昌县	9786	3029	733	1325	435	1066	898	2104	195	30.96
白银市	7152	2327	472	1445	388	831	1016	577	97	32.53
白银区	8092	2547	360	2422	316	910	493	694	350	31.47
平川区	8608	2717	584	1710	451	1381	879	760	126	31.56
靖远县	7372	2235	627	1705	399	816	1031	453	106	30.32
会宁县	6332	2141	259	1220	254	626	1133	652	47	33.82
景泰县	7989	2779	687	1152	708	1137	862	526	138	34.78
天水市	8722	2482	536	1976	643	933	1035	989	128	28.46
秦州区	9650	2352	730	2118	604	1591	871	1251	134	24.37
麦积区	10926	3071	768	2241	705	1009	1613	1297	222	28.11
清水县	7971	2142	399	1874	657	873	795	1131	101	26.87
秦安县	9773	2878	417	2083	557	1132	1596	965	146	29.45
甘谷县	8276	2586	484	2033	731	800	875	625	143	31.24
武山县	7723	2165	581	1465	742	607	1093	955	115	28.03
张家川县	7346	2090	487	2085	469	760	380	1039	37	28.45
武威市	9330	3280	550	1494	400	1328	1388	759	132	35.15
凉州区	10372	3805	595	1656	343	1419	1574	906	73	36.68
民勤县	12395	3979	635	1372	604	2275	2052	1075	402	32.10
古浪县	5785	1972	433	1491	390	582	556	321	40	34.08
天祝县	7825	2803	474	952	344	1097	1404	587	165	35.81
张掖市	12181	3863	889	1973	735	1542	1731	1156	291	31.71
甘州区	12372	3942	892	1957	903	1497	1581	1221	379	31.86
肃南县	18371	5406	1481	3482	982	2692	2775	1318	236	29.43
民乐县	12085	3775	846	2311	664	1365	1956	1045	123	31.24
临泽县	11933	3930	771	1879	579	1868	1230	1371	306	32.94

续表

地区	消费支出									恩格尔系数
	合计	食品烟酒	衣着	居住	生活用品及服务	交通通信	教育、文化、娱乐	医疗保健	其他用品和服务	
高台县	11692	3992	863	1419	589	1272	2183	1080	293	34.14
山丹县	11067	3288	941	1707	574	1633	1635	990	299	29.71
平凉市	**8197**	**2170**	**448**	**1660**	**443**	**897**	**1126**	**1326**	**126**	**26.48**
崆峒区	7910	2384	470	1382	502	821	1011	1207	133	30.14
泾川县	9601	2329	495	2313	559	1055	1427	1332	90	24.26
灵台县	6866	1674	358	1189	224	767	902	1665	87	24.38
崇信县	7209	1917	543	1444	314	874	810	1203	104	26.60
庄浪县	7556	2027	408	1466	378	927	1205	1040	105	26.83
静宁县	8957	2396	447	1825	519	963	1171	1451	185	26.75
华亭市	7932	1934	500	1809	428	594	871	1675	121	24.39
酒泉市	**13032**	**3846**	**696**	**2465**	**722**	**1853**	**1641**	**1575**	**235**	**29.51**
肃州区	15564	4827	655	2934	955	1983	1973	2006	232	31.01
金塔县	12026	3613	791	1436	509	1556	2098	1728	295	30.04
瓜州县	10296	2744	479	1871	689	1899	1043	1391	181	26.65
肃北县	21918	6782	1348	2870	1547	3728	3173	445	2026	30.94
阿克塞县	20932	8419	1243	4910	963	1817	2485	828	268	40.22
玉门市	10819	3250	680	1977	567	1952	1189	1057	147	30.04
敦煌市	13571	3736	912	3646	600	1666	1512	1287	212	27.53
庆阳市	**8310**	**2798**	**581**	**1639**	**467**	**1033**	**884**	**775**	**131**	**33.67**
西峰区	11472	4136	890	2085	662	1502	974	1006	218	36.05
庆城县	8773	2412	433	2117	492	1214	1140	881	85	27.50
环县	6829	2347	472	1414	374	915	831	408	69	34.37
华池县	6148	2184	408	940	297	1013	596	583	127	35.52
合水县	8704	3039	594	2028	522	1098	488	816	120	34.91
正宁县	6763	2253	529	1302	523	740	692	650	73	33.31
宁县	8314	2969	733	1440	489	902	790	850	141	35.72
镇原县	8614	2789	501	1719	413	1006	1117	893	176	32.38
定西市	**8312**	**2681**	**463**	**1620**	**513**	**926**	**1027**	**975**	**107**	**32.25**
安定区	7992	2581	365	1589	971	755	764	876	91	32.29

续表

地区	消费支出									恩格尔系数
	合计	食品烟酒	衣着	居住	生活用品及服务	交通通信	教育、文化、娱乐	医疗保健	其他用品和服务	
通渭县	8706	2778	197	1252	401	568	1968	1413	129	31.91
陇西县	9161	2415	474	2111	396	1318	1330	1033	84	26.36
渭源县	8022	2745	524	1365	516	1123	985	638	125	34.22
临洮县	7932	2768	460	1272	338	950	717	1251	178	34.89
漳县	7789	2336	510	1592	461	786	841	1165	98	29.99
岷县	8436	2861	665	2150	598	907	690	535	30	33.92
陇南市	**8205**	**2653**	**583**	**1661**	**509**	**1013**	**780**	**875**	**132**	32.33
武都区	10001	3393	668	1959	643	1032	1089	1091	127	33.93
成县	9808	2843	867	1564	581	1709	792	1204	249	28.98
文县	9044	2786	450	2208	502	924	724	1235	216	30.81
宕昌县	6218	2296	471	1584	311	631	376	491	58	36.92
康县	8897	2496	647	1765	546	1260	877	1114	193	28.06
西和县	8003	2289	538	1656	439	1191	963	806	122	28.60
礼县	6517	2413	471	1274	407	737	567	548	100	37.02
徽县	8814	2602	691	1706	773	1045	842	1041	114	29.52
两当县	7640	2357	559	1214	531	1187	663	1003	126	30.86
临夏州	**6157**	**1975**	**482**	**1439**	**545**	**594**	**294**	**748**	**79**	32.08
临夏市	11825	3758	858	3237	801	1149	558	1348	115	31.78
临夏县	6939	2397	576	1603	534	696	356	709	68	34.54
康乐县	6855	1810	561	1661	567	660	296	1255	46	26.40
永靖县	6599	2091	431	1556	425	871	716	432	78	31.69
广河县	6508	2115	600	1725	529	633	205	649	52	32.50
和政县	6231	1747	575	1204	782	721	245	920	36	28.04
东乡县	4319	1386	303	1015	476	313	140	601	85	32.10
积石山县	4828	1859	335	888	480	415	247	457	147	38.49
甘南州	**6311**	**2757**	**477**	**1498**	**362**	**609**	**272**	**209**	**126**	43.68
合作市	6553	2748	581	1548	348	746	219	259	104	41.94
临潭县	7027	2842	641	2243	533	552	93	100	25	40.44
卓尼县	5298	2310	449	1217	343	436	213	182	148	43.60

续表

地区	消费支出									恩格尔系数
	合计	食品烟酒	衣着	居住	生活用品及服务	交通通信	教育、文化娱乐	医疗保健	其他用品和服务	
舟曲县	5957	2800	268	1416	135	540	527	239	33	47.00
迭部县	5953	2687	338	1723	272	365	136	282	149	45.14
玛曲县	8113	3640	783	612	701	1202	355	316	503	44.87
碌曲县	5896	2536	424	565	573	890	506	291	111	43.01
夏河县	6053	2512	522	1528	373	677	135	159	147	41.49

注：安宁区无农村人口，故无相关数据。

资料来源：《甘肃发展年鉴2019》。

甘肃省2018年各县（市、区）农村居民人均消费支出可分为五个等级，即很低（4000~7000元）、较低（7000~9500元）、中等（9500~12500元）、较高（12500~16000元）和很高（16000~25000元）。从空间分布来看，甘肃省农村居民人均消费支出大体上也是自东南向西北递减，但相对于人均可支配收入而言人均消费支出的分布更为离散，中等以上的高消费地区主要包括酒泉、嘉峪关、兰州、金昌四市的市区以及酒泉北部和南部、张掖南部的部分县（市、区）。

三 生活条件

根据2016~2019年《甘肃发展年鉴》和《中国统计年鉴》，近4年来，甘肃省农村居民每百户家用汽车、电动助力车、洗衣机、电冰箱、空调、热水器、排油烟机、家用计算机、移动电话的消费数量在稳步增加，而摩托车、固定电话的消费数量在稳步减少（逐渐被替代和淘汰），微波炉、彩色电视机、照相机、中高档乐器的消费数量则在小幅波动中基本保持稳定。其中，2018年甘肃省农村居民每百户拥有家用汽车20.9辆，摩托车60.0辆，电动助力车48.8辆，洗衣机96.9台，电冰箱84.4台，微波炉7.3台，彩色电视机111.6台，空调1.9台，热水器35.3台，排油烟机13.3台，移动电话300.8部，家用计算机21.2台。甘肃省农村居民每百户耐用消费品拥有量详见表1-14。

表1-14 甘肃省农村居民每百户耐用消费品拥有量

指标	2015 年	2016 年	2017 年	2018 年
家用汽车（辆）	10.0	13.5	14.0	20.9
摩托车（辆）	88.6	83.8	79.7	60.0
电动助力车（辆）	28.0	33.6	36.7	48.8
洗衣机（台）	86.0	91.4	92.1	96.9
电冰箱（台）	55.3	67.8	71.1	84.4
微波炉（台）	6.1	5.9	6.2	7.3
彩色电视机（台）	109.0	109.6	109.0	111.6
空调（台）	0.7	0.8	0.9	1.9
热水器（台）	20.3	24.4	26.4	35.3
排油烟机（台）	5.8	7.9	9.0	13.3
移动电话（部）	244.6	263.8	268.7	300.8
家用计算机（台）	14.2	15.9	16.8	21.2
照相机（架）	2.5	1.8	1.4	1.8
中高档乐器（件）	0.5	0.4	0.6	0.6
固定电话（部）	26.4	22.7	19.0	5.6

资料来源：2016～2019 年《甘肃发展年鉴》、2016～2019 年《中国统计年鉴》。

此外，根据《甘肃年鉴2019》，2018 年甘肃省农村居民人均住房面积为 31.80 平方米，分别比 2016 年、2015 年、2014 年的 31.44 平方米、30.36 平方米、29.30 平方米增加了 0.36 平方米、1.04 平方米、2.10 平方米，呈现持续增加趋势，但增幅逐渐放缓。另据第三次全国农业普查甘肃省的数据，截至 2016 年末，甘肃省有 99.8% 的农户拥有自己的住房，68.0% 的农户使用经过净化处理的自来水，4.9% 的农户使用水冲式卫生厕所。

第四节 发展支撑

一 生产条件

根据《甘肃发展年鉴2019》，2018 年甘肃省农业机械总动力达到 2102.79 万千瓦（其中柴油发动机动力 1530.70 万千瓦），拖拉机达到 82.38 万台（其

中农用大中型拖拉机 8.88 万台），联合收割机 1.07 万台，机动脱粒机
28.64 万台。2018 年，甘肃省农业机耕水平达到 81.76%，机播水平达到
47.86%；有效灌溉面积达到 1214.09 千公顷，水平梯田面积达到 2086.92
千公顷，条田面积达到 275.48 千公顷。甘肃省近几年农业生产条件基本情
况详见表 1 - 15。

表 1 - 15　甘肃省近几年农业生产条件基本情况

指标	2010 年	2015 年	2016 年	2017 年	2018 年
农业机械拥有量					
农业机械总动力合计（万千瓦）	1977.55	2684.95	1903.90	2018.59	2102.79
#柴油发动机动力（万千瓦）	1579.07	2182.11	1381.47	1468.85	1530.70
#汽油发动机动力（万千瓦）	24.21	38.98	45.57	40.83	
#电动机动力（万千瓦）	360.07	462.94	475.89	507.92	
农业机械原值（亿元）	124.15	223.85	147.30	169.02	
农业机械净值（亿元）	87.84	150.49	102.61	118.27	
拖拉机（台）	533890	773590	804245	818994	823825
#农用大中型拖拉机（台）	73174	160342	175222	188709	88787
#小型拖拉机（台）	460716	613248	629023	630285	735038
拖拉机配套农具（万部）	112.31	163.6	175.51	180.67	
#大中型拖拉机配套农具（万部）	20.23	35.64	38.54	41.70	6.64
#小型拖拉机配套农具（万部）	92.08	127.96	136.97	138.97	
农用排灌柴油机（台）		26074	27671	27856	
联合收割机（台）	3632	8110	9559	10193	10688
机动脱粒机（台）	134419	255225	271506	281193	286370
机动喷雾机（部）	34911	48085	51274	55321	
农业机械化					
机耕水平（%）	50.96	72.80	76.50	79.05	81.76
机播水平（%）	30.11	38.23	39.75	42.48	47.86
农业水利化					
有效灌溉面积（千公顷）	1098.88	1165.59	1178.44	1192.89	1214.09
水平梯田面积（千公顷）	1840.61	2063.50	2088.65	2098.80	2086.92
条田面积（千公顷）	859.31	314.60	316.40	315.03	275.48

指标	2010 年	2015 年	2016 年	2017 年	2018 年
农业电气化					
农村生产用电（万千瓦时）	275651	332599	329640	334144	338291
乡村办水电站（个）	304	365	366	371	374
乡村办水电站装机容量（万千瓦）		115.9	127.5	149.1	186.6
农业化学化					
农用化肥施用量（实物量）（万吨）	292.92	321.02	313.70	311.07	292.09
农用化肥施用量（折纯量）（万吨）	85.26	97.92	87.10	84.49	83.17
#氮肥（万吨）	37.93	40.55	34.78	34.08	33.18
#磷肥（万吨）	16.56	19.13	16.95	15.58	15.52
#钾肥（万吨）	6.09	8.87	8.18	7.63	7.62
#复合肥（万吨）	24.68	29.37	27.19	27.20	26.85
农用塑料薄膜使用量（万吨）	12.37	18.37	19.78	17.22	16.41

资料来源：《甘肃发展年鉴2019》。

另据统计，2017 年，甘肃省农机化作业服务组织达到 4112 个，农机合作社达到 1843 个；主要农作物的耕种收综合机械化率达到 53.89%；机耕、机播、机收面积分别达到 332.76 万公顷、182.47 万公顷、136.49 万公顷，其中小麦、玉米、马铃薯机械化率分别达到了 83.3%、56.7%、43.15%。2013~2017 年五年来，甘肃省农业机耕率、机播率、机收率和综合机械化率逐年提高，详见图 1-5。

此外，2017 年甘肃省"一村一品"专业村镇发展到 800 个，其中专业乡镇 70 个，占甘肃省乡镇总数的 5.70%；专业村 730 个，占甘肃省行政村总数的 4.59%。2017 年，甘肃省"三品一标"获证单位达到 1051 家，获证农产品达到 1759 个（包括无公害农产品获证产品 811 个、绿色食品获证产品 752 个、有机农产品获证产品 119 个、农产品地理标志获证产品 77 个，其中"牛羊菜果薯药"六大特色产业认证产品 685 个，占比 38.94%），"三品一标"农产品产量比重达到 50%；主要农作物良种推广覆盖率达到 90%、统供率达到 80%，其中玉米、杂交油菜和蔬菜种子良种覆盖率与统供率达到 100%，小麦和马铃薯的统供率较低、不足 60%；农业灌溉水利用率达到55%，农药利用率达到37%，化肥利用率达到37.8%，农作物秸秆综合利用率达到82%，废旧农膜回收处理利用率达到80.1%，畜禽养殖废弃物资源化利用率达到68%，农业科技进步贡献率达到55.5%。另据统计，2018年全省主要农作物病虫专业化统防统治覆盖率、绿色防控率分别达到36%、26%。

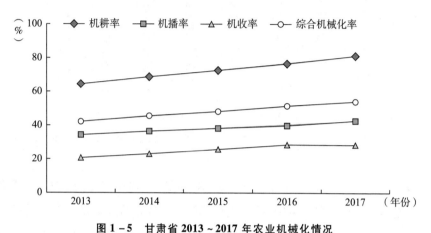

图1-5 甘肃省2013~2017年农业机械化情况

注：本图来源于魏胜文、乔德华、张东伟主编《甘肃农业现代化发展研究报告（2019）》，社会科学文献出版社，2019。

二 经营主体

据统计，2017年甘肃省农户总数为510.9万，纯农户、农业兼业户、非农业兼业户、非农户的数量分别为408.2万、60.5万、22.1万、20.1万，占全部农户数的比重分别为79.90%、12.05%、4.32%、3.93%。甘肃省2010~2017年不同类型农户比重及数量变化见图1-6。该图说明，2010~2016年甘肃省农业经营者（农户）的兼业化趋势显著，脱离农业的农户在不断增加，纯农户的比重在持续下降，但2017年农户兼业化趋势出现了回退，纯农户的比重同比又小幅回升。

截至2017年底，甘肃省农业产业化经营组织有8515家，其中龙头企业带动型2227家，合作组织带动型5595家，专业市场带动型（年交易额大于2000万元）195家，协会、联盟等其他形式带动型498家。这些农业产业化经营组织与农户建立了多样化的利益联结关系，其中订单合同关系

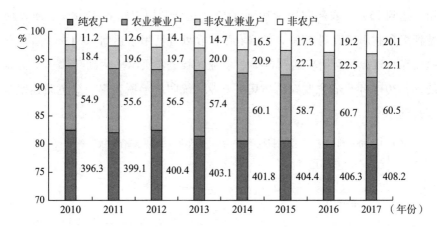

图 1-6　甘肃省 2010～2017 年不同类型农户比重及数量变化

注：本图来源于《甘肃县域和农村发展报告（2019）》；图中数字表示农户数量，单位为万。

3620 家，占比 55%；合作合同关系（利润返还）2123 家，占比 28%；股份合作关系（按股分红）1003 家，占比 12%，利益联结方式以订单合同或合作合同为主，股份合作关系较少。甘肃省农业产业化经营组织中，从事种植业的 4527 家，占比 53.17%；从事畜牧业的 3055 家，占比 35.88%；从事林业的 310 家，占比 3.64%；从事水产业的 75 家，占比 0.89%；从事其他产业的 548 家，占比 6.44%。

甘肃省 2227 家农业产业化龙头企业包括国家重点龙头企业 27 家、省重点龙头企业 421 家、市（州）级重点龙头企业 1187 家，总固定资产净值达到 656 亿元，总销售收入达到 823.5 亿元，提供了全省农产品市场供应量的 1/3 和主要城市"菜篮子"产品供给量的 2/3 以上；其中，建有专门质检机构的省级以上农业产业化龙头企业有 227 家，通过 ISO9000、HACCP、GAP 等质量体系认证的 246 家，获得省级以上名牌产品或中国驰名商标的 180 家，获得"三品一标"认证的 132 家。

截至 2017 年底，全省工商登记注册农民合作社总数达 8.48 万家（2013 年为 2.94 万家），其中示范性合作社 7003 家（2013 年为 2219 家），合作社总数居全国第十一位，合作社成员农户 155.54 万户，带动非成员农户 212.83 万户，合计达到 368.37 万户，占甘肃省总农户数的 72.20%。

表 1-16 甘肃省 2017 年农业产业化龙头企业分布情况

单位：家，亿元

地区	数量	固定资产	销售收入
甘肃省	**2227**	**656**	**823**
兰州市	180	53	92
嘉峪关市	8	4	3
金昌市	56	18	21
白银市	151	34	56
天水市	378	55	67
武威市	280	126	135
张掖市	209	73	68
平凉市	196	41	51
酒泉市	138	52	75
庆阳市	108	29	41
定西市	183	76	95
陇南市	203	28	35
临夏州	97	27	51
甘南州	22	12	5

注：全省数据包括了属于兰州新区和农垦公司的 18 家农业产业化龙头企业、28 亿元固定资产和 28 亿元销售收入。

资料来源：《甘肃农业现代化发展研究报告（2019）》。

另据第三次全国农业普查甘肃省的数据，截至 2016 年末，甘肃省共有 3.95 万家农业经营单位；在工商部门注册的农民合作社总数有 7.57 万家，其中以农业生产经营或服务为主的农民合作社 2.35 万家；共有 444.51 万户农业经营户，其中规模农业经营户 3.58 万户。甘肃省共有 875.48 万名农业生产经营人员。

三 公共设施

据第三次全国农业普查甘肃省的数据，截至 2016 年末，甘肃省有火车站的乡镇占 7.3%，有高速公路出入口的乡镇占 15.6%；99.9% 的村通公路，100% 的村通电，2.3% 的村通天然气，30.4% 的村有电子商务配送站点。2016 年末，甘肃省有 95.7% 的乡镇集中或部分集中供水，87.3% 的乡镇生活垃圾集中或部分集中处理；43.4% 的村生活垃圾集中或部分集中处理，6.5% 的村生活污水集中或部分集中处理，25.2% 的村完成或部分完成改厕。

截至 2016 年末，甘肃省 99.2% 的乡镇有图书馆、文化站，13.8% 的乡镇有剧场、影剧院，8.0% 的乡镇有体育场馆，74.9% 的乡镇有公园及休闲健身广场，47.3% 的村有体育健身场所；97.4% 的乡镇有幼儿园、托儿所，98.6% 的乡镇有小学，35.7% 的村有幼儿园、托儿所；99.8% 的乡镇有医疗卫生机构，99.1% 的乡镇有执业（助理）医师，34.0% 的乡镇有社会福利收养性单位，90.6% 的村有卫生室。

另据统计，截至 2018 年底，甘肃省农村自来水普及率达到 88%；已通电村 16097 个，通电村比例达到 99.87%；农村乡镇光纤网络实现 100% 的覆盖、行政村光纤网络实现 99.9% 的覆盖，其中中国联通 3G/4G 移动信号覆盖 15367 个村，覆盖率达到 81.88%，详见表 1 – 17。

表 1 – 17　甘肃省中国联通 3G/4G 网络村级覆盖情况

单位：个，%

地区	行政村数	3G/4G 覆盖村数	3G/4G 覆盖率
甘肃省	18767	15367	81.88
兰州市	748	723	96.66
嘉峪关市	17	17	100
金昌市	138	138	100
白银市	714	625	87.54
天水市	2503	2274	90.85
武威市	1147	1057	92.15
张掖市	847	752	88.78
平凉市	1458	1366	93.69
酒泉市	474	430	90.72
庆阳市	1333	1181	88.60
定西市	1888	1504	79.66
陇南市	3173	2224	70.09

地区	行政村数	3G/4G 覆盖村数	3G/4G 覆盖率
临夏州	1155	852	73.77
甘南州	3172	2224	70.11

资料来源：《甘肃农业现代化发展研究报告（2019）》。

第二章

甘肃省农村基层治理的基本对象

　　甘肃省农村基层实际存在的一系列突出问题，构成了甘肃省农村基层治理的基本对象。本章通过数据资料概要展现这些作为基本对象的突出问题，分为经济发展问题、社会发展问题和生态环境问题三大方面。

第一节　经济发展问题

一　规模不大

（一）农业生产规模整体偏小

　　统计资料表明，2018 年甘肃省实现第一产业增加值 921.30 亿元、农林牧渔业总产值 1659.36 亿元，仅分别占全国第一产业增加值 64734.00 亿元和农林牧渔业总产值 113579.53 亿元的 1.41% 和 1.46%，仅分别是 2018 年各省份第一产业增加值和农林牧渔业总产值均是第一名的山东省的 18.61% 和 17.66%，这与甘肃省的耕地资源禀赋（占全国的 3.99%、山东的 70.84%）和农村人口数量（占全国的 2.44%、山东的 35.36%）很不相称。详见表 2-1。

　　甘肃省是传统的畜牧业强省，但是从牛羊生产来看，甘肃省却并未能位居前列，与牛生产规模第一的山东和羊生产规模第一的内蒙古都还存在很大的差距。具体而言，2018 年甘肃省牛羊的饲养规模分别为 440.40 万头和 1885.88 万只（山羊 407.35 万只、绵羊 1478.54 万只），分别仅占全国牛羊饲养规模的 4.94% 和 6.35%（山羊占比 3.00%、绵羊占比 9.16%），在全国除港、澳、台的 31 个省级行政区之中分别位居第九和第三（山羊位居第十二、绵羊位居第三），其中牛饲养规模只是排名第一的四川省的 53.43%，羊饲养规模是排名第一的内蒙古的 31.42%（山羊和绵羊饲养规模分别只是内蒙古的 24.96%、33.83%）。2018 年甘肃省牛肉、羊肉产量分别为 21.40 万吨和 23.60 万吨，分别仅占全国牛肉和羊肉产量的 3.32%、4.97%，在除港、澳、台的 31 个省级行政区中仅居第十一位和第七位，其中牛肉产量只是排名第一的山东省的 28.02%，羊肉产量是排名第一的内蒙古的 22.19%。同时，2018 年甘肃省牛奶、绵羊毛、山羊粗毛和山羊绒的产量也分别只占全国的 1.32%、8.21%、6.01% 和 2.10%，在全国除港、澳、台的 31 个省级行政区中分别位居第十五、第三、第七和第十一，分别只是排名第一的内蒙古的 7.16%、24.79%、26.77% 和 4.91%。这种状况与甘肃省畜牧业强省的传统地位不太相称。详见表 2-2。

表 2-1　全国及各地区 2018 年农业生产规模情况

地区	第一产业增加值（亿元）	农林牧渔业总产值（亿元）	农村常住人口数（万人）	耕地面积（千公顷）
全国	64734.00	113579.53	56401	134881.22
北京	118.69	296.77	291	213.73
天津	172.71	390.50	263	436.76
河北	3338.00	5707.00	3292	6518.87
山西	740.64	1460.64	1546	4056.32
内蒙古	1753.82	2985.32	945	9270.78
辽宁	2033.30	4061.93	1391	4971.59
吉林	1160.75	2184.34	1148	6986.74
黑龙江	3000.96	5624.29	1505	15845.70
上海	104.37	289.58	288	191.60
江苏	4141.72	7192.46	2447	4573.34
浙江	1967.01	3157.25	1784	1977.04
安徽	2638.01	4672.71	2865	5866.76

地区	第一产业增加值 （亿元）	农林牧渔业总产值 （亿元）	农村常住人口数 （万人）	耕地面积 （千公顷）
福建	2379.82	4229.52	1347	1336.90
江西	1877.33	3148.57	2044	3085.99
山东	4950.52	9397.39	3900	7589.79
河南	4289.38	7757.94	4638	8112.28
湖北	3547.51	6207.83	2349	5235.91
湖南	3083.59	5361.62	3034	4151.02
广东	3831.44	6318.12	3324	2599.65
广西	3019.37	4909.24	2452	4387.46
海南	1000.11	1535.73	382	722.40
重庆	1378.27	2052.41	1070	2369.85
四川	4426.66	7195.65	3979	6725.17
贵州	2159.54	3619.52	1889	4518.77
云南	2498.86	4108.88	2521	6213.31
西藏	130.25	195.47	237	443.96
陕西	1830.19	3239.99	1618	3982.89
甘肃	**921.30**	**1659.36**	**1379**	**5376.95**
青海	268.10	405.93	275	590.14
宁夏	279.85	575.77	283	1289.95
新疆	1692.09	3637.79	1221	5239.62

注：耕地面积是 2017 年数据，全国数为各省份合计数；表中不含港、澳、台数据。
资料来源：国家统计局编《中国统计年鉴 2019》，中国统计出版社，2019。

（二）农业经营规模普遍不大

目前，除少数国有农场和少数农业合作组织之外，甘肃省大部分地区的农业经营规模都很小。据统计，2017 年甘肃省有 320.3 万农户经营耕地在 10 亩以下（占比 62.72%）、145.3 万农户经营耕地在 10～30 亩（占比 28.45%）、26.1 万农户经营耕地在 30～50 亩（占比 5.11%）、4.5 万农户经营耕地在 50～100 亩（占比 0.88%），经营耕地 100 亩以上的农户仅有 2.0 万（占比 0.39%），且有多达 12.5 万农户未经营耕地（占比 2.45%）。

表2-2 全国及各地区2018年牛羊生产规模情况

地区	牛（万头）	羊（万只）			牛羊肉（万吨）		牛奶（万吨）	绵羊毛（吨）	山羊粗毛（吨）	山羊绒（吨）
		合计	山羊	绵羊	牛肉	羊肉				
全国	8915.28	29713.51	13574.69	16138.82	644.06	475.07	3074.56	356607.6	26965.0	15437.8
北京	10.57	24.24	5.67	18.56	0.94	0.60	31.06	37.4	5.2	3.1
天津	24.57	41.93	4.92	37.01	2.85	1.18	48.04	179.4	1.9	
河北	342.03	1179.56	365.24	814.32	56.46	30.54	384.81	20816.3	2360.3	704.6
山西	101.97	875.63	344.11	531.52	6.50	8.13	81.06	7957.9	1428.6	1215.1
内蒙古	616.20	6001.92	1631.97	4369.94	61.43	106.34	565.57	118178.9	6053.8	6606.8
辽宁	248.30	772.80	407.90	364.90	27.50	6.60	131.80	7607.3	1335.5	1055.6
吉林	325.29	396.59	54.28	342.31	40.66	4.62	38.83	11430.2	504.3	86.7
黑龙江	456.51	772.72	166.01	606.71	42.56	12.46	455.91	25805.0	1202.0	189.9
上海	5.79	13.72	12.87	0.85	0.02	0.26	33.44	3.2	73.8	
江苏	29.23	390.21	380.70	9.51	2.82	7.79	50.03	344.3	8.6	0.0
浙江	13.71	125.88	40.84	85.04	1.24	2.29	15.73	1687.2	391.9	
安徽	79.62	500.59	499.83	0.75	8.70	17.14	30.80	132.0	23.0	
福建	30.92	95.32	95.32		1.94	2.04	13.82			
江西	246.45	100.26	100.26		12.45	2.10	9.63			
山东	380.60	1801.41	875.23	926.18	76.38	36.78	225.11	6451.0	2696.7	551.1
河南	373.41	1734.07	1473.96	260.11	34.80	26.90	202.65	4130.2	2406.1	312.5
湖北	241.09	546.79	546.79		15.82	9.75	12.81	9.0	48.0	

续表

地区	牛（万头）	羊（万只）			牛羊肉（万吨）		牛奶（万吨）	绵羊毛（吨）	山羊粗毛（吨）	山羊绒（吨）
		合计	山羊	绵羊	牛肉	羊肉				
湖南	385.40	668.30	668.30		17.90	14.90	6.20		2.0	1.0
广东	120.56	92.96	92.96		4.07	1.97	13.89		6.0	
广西	328.57	223.50	222.88	0.62	12.32	3.37	8.87			
海南	54.46	68.85	68.75	0.10	1.93	1.15	0.19			
重庆	103.69	323.16	322.99	0.17	7.20	6.76	4.89	1.4		
四川	824.30	1462.90	1303.50	159.40	34.47	26.31	64.24	5475.0	558.0	140.0
贵州	465.32	401.53	379.05	22.48	19.90	5.03	4.58	600.2	84.6	8.1
云南	811.90	1268.85	1175.25	93.60	36.02	18.64	58.21	1534.0	102.0	6.0
西藏	608.40	1047.14	366.82	680.32	20.85	5.86	36.44	7967.7	937.2	853.4
陕西	149.87	866.76	715.73	151.03	8.24	9.57	109.75	3059.3	1747.3	1478.3
甘肃	440.40	1885.88	407.35	1478.54	21.40	23.60	40.50	29293.0	1620.5	324.1
青海	514.33	1336.08	180.02	1156.05	13.18	13.12	32.57	17600.0	700.0	355.0
宁夏	124.64	534.28	107.17	427.11	11.52	9.90	168.29	9746.0	786.0	663.0
新疆	457.15	4159.68	558.00	3601.67	41.57	59.38	194.85	76561.7	1881.7	883.5

注：表中不含香港、澳、台数据。
资料来源：《中国统计年鉴2019》。

从近几年来看，甘肃省经营耕地 10～100 亩的农户数量在稳步增长，但增长速度较慢；经营耕地 100 亩以上的在 2016 年之前逐渐增多，但到 2017 年则出现了下降态势；未经营耕地的农户数量则在持续增加。详见图 2－1。

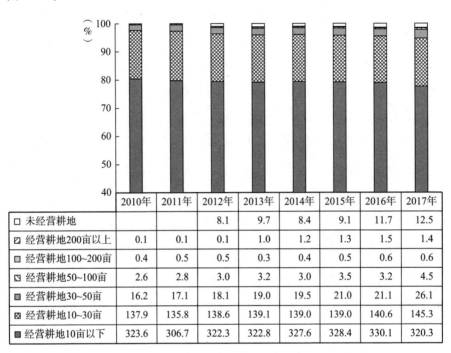

	2010年	2011年	2012年	2013年	2014年	2015年	2016年	2017年
□ 未经营耕地			8.1	9.7	8.4	9.1	11.7	12.5
▨ 经营耕地200亩以上	0.1	0.1	0.1	1.0	1.2	1.3	1.5	1.4
▤ 经营耕地100~200亩	0.4	0.5	0.5	0.3	0.4	0.5	0.6	0.6
▥ 经营耕地50~100亩	2.6	2.8	3.0	3.2	3.0	3.5	3.2	4.5
▦ 经营耕地30~50亩	16.2	17.1	18.1	19.0	19.5	21.0	21.1	26.1
▩ 经营耕地10~30亩	137.9	135.8	138.6	139.1	139.0	139.0	140.6	145.3
▨ 经营耕地10亩以下	323.6	306.7	322.3	322.8	327.6	328.4	330.1	320.3

图 2－1　甘肃省 2010～2017 年农户经营规模分组及其变化

资料来源：《甘肃发展年鉴 2019》。

　　另据统计，截至 2018 年 10 月底，全省农民专业合作社已达到 9.9 万个，平均每个行政村 6.04 个、每个自然村 1.16 个。合作社数量虽多，但规模普遍偏小、作用发挥不够理想的问题很是突出，有的合作社甚至成为"空壳社"和"名义社"。例如，全省 7262 个贫困村有合作社 3.49 万个，其中入社 52.49 万户、129.23 万人，平均每个贫困村有合作社 4.81 个，每个合作社平均仅有 15.04 户、37.03 人。并且，合作社对农户的吸引力不足，农户主动参与合作社的不足 20%，80% 以上的农户是被动参与，全省真正能够发挥合作经济的合作社仅占总数的 20% 左右。

（三）农业经营单位数量较少

据第三次全国农业普查，甘肃省 2016 年末共有 3.95 万个农业经营单位，只占全国总数 204 万个的 1.94%；在工商部门注册的农民合作社总数为 7.57 万个，只占全国总数 179 万个的 4.23%，其中以农业生产经营或服务为主的农民合作社 2.35 万个，只占全国总数 91 万个的 2.58%；有444.51 万农业经营户，只占全国总数 20743 万户的 2.14%，其中规模农业经营户 3.58 万，只占全国总数 398 万户的 0.90%；共有 875.48 万农业生产经营人员，只占全国总数 31422 万的 2.79%。需指出的是，甘肃省规模农业经营户占全部农业经营户的比例也偏低，仅有 0.81%，而全国均值是 1.92%。

二 效率不高

（一）农业劳动生产率不高

如前所述，2018 年甘肃省第一产业增加值和农林牧渔业总产值分别仅占全国的 1.41% 和 1.46%，分别只是山东省的 18.61% 和 17.66%，而同期甘肃省农村常住人口占全国的 2.48%，是山东省的 35.36%。甘肃省人均第一产业增加值、人均农林牧渔业生产总值分别仅是山东省的 52.63%和 49.94%、全国的 58.21% 和 59.75%。若是相比于农业劳动生产率最高的海南省而言，甘肃省农业劳动生产率不高的问题就更为突出（当然其中存在一些自然因素的影响）。全国及各地区 2018 年农业劳动生产率情况详见表 2 - 3。

表 2 - 3　全国及各地区 2018 年农业劳动生产率情况

单位：元

地区	人均第一产业增加值	人均农林牧渔业总产值	地区	人均第一产业增加值	人均农林牧渔业总产值
全国	11477	20138	河南	9248	16727
北京	4079	10198	湖北	15102	26428

续表

地区	人均第一产业增加值	人均农林牧渔业总产值	地区	人均第一产业增加值	人均农林牧渔业总产值
天津	6567	14848	湖南	10163	17672
河北	10140	17336	广东	11527	19008
山西	4791	9448	广西	12314	20021
内蒙古	18559	31591	海南	26181	40202
辽宁	14618	29202	重庆	12881	19181
吉林	10111	19027	四川	11125	18084
黑龙江	19940	37371	贵州	11432	19161
上海	3624	10055	云南	9912	16299
江苏	16926	29393	西藏	5496	8248
浙江	11026	17698	陕西	11311	20025
安徽	9208	16310	**甘肃**	**6681**	**12033**
福建	17668	31400	青海	9749	14761
江西	9185	15404	宁夏	9889	20345
山东	12694	24096	新疆	13858	29794

注：表中不含港、澳、台数据。

资料来源：《中国统计年鉴 2019》。

（二）农业土地生产率不高

据《中国统计年鉴 2019》，2018 年甘肃省粮食、谷物、薯类和园林水果单产分别为 4353 千克/公顷、4742 千克/公顷、3545 千克/公顷和 19425千克/公顷，分别比全国同期单产少了 1268 千克/公顷、1378 千克/公顷、446 千克/公顷和 2207 千克/公顷。全国及各地区 2018 年主要农产品单产情况详见表 2-4。

表 2-4 全国及各地区 2018 年主要农产品单产情况

单位：千克/公顷

地区	粮食	#谷物	##小麦	##玉米	#薯类	油菜籽	园林水果
全国	5621	6120	5417	6104	3991	2027	21632
北京	6137	6362	5367	6770	5555	1600	13243

续表

地区	粮食	#谷物	##小麦	##玉米	#薯类	油菜籽	园林水果
天津	5988	6056	5154	5919	6985	1612	21810
河北	5660	5688	6154	5647	6537	1752	25445
山西	4400	4769	4080	5617	2954	938	20661
内蒙古	5233	6232	3390	7215	4261	1615	31773
辽宁	6293	6438	5750	6129	4536	1704	22407
吉林	6487	6783	326	6617	7807	45	60087
黑龙江	5281	6543	3307	6303	5038	1355	83443
上海	7988	8023	6082	6930	6225	2563	37353
江苏	6684	6892	5362	5816	6389	2873	45670
浙江	6140	6782	4193	4183	4838	2225	22988
安徽	5477	5921	5589	5231	2482	2361	45351
福建	5982	6317	2808	4361	5273	1621	20589
江西	5887	6049	2168	4471	4813	1430	16624
山东	6329	6375	6090	6626	8112	2531	48523
河南	6097	6254	6277	6000	5553	2687	57428
湖北	5858	6300	3714	4140	3149	2201	27255
湖南	6367	6555	3430	5646	5039	1671	19669
广东	5548	5693	3571	4542	4738	2382	16992
广西	4899	5447	1667	4678	1895	958	16750
海南	5142	5311			4279		25211
重庆	5349	6588	3289	5682	4236	1943	14028
四川	5576	6320	3894	5745	4292	2398	14516
贵州	3867	4885	2343	4301	3228	1732	6368
云南	4457	4984	2190	5187	3024	2050	13561
西藏	5653	5666	6133	6518	6694	2595	
陕西	4079	4461	4149	4953	2734	2099	16474
甘肃	**4353**	**4742**	**3617**	**5826**	**3545**	**2031**	**19425**
青海	3664	3548	3821	6249	4103	1930	4738
宁夏	5336	5859	3234	7549	3309	2450	21353
新疆	6777	6851	5544	8009	6906	2793	16094

注：表中不含港、澳、台数据。

资料来源：《中国统计年鉴 2019》。

（三）农业机械化水平不高

尽管近年来甘肃省农业机械化水平在逐步提高，但是截至 2017 年，甘肃省主要农作物耕种收综合机械化率仍只有 53.89%，远低于全国 2017 年超过 66% 的农作物耕种收综合机械化率。2018 年，全省主要农作物耕种收综合机械化率达到 55.9%，比上年提高 2.01 个百分点，但这离《甘肃省"十三五"农业现代化规划》所确定的全省 2020 年主要农作物耕种收综合机械化率达到 60% 的既定目标仍有较大差距，离达到全国平均水平的距离更远。特别地，目前全省粮食生产机械相对较多、粮食作物综合机械化水平相对较高（小麦超过 80%、玉米接近 60%、马铃薯不足 45%），但经济作物和特色产业机械少、综合机械化水平低，蔬菜、水果、油料、中药材、棉花等作物的综合机械化水平非常低。

三　效益不好

（一）农业增加值率不高

据《甘肃发展年鉴 2019》和《中国农村统计年鉴 2019》，2018 年甘肃省农林牧渔业增加值率为 57.19%，低于全国同期（59.46%）2.27 个百分点。其中，种植业、林业和农林牧渔服务业增加值率分别为 56.85%、36.81%、26.00%，分别比全国同期低 7.61、28.42、21.78 个百分点。

表 2-5　甘肃省各市（州）2018 年农业增加值率

单位：%

地区	农林牧渔业增加值率					
	合计	种植业	林业	牧业	渔业	农林牧渔服务业
全国	59.46	64.46	65.23	49.66	60.44	47.78
甘肃省	57.19	56.85	36.81	74.98	75.97	26.00
兰州市	61.37	64.09	1.89	51.80	47.69	26.00
嘉峪关市	51.99	54.43	70.09	67.36	51.14	26.00
金昌市	58.65	58.31	25.11	70.36	73.37	26.00

地区	农林牧渔业增加值率					农林牧渔服务业
	合计	种植业	林业	牧业	渔业	
白银市	62.82	63.22	231.12	56.94	89.22	26.00
天水市	60.39	53.78	47.32	82.77	87.55	26.00
武威市	57.59	60.78	45.92	71.43	57.24	26.00
张掖市	58.09	60.01	29.87	54.98	67.53	26.00
平凉市	53.02	60.43	58.92	63.42	69.54	26.00
酒泉市	61.89	61.65	31.26	75.12	56.55	26.00
庆阳市	57.89	58.68	39.65	68.62	61.38	26.00
定西市	64.61	66.16	69.30	67.39	64.14	26.00
陇南市	58.84	61.30	46.88	72.56	63.87	26.00
临夏州	72.05	69.12	62.13	85.64	53.76	26.00
甘南州	60.39	61.86	69.30	82.77	69.54	26.00

资料来源：国家统计局农村社会经济调查司编《中国农村统计年鉴2019》，中国统计出版社，2019。

需特别指出的是，农业生产性服务业对于农业现代化而言意义重大，是现代农业的标志，然而甘肃省农林牧渔服务业不仅规模小而且增加值率很低，这与现代农业发展的需求和要求很不相称。

（二）农产品加工转换率不高

农产品加工业具有行业覆盖面宽、产业关联度高、带动农民就业增收作用强等特征。发展农产品加工业好处多多，有利于提高农业综合效益、提高农民收入、促进农村产业融合。然而甘肃省农产品加工转换率相对不高，2017年甘肃省农产品加工转换率仅为52.5%（2016年为51.5%），按计划甘肃省主要农产品加工转化率到2020年应达到55%。相比较而言，全国2016年底农产品加工转换率已达到65%，既定目标是到2020年实现农产品加工转化率达到68%，甘肃省主要农产品加工转化率与全国平均水平相差13个百分点以上。

（三）村级集体经济收益低

有关数据表明，甘肃省集体经济"空壳村"在顶峰时期（2015 年）达到 10455 个，占比高达 68.13%。近几年经过大力发展，甘肃省集体经济"空壳村"数量在快速减少，但存留数量仍然很多，且非"空壳村"的集体经营收益也普遍不高（据统计，2017 年甘肃省有经营收益村的集体经济组织平均经营收益仅为 5.11 万元）。

据统计，截至 2017 年底，甘肃省仍有多达 7325 个集体经济"空壳村"，无任何集体经济收益，占比达到 45.5%；集体经济收益 10 万元以上的仅有 865 个村，占比仅为 5.37%。另据统计，截至 2017 年底，甘肃省 7262 个贫困村中，仍有多达 3594 个集体经济"空壳村"，占比达到 49.49%。

四 收入不高

（一）农村居民人均可支配收入低

据《中国统计年鉴 2019》，2018 年甘肃省农村居民人均可支配收入为 8804.1 元，在全国除港、澳、台的 31 个省级行政区中位居倒数第一，是全国均值 14617.0 元的 60.23%（约 3/5），仅是浙江省（位居全国第二，仅次于上海市）农村居民人均可支配收入 27302.4 元的 32.25%（不足 1/3），比位居倒数第二的贵州省的农村居民人均可支配收入 9716.1 元还低 912.0 元（占比为 90.61%）。更为严重的是，2013~2018 年六年来，甘肃省农村居民人均可支配收入在全国除港、澳、台的 31 个省级行政区中一直是倒数第一，已持续地陷入了困境之中。全国及各地区 2013~2018 年农村居民人均可支配收入情况详见表 2-6。

表 2-6 全国及各地区 2013~2018 年农村居民人均可支配收入情况

单位：元

地区	2013 年	2014 年	2015 年	2016 年	2017 年	2018 年	2018 年增加
全国	9429.6	10488.9	11421.7	12363.4	13432.4	14617.0	1184.6
北京	17101.2	18867.3	20568.7	22309.5	24240.5	26490.3	2249.8

续表

地区	2013 年	2014 年	2015 年	2016 年	2017 年	2018 年	2018 年增加
天津	15352.6	17014.2	18481.6	20075.6	21753.7	23065.2	1311.5
河北	9187.7	10186.1	11050.5	11919.4	12880.9	14030.9	1150.0
山西	7949.5	8809.4	9453.9	10082.5	10787.5	11750.0	962.5
内蒙古	8984.9	9976.3	10775.9	11609.0	12584.3	13802.6	1218.3
辽宁	10161.2	11191.5	12056.9	12880.7	13746.8	14656.3	909.5
吉林	9780.7	10780.1	11326.2	12122.9	12950.4	13748.2	797.7
黑龙江	9369	10453.2	11095.2	11831.9	12664.8	13803.7	1138.8
上海	19208.3	21191.6	23205.2	25520.4	27825.0	30374.7	2549.7
江苏	13521.3	14958.4	16256.7	17605.6	19158.0	20845.1	1687.0
浙江	17493.9	19373.3	21125	22866.1	24955.8	27302.4	2346.6
安徽	8850.0	9916.4	10820.7	11720.5	12758.2	13996.0	1237.8
福建	11404.8	12650.2	13792.7	14999.2	16334.8	17821.2	1486.4
江西	9088.8	10116.6	11139.1	12137.7	13241.8	14459.9	1218.1
山东	10686.9	11882.3	12930.4	13954.1	15117.5	16297.0	1179.5
河南	8969.1	9966.1	10852.9	11696.7	12719.2	13830.7	1111.6
湖北	9691.8	10849.1	11843.9	12725.0	13812.1	14977.8	1165.7
湖南	9028.6	10060.2	10992.5	11930.4	12935.8	14092.5	1156.7
广东	11067.8	12245.6	13360.4	14512.2	15779.7	17167.7	1388.0
广西	7793.1	8683.2	9466.6	10359.5	11325.5	12434.8	1109.3
海南	8801.7	9912.6	10857.6	11842.9	12901.8	13988.9	1087.1
重庆	8492.5	9489.8	10504.7	11548.8	12637.9	13781.2	1143.3
四川	8380.7	9347.7	10247.4	11203.1	12226.9	13331.4	1104.5
贵州	5897.8	6671.2	7386.9	8090.3	8869.1	9716.1	847.0
云南	6723.6	7456.1	8242.1	9019.8	9862.2	10767.9	905.7
西藏	6553.4	7359.2	8243.7	9093.8	10330.2	11449.8	1119.6
陕西	7092.2	7932.2	8688.9	9396.4	10264.5	11212.8	948.3
甘肃	**5588.8**	**6276.6**	**6936.2**	**7456.9**	**8076.1**	**8804.1**	**728.1**
青海	6461.6	7282.7	7933.9	8664.4	9462.3	10393.3	931.0
宁夏	7598.7	8410	9118.7	9851.6	10737.9	11707.6	969.8
新疆	7846.6	8723.8	9425.1	10183.2	11045.3	11974.5	929.2

注：表中不含港、澳、台数据。

资料来源：《中国统计年鉴 2019》。

（二）农村居民人均可支配收入增长慢

2018 年，甘肃省农村居民人均可支配收入增加额为 728.1 元，在除港、澳、台的 31 个省级行政区中位居倒数第一，是全国增加额均值 1184.6 元的 61.46%（约 3/5），是浙江省增加额 2089.7 的 31.03%（约 1/3），比增加额位居倒数第二的吉林省（797.7 元）和倒数第三的贵州省（847.0 元）分别还少 69.6 元和 116.9 元。

近六年来，甘肃省农村居民人均可支配收入与全国其他地区的差距都在扩大，与全国平均的差距由 2013 年的 3840.8 元扩大到 2018 年的 5812.9 元，与浙江省的差距由 2013 年的 11905.1 元扩大到 2018 年的 18498.2 元，与贵州省的差距从 2013 年的 308.99 元扩大到 2018 年的 911.97 元。

五 结构不优

（一）农业生产结构不优

据《甘肃发展年鉴 2019》，2018 年甘肃省农林牧渔业总产值中，农业、林业、牧业、渔业、农林牧渔服务业总产值比重分别为 70.27%、1.99%、19.22%、0.12%、8.40%，而同期全国农业、林业、牧业、渔业、农林牧渔服务业总产值比重分别为 54.11%、4.78%、25.27%、10.68%、5.16%。与此同时，2018 年甘肃省农林牧渔业增加值中，农业、林业、牧业、渔业、农林牧渔服务业总产值比重分别为 72.73%、1.56%、21.80%、0.14%、3.77%，而同期全国农业、林业、牧业、渔业、农林牧渔服务业总产值比重分别为 58.65%、5.25%、21.10%、10.86%、4.15%。考虑到甘肃省的农业资源禀赋状况（如耕地、林地、草地、水域等资源数量及其占比），甘肃省农业占比过高（横向比较看，农业的比重不管是总产值还是增加值，甘肃省在全国除港、澳、台的 31 个省级行政区中都是最高的），林业、牧业和渔业占比过低问题非常突出（如前所述，甘肃省林地、草地、水域在土地总面积中的比重分别为 14.32%、33.31%、1.50%，而这分别比甘肃省林业、牧业、渔业总产值或增加值在农林牧渔业总产值或增加值中的比重都高出许多）。此外，尽管甘肃省农林牧渔服务业的比重高出全国平均水平，但是若考虑到农业现代化和三产融合发展的趋势要求，甘肃省农林牧渔服务业的比重也有待进一步提高。

表2-7 甘肃省各市（州）2018年农业生产结构

单位：%

地区	农林牧渔业总产值结构					农林牧渔业增加值结构				
	农业	林业	牧业	渔业	农林牧渔服务业	农业	林业	牧业	渔业	农林牧渔服务业
全国	54.11	4.78	25.27	10.68	5.16	58.65	5.25	21.10	10.86	4.15
甘肃省	70.27	1.99	19.22	0.12	8.40	72.73	1.56	21.80	0.14	3.77
兰州市	67.90	1.90	20.33	0.16	9.71	67.50	1.22	26.65	0.21	4.42
嘉峪关市	79.74	0.22	19.56	0.00	0.48	83.28	0.01	16.51	0.00	0.20
金昌市	68.80	1.66	13.72	0.09	15.74	72.03	2.24	17.77	0.08	7.87
白银市	64.03	1.32	26.85	0.13	7.66	63.66	0.57	32.22	0.16	3.40
天水市	87.68	0.52	9.91	0.08	1.80	88.23	1.92	8.98	0.12	0.75
武威市	64.14	2.55	28.23	0.00	5.07	57.12	1.99	38.68	0.03	2.18
张掖市	54.55	0.96	27.29	0.10	17.10	57.57	0.77	33.85	0.10	7.72
平凉市	80.02	1.29	16.62	0.03	2.04	82.65	0.66	15.73	0.04	0.91
酒泉市	57.85	2.62	16.49	0.17	22.87	65.93	2.91	19.72	0.23	11.21
庆阳市	68.91	2.94	22.69	0.09	5.37	68.63	1.48	27.54	0.08	2.26
定西市	78.64	2.57	13.67	0.04	5.09	79.71	1.76	16.20	0.04	2.29
陇南市	78.35	6.03	10.89	0.07	4.65	80.22	6.47	11.36	0.07	1.87
临夏州	55.30	2.22	27.43	0.22	14.82	57.61	1.77	33.83	0.24	6.55
甘南州	17.03	6.97	60.67	0.01	15.32	16.33	6.01	72.12	0.01	5.53

资料来源：《中国统计年鉴2019》、《中国农村统计年鉴2019》。

此外需指出的是，甘肃省种植业内部生产结构也相对不良。据统计，2017年甘肃省种植业粮经饲之比为65.2∶32.4∶2.4（2016年为66.2∶31.2∶2.6），粮食作物占比相对过高，经济作物占比仍有较大提升空间，饲料作物的占比则严重不足（相比2016年还下降了0.2个百分点）。

（二）农民收入结构不优

据《中国统计年鉴2019》，2018年甘肃省农村居民人均可支配收入中，工资性收入为2534.7元，占比28.79%；经营净收入为3823.7元，占比43.43%；财产净收入为211.5元，占比2.40%；转移净收入为2234.1元，占比25.38%。2018年全国农村居民人均可支配收入中，工资性收入为5996.1元，占比41.02%；经营净收入为5358.4元，占比36.66%；财产净收入为342.1元，占比2.34%；转移净收入为2920.5元，占比19.98%。相比全国平均水平而言，甘肃省农村居民人均可支配收入的工资性收入占比过低（比全国平均水平低12.23个百分点），经营净收入和转移净收入占比过高（比全国平均水平高6.77个百分点和5.40个百分点）。若与发达地区的浙江、江苏、广东等相比，甘肃省农村居民人均可支配收入结构不优这一问题更加凸显。详见表2-8。

表2-8 全国各地区2018年农村居民人均可支配收入情况

单位：元，%

地区	可支配收入水平					可支配收入结构			
	小计	工资性收入	经营净收入	财产净收入	转移净收入	工资性收入	经营净收入	财产净收入	转移净收入
全国	14617.0	5996.1	5358.4	342.1	2920.5	41.02	36.66	2.34	19.98
北京	26490.3	19826.7	2021.7	1876.8	2765.0	74.85	7.63	7.09	10.44
天津	23065.2	13568.1	5334.6	921.6	3241.0	58.82	23.13	4.00	14.05
河北	14030.9	7454.1	4611.5	298.7	1666.5	53.13	32.87	2.13	11.88
山西	11750.0	5735.8	3075.2	192.9	2746.1	48.81	26.17	1.64	23.37
内蒙古	13802.6	2896.6	7180.7	520.4	3204.8	20.99	52.02	3.77	23.22
辽宁	14656.3	5644.8	6263.8	334.5	2413.2	38.51	42.74	2.28	16.47
吉林	13748.2	3521.5	7756.2	256.5	2213.9	25.61	56.42	1.87	16.10
黑龙江	13803.7	3009.1	7053.3	679.0	3062.2	21.80	51.10	4.92	22.18
上海	30374.7	19503.5	1753.2	1003.2	8114.8	64.21	5.77	3.30	26.72
江苏	20845.1	10221.6	6016.6	767.5	3839.3	49.04	28.86	3.68	18.42
浙江	27302.4	16898.4	6677.0	784.1	2942.9	61.89	24.46	2.87	10.78
安徽	13996.0	5058.0	5411.5	256.0	3270.5	36.14	38.66	1.83	23.37

地区	可支配收入水平					可支配收入结构			
	小计	工资性收入	经营净收入	财产净收入	转移净收入	工资性收入	经营净收入	财产净收入	转移净收入
福建	17821.2	8214.7	6705.6	322.5	2578.4	46.10	37.63	1.81	14.47
江西	14459.9	6121.0	5271.9	235.5	2831.6	42.33	36.46	1.63	19.58
山东	16297.0	6550.0	7193.6	429.0	2124.4	40.19	44.14	2.63	13.04
河南	13830.7	5335.6	4790.7	221.4	3483.0	38.58	34.64	1.60	25.18
湖北	14977.8	4886.8	6270.8	185.9	3634.2	32.63	41.87	1.24	24.26
湖南	14092.5	5769.3	4785.7	179.3	3358.2	40.94	33.96	1.27	23.83
广东	17167.7	8510.7	4432.7	448.9	3775.5	49.57	25.82	2.61	21.99
广西	12434.8	3691.4	5393.4	241.4	3108.6	29.69	43.37	1.94	25.00
海南	13988.9	5611.4	5806.1	253.7	2317.8	40.11	41.50	1.81	16.57
重庆	13781.2	4847.8	4812.9	334.8	3785.2	35.18	34.92	2.43	27.47
四川	13331.4	4311.0	5117.2	379.5	3523.7	32.34	38.38	2.85	26.43
贵州	9716.1	4276.2	3226.7	126.2	2086.9	44.01	33.21	1.30	21.48
云南	10767.9	3259.9	5599.0	187.2	1721.8	30.27	52.00	1.74	15.99
西藏	11449.8	3037.2	5888.9	427.2	2096.6	26.53	51.43	3.73	18.31
陕西	11212.8	4620.8	3508.0	196.6	2887.5	41.21	31.29	1.75	25.75
甘肃	**8804.1**	**2534.7**	**3823.7**	**211.5**	**2234.1**	**28.79**	**43.43**	**2.40**	**25.38**
青海	10393.3	3047.3	3904.6	463.1	2978.4	29.32	37.57	4.46	28.66
宁夏	11707.6	4547.8	4638.5	362.8	2158.5	38.85	39.62	3.10	18.44
新疆	11974.5	2945.2	6623.9	235.1	2170.3	24.60	55.32	1.96	18.12

注：表中不含港、澳、台数据。

资料来源：《中国统计年鉴2019》。

六 基础设施薄弱

调查发现，甘肃省农业生产基础设施薄弱的问题比较突出。目前，甘肃省的设施农业、高标准农田以及农田水利建设总体滞后，而且缺乏维护、闲置未用等问题突出，支撑现代农业发展的基础不牢固，后劲不足。

特别是，甘肃省70%的耕地为中低产田，土壤肥力水平整体偏低，日光温室、标准化圈舍等高效种养设施不完善，农田水利基础设施薄弱，缺水、缺路、缺仓储加工设施现象仍然存在，农业防灾减灾能力弱。

七 劳动力富余多

（一）需转移就业富余劳动力总量大

甘肃省农村经济相对落后，吸纳劳动力数量有限，存在大量的农村富余劳动力。从农村户籍和常住人口之差角度来看，2018 年甘肃省农村户籍人口（2074.27 万人）比农村常住人口（1379.55 万人）多出 694.72 万人，应该说这其中大多数都属于农村富余劳动力（大部分已转移就业）。从农村人口总数与就业人员数之差来看，甘肃省户籍统计口径算出的农村人口总数与农村就业人员（918.01 万人）之差为 1156.26 万人，甘肃省常住统计口径算出的农村人口总数与农村就业人员（918.01 万人）之差为 461.54 万人，这其中特别是后者应该说大多是属于尚需要转移就业的农村富余劳动力。结合两方面估算可知，甘肃省整体上需要转移的农村富余劳动力数量很大。

（二）未转移就业富余劳动力数量大

据《甘肃发展年鉴 2019》，2018 年甘肃省全年输转城乡富余劳动力 522.3 万人，其中省外输转 192.2 万人，省内输转 330.1 万人。然而，若按农村常住人口总数与就业人员数之差即 461.54 万人的约 60% 是需要转移就业的人员进行粗略估算（按约 40% 扣除儿童、老人等无劳动能力人员），则甘肃省仍有多达约 280 万农村富余劳动力需要转移就业。而且，随着农村富余劳动力转移就业工作的推进，剩下尚未能就业的大多数是属于劳动素质低、输转难度大的人员，进一步输转就业难度大。[1]

（三）富余劳动力转移就业收入不高

2018 年，甘肃省输转富余劳动力 522.3 万人，创劳务收入 1110.4 亿元，人均劳务收入仅 2.13 万元。同时，2018 年甘肃省共帮助 37.2 万建档

---

[1] 据平凉市 2018 年初调查，全市农村劳动力转移就业总量为 44.9 万人，转移就业率仅 41.74%，由此也可从另一个方面说明进一步转移富余劳动力就业的数量大、难度高。

立卡贫困人口实现转移就业，创劳务收入 70.2 亿元，人均劳务收入仅 1.89 万元。考虑到已输转的多为有知识和有技能的青壮年劳动力，已输转的劳动力普遍具有较高的劳动负担系数，甘肃省农村富余劳动力转移就业收入相对不高，对于带动农村居民增收的贡献仍有待进一步提升。

八 劳动力素质低

（一）劳动力年龄偏大

从年龄结构来看，甘肃省农业从业人员的年龄普遍较高。现有一些调查表明，甘肃省大部分农村劳动力年龄在 45 岁以上，45 岁以下青年人口从事农业的很少，可以说农业已基本失去了对新一代劳动力的吸引力。

（二）劳动力受教育程度低

目前甘肃省农村从业人员受教育程度较低，系统接受农业职业教育的农村劳动力很少，普遍缺乏农业科技知识，掌握和应用新理念、新技术的能力弱，创新能力和创业精神不足，不能很好地适应现代农业发展的需求和趋势。抽样调查统计数据表明，甘肃省人口平均受教育年限为 8.40 年，比全国平均受教育年限 9.21 年少 0.81 年，在全国除港、澳、台的 31 个省级行政区中位居倒数第五（仅高于西藏、贵州、云南和青海），其中未上过学的占 10.34%，在全国除港、澳、台的 31 个省级行政区中高居第三位（仅次于西藏和青海），详见表 2 - 9。这还是城乡人口合在一起抽样的结果，考虑到甘肃省更低的城镇化率和更大的城乡差距，甘肃省农村人口受教育程度情况将会更加悲观。

表 2 - 9 全国 2018 年人口受教育程度情况

单位：%，年

地区	受教育程度								平均受教育年限
	未上过学	小学	初中	普通高中	中职	大学专科	大学本科	研究生	
全国	5.40	25.27	37.76	13.04	4.51	7.37	6.04	0.60	9.21

地区	受教育程度								平均受教育年限
	未上过学	小学	初中	普通高中	中职	大学专科	大学本科	研究生	
北京	2.10	8.64	20.68	13.79	6.13	15.07	24.55	9.03	12.68
天津	1.94	13.45	34.03	13.15	9.13	12.17	14.85	1.27	10.99
河北	4.62	24.14	43.19	13.07	3.78	6.35	4.57	0.28	9.09
山西	2.90	19.32	42.47	14.87	4.90	8.52	6.49	0.53	9.77
内蒙古	5.29	22.97	35.64	12.59	4.19	10.66	8.00	0.66	9.61
辽宁	2.08	18.55	45.03	13.29	4.39	8.18	7.80	0.67	9.89
吉林	3.22	24.27	41.55	14.26	3.14	5.90	6.97	0.72	9.42
黑龙江	2.87	22.60	43.85	13.71	3.07	7.61	5.96	0.32	9.47
上海	2.83	12.41	31.53	14.93	6.61	12.69	16.27	2.74	11.19
江苏	6.27	22.60	37.16	13.77	5.27	8.37	6.10	0.45	9.30
浙江	5.80	26.93	36.47	11.55	3.36	7.73	7.47	0.68	9.17
安徽	7.20	26.85	38.18	12.26	3.25	7.20	4.68	0.39	8.81
福建	6.99	27.51	35.80	10.76	5.60	6.57	6.24	0.53	8.92
江西	4.54	29.26	38.92	14.09	3.28	5.47	4.24	0.20	8.88
山东	7.06	25.28	38.27	11.06	5.53	7.05	5.24	0.51	8.94
河南	5.27	24.09	44.09	13.68	3.49	5.78	3.25	0.34	8.93
湖北	5.22	23.69	34.72	15.36	5.45	7.65	7.46	0.45	9.47
湖南	3.54	25.64	38.02	16.97	3.95	6.93	4.48	0.47	9.32
广东	3.41	21.19	39.52	17.08	6.39	7.49	4.65	0.27	9.56
广西	4.16	28.70	43.91	10.74	5.42	4.68	2.23	0.16	8.70
海南	4.24	17.90	42.50	12.32	6.35	7.66	8.85	0.14	9.73
重庆	4.33	31.39	31.58	13.86	3.65	8.46	6.13	0.60	9.19
四川	7.60	32.90	32.10	10.48	4.00	7.24	5.13	0.55	8.61
贵州	9.93	34.73	34.05	8.80	3.20	4.79	4.43	0.09	8.03
云南	8.18	35.75	33.81	8.15	4.17	5.66	4.08	0.19	8.21
西藏	32.91	34.73	18.05	5.44	0.95	3.59	4.34	0.08	5.72
陕西	5.40	23.91	36.14	13.69	3.45	7.48	9.39	0.55	9.47
甘肃	**10.34**	**31.89**	**29.62**	**12.02**	**3.54**	**6.84**	**5.57**	**0.19**	**8.40**
青海	11.86	33.92	27.85	8.74	3.19	6.99	7.15	0.29	8.22

地区	受教育程度								平均受教育年限
	未上过学	小学	初中	普通高中	中职	大学专科	大学本科	研究生	
宁夏	9.17	28.42	32.89	12.77	3.54	7.88	5.05	0.23	8.66
新疆	4.54	28.79	33.76	10.36	5.33	10.68	6.19	0.36	9.31

注：平均受教育年限按小学 6 年、初中 9 年、普通高中和中职 12 年、大学专科 15 年、大学本科 16 年、研究生 19 年加权平均得到；表中不含港、澳、台数据。

资料来源：《中国统计年鉴 2019》。

（三）青壮年劳动力转移流出

甘肃省农村大量有知识、有技能的青壮年劳动力流出农村[①]，对农村劳动力素质带来了两方面不良影响：一是导致留守农耕的劳动力素质和种田质量下降，不少地方甚至出现抛荒弃耕现象；二是导致农村老年人口比例明显上升，加剧了农村人口的老龄化现象，也使农村部分地区出现了劳动力短缺的问题，同时使得流出地农村常住人口文化程度明显下降。

（四）农技推广人员素质偏低

据《甘肃农业现代化发展研究报告（2019）》，对甘肃省 15 个乡镇农技推广人员的问卷调查结果表明，甘肃省农村基层农技推广人员普遍年龄较大、学历偏低，大专以下学历占比达到 95.29%，其中初中及以下占比 44.7%、中专占比 29.41%、高中占比 21.18%。这直接影响了甘肃省农技推广的质量。

九　发展不够平衡

（一）农业生产率不平衡

如前所述，2018 年甘肃省 14 个市（州）中，嘉峪关市、酒泉市的人

[①] 据平凉市 2018 年初的调查，全市农村劳动力转移就业总量为 44.9 万人，其中 16～25 岁青年占 13.6%、26～55 岁精壮劳动力占 75.76%，初中学历占 40.96%、高中学历占 18.53%、大专及以上学历占 9.32%，有技术特长者占 43.61%，均显著好于平均情况。

均第一产业增加值和人均农林牧渔业总产值分别超过了 1.7 万元和 3.5 万元，前者的人均第一产业增加值和人均农林牧渔业总产值分别为 24889 元和 17023 元，后者的分别为 40640 元和 36159 元；陇南市、定西市和临夏州的人均第一产业增加值都不足 5000 元、人均农林牧渔业总产值都不足 7000 元；最低的临夏州仅分别是最高的嘉峪关市的人均第一产业增加值和人均农林牧渔业总产值的 9.99% 和 11.13%。

从粮食单产来看，甘肃省各市（州）的差别也很大。粮食单产方面，最低的甘南州 2.44 吨/公顷仅是最高的嘉峪关市 7.72 吨/公顷的 31.57%，其中甘南州小麦、玉米和薯类单产分别仅是嘉峪关小麦、玉米和薯类单产的 43.07%、35.82% 和 32.59%。经济作物中，油料、蔬菜、水果、中药材单产最低的市（州）（分别是陇南市 1.70 吨/公顷、庆阳市 14.22 吨/公顷、陇南市 5.60 吨/公顷和嘉峪关市 3.28 吨/公顷），分别只是相应的最高的市（州）（嘉峪关市 4.49 吨/公顷、嘉峪关市 92.02 吨/公顷、酒泉市 20.35 吨/公顷、金昌市 12.77 吨/公顷）的 37.77%、15.46%、27.51% 和 25.65%。

（二）村级集体经济收益不平衡

2017 年，甘肃省 14 个市（州）中，张掖、天水、平凉、白银、兰州、定西、庆阳和陇南 8 个市有经营收益村的占比超过 50%，其中，张掖、天水、平凉、白银、兰州、定西和庆阳 7 个市有经营收益村的比重高于甘肃省平均水平（54.55%）。张掖市有经营收益村的比重最高，达到 72.22%；其次是天水市和平凉市，分别为 69.93% 和 66.33%；临夏州有经营收益村的比重最低，只有 19.76%，比最高的张掖市低 52.46 个百分点；武威市和金昌市有经营收益村的比重分别为 34.10% 和 35.51%，比张掖市分别低 38.11 个百分点和 36.71 个百分点。值得指出的是，全省区位原因导致的村级集体经济发展地区间不平衡现象突出，城中村、近郊村等由于城市发展带动以及征地补偿等方面的原因，多数村庄的村级集体经济积累都较为丰厚，但真正偏远的处于深度贫困的村庄则由于交通不便、人口外流等原因，导致村级集体经济发展困难。

（三）农村居民收入不平衡

2018 年，甘肃省 14 个市（州）中，嘉峪关市和酒泉市农村居民人均可支配收入都超过了 1.70 万元，分别达到 19291 元和 17104 元；临夏州、陇南市、定西市、甘南州、天水市的农村居民人均可支配收入均不足 0.80 万元，分别只有 6817 元、7012 元、7492 元、7677 元和 7693 元；农村居民人均可支配收入最低的临夏州仅是最高的嘉峪关市的 35.34%（略高于 1/3）。

2018 年，甘肃省 86 个县（市、区）中，阿克塞县、肃北县和城关区的农村居民人均可支配收入均超过了 2.40 万元，分别达到了 26909 元、24951 元和 24484 元；东乡县、积石山县的农村居民人均可支配收入都不足 0.6 万元，分别仅有 5369 元、5763 元；农村居民人均可支配收入最低的东乡县仅是最高的阿克塞县的 19.95%（约 1/5）。特别地，甘肃省农村居民人均可支配收入呈现明显的地域差异，东南部普遍较低而西北部相对较高。

（四）城乡居民生活水平差距大

据《中国统计年鉴 2019》，2018 年甘肃省人均可支配收入和人均消费支出的城乡比分别为 3.40 和 2.49，在全国除港、澳、台的 31 个省级行政区中分别位列第一和第三。此外，在人均消费支出中食品烟酒消费的城乡比，甘肃省为 2.41，而全国平均水平为 1.99，在全国位列第三。这表明，甘肃省城乡居民生活水平差距，相比全国其他绝大多数地区而言都更大，详见表 2 - 10。

表 2 - 10　全国各地区 2018 年城乡居民人均收入和消费情况

单位：元

地区	人均可支配收入水平			人均消费支出水平			#人均食品烟酒支出		
	城镇	农村	城乡比	城镇	农村	城乡比	城镇	农村	城乡比
全国	**39250.8**	14617.0	2.69	26112.3	12124.3	2.15	7239.0	3645.6	1.99
北京	67989.9	26490.3	2.57	42925.6	20195.3	2.13	8576.9	4802.4	1.79
天津	42976.3	23065.2	1.86	32655.1	16863.3	1.94	9420.8	4983.7	1.89

续表

地区	人均可支配收入水平			人均消费支出水平			#人均食品烟酒支出		
	城镇	农村	城乡比	城镇	农村	城乡比	城镇	农村	城乡比
河北	32977.2	14030.9	2.35	22127.4	11382.8	1.94	5555.6	3002.7	1.85
山西	31034.8	11750.0	2.64	19789.8	9172.2	2.16	4702.6	2539.8	1.85
内蒙古	38304.7	13802.6	2.78	24437.1	12661.5	1.93	6583.5	3476.2	1.89
辽宁	37341.9	14656.3	2.55	26447.9	11455.0	2.31	7081.1	3063.0	2.31
吉林	30171.9	13748.2	2.19	22393.7	10826.2	2.07	5563.8	3010.2	1.85
黑龙江	29191.3	13803.7	2.11	21035.5	11416.8	1.84	5630.1	3114.7	1.81
上海	68033.6	30374.7	2.24	46015.2	19964.7	2.30	11103.9	7429.8	1.49
江苏	47200.0	20845.1	2.26	29461.9	16567.0	1.78	7686.7	4337.7	1.77
浙江	55574.3	27302.4	2.04	34597.9	19706.8	1.76	9370.7	5965.6	1.57
安徽	34393.1	13996.0	2.46	21522.7	12748.1	1.69	6672.1	4208.3	1.59
福建	42121.3	17821.2	2.36	28145.1	14942.8	1.88	9000.7	5339.8	1.69
江西	33819.4	14459.9	2.34	20760.0	10885.2	1.91	6232.6	3403.0	1.83
山东	39549.4	16297.0	2.43	24798.4	11270.1	2.20	6528.8	3162.0	2.06
河南	31874.2	13830.7	2.30	20989.2	10392.0	2.02	5399.5	2778.3	1.94
湖北	34454.6	14977.8	2.30	23995.9	13946.3	1.72	6737.5	3928.2	1.72
湖南	36698.3	14092.5	2.60	25064.2	12720.5	1.97	6848.9	3713.9	1.84
广东	44341.0	17167.7	2.58	30924.3	15411.3	2.01	9780.0	5641.2	1.73
广西	32436.1	12434.8	2.61	20159.4	10617.0	1.90	6180.4	3194.8	1.93
海南	33348.7	13988.9	2.38	22971.2	10955.8	2.10	8184.7	4580.7	1.79
重庆	34889.3	13781.2	2.53	24154.2	11976.8	2.02	7597.5	4180.0	1.82
四川	33215.9	13331.4	2.49	23483.9	12723.2	1.85	7571.0	4551.7	1.66
贵州	31591.9	9716.1	3.25	20787.9	9170.2	2.27	5604.8	2593.3	2.16
云南	33487.9	10767.9	3.11	21626.4	9122.9	2.37	5845.9	2688.9	2.17
西藏	33797.4	11449.8	2.95	23029.4	7452.1	3.09	8975.0	2688.7	3.34
陕西	33319.3	11212.8	2.97	21966.4	10070.8	2.18	5928.7	2576.5	2.30
甘肃	**29957.0**	**8804.1**	**3.40**	**22606.0**	**9064.6**	**2.49**	**6491.3**	**2694.5**	**2.41**
青海	31514.5	10393.3	3.03	22997.5	10352.4	2.22	6351.2	3053.3	2.08
宁夏	31895.2	11707.6	2.72	21976.7	10789.6	2.04	5374.4	2949.9	1.82
新疆	32763.5	11974.5	2.74	24191.4	9421.3	2.57	6899.7	2824.0	2.44

注：表中不含港、澳、台数据。

资料来源：《中国统计年鉴 2019》。

从甘肃省各县（市、区）来看，城乡居民生活水平呈现显著的地域差异，一些地区的城乡居民生活水平差距达到了很高的程度。其中，在城乡居民收入差距方面，甘肃省东南部的许多县（市、区）城乡居民收入比都超过了 3.20，平凉市的一些县以及陇南两当县和临夏东乡县的城乡居民收入比甚至超过了 3.60。在城乡居民消费差距方面，庆阳市一些县的城乡居民消费比超过了 2.50，临夏州和甘南州的一些县以及白银平川区的城乡居民消费比甚至超过了 3.00。

十　发展动力不足

（一）固定资产投资力度不足

据《甘肃发展年鉴 2019》，2018 年甘肃省实现固定资产投资 5473.99 亿元，比上年下降 3.90%，其中第一产业固定资产投资 453.79 亿元，同比增长 18.76%，第一产业固定资产投资占全社会固定资产投资比例为 8.29%，比 2018 年甘肃省第一产业增加值（921.30 亿元）占地区生产总值（8246.07 亿元）的比重 11.17% 低出了 2.88 个百分点。特别地，2018 年甘肃省固定资产投资仍未实现由负转正（由上年下降 40.25% 收窄为下降 3.90%），第一产业固定资产投资尽管同比实现了较大幅度增长，但仍未恢复至 2015 年和 2016 年的水平。

（二）科技研发和推广体系不健全

一方面，甘肃省农业科技人员数量少，农业科技创新型人才普遍缺乏，特别是高学历高层次人才短缺，据统计，2015 年甘肃省农业专业技术人员数量仅为 3435 人，仅占甘肃省所有行业专业技术人员总数 73127 人的 4.7%。

另一方面，由于管理体制存在诸多问题，农业科技研发推广的衔接互动关系不够密切、激励机制不够完善，农业科技人员的创新及服务热情没能得到充分激发，这制约着农业科技发挥更大的作用。2017 年甘肃省农业科技进步贡献率为 55.5%，比 2017 年全国农业科技进步贡献率 57.5% 低了 2 个百分点。

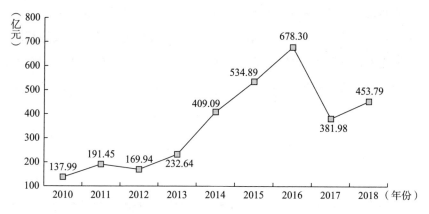

图 2－2 甘肃省 2010～2018 年第一产业固定资产投资变化

资料来源：2011～2019 年《甘肃发展年鉴》。

十一 权利不明晰

（一）集体土地产权不明晰

农村集体土地制度经过长期演化，形成了一种既相对固化又动态变化的复杂权利关系，出现了土地所有者权责模糊、土地所有者和土地使用者关系错乱、土地使用者和土地经营者关系不明确等诸多问题，使得农村土地资源实现有效流转和配置的交易成本较高，难以形成合理的经营规模，利用效率和效益普遍不高，制约着现代农业和农村经济的发展。

（二）公共设施产权不明晰

公共设施建设的权责不明确，导致供给主体发生缺位和错位。一是相关部门在农村公共设施的供给方面存在缺位，各部门不仅有"重管理、轻服务"的通病，而且过分关注利益和权责关系的划分，致使在实际工作中常常因利益或权责关系冲突而相互争执，在完善农村公共设施工作上相互推脱。二是乡镇政府在供给过程中职能错位，由于上级政府的职能缺位，乡镇政府承担着与其财力极不相当的职能责任，负担沉重，同时由于乡镇政府职能过宽、机构过多、行政性支出较大而导致其公共性支出处于相对萎缩状态。

公共设施养护权责的不明晰，导致养护责任落实不到位，农村公共设施缺乏后续维护管理成为一个普遍现象，从而致使大量的公共设施损坏严重。加之农村基层组织的管理功能普遍薄弱，常出现有人建设、有人使用，却没有人管理的情况。

十二　市场不完善

（一）农产品流通市场不完善

一是农产品流通环节多，目前大部分的农产品由农村销往城市，遵循"生产基地－经纪人－批发市场－零售商－市民"的流通路径，中间商比较多，不仅增加了流通环节，不利于保持农产品的新鲜，而且增加了流通成本，推高了农产品最终的零售价格。

二是物流基础设施不完善，农产品物流基础设施普遍落后，物流基础设施简陋、冷链物流发展缓慢、物流网络未建立起来等现象普遍，严重阻碍了农产品流通。

（二）农业社会化服务市场不完善

甘肃省目前农业社会化服务市场发育还很不完善，农业社会化服务体系很不健全，缺乏从事农业社会化服务的农业经营组织，无法为农业产前、产中和产后提供覆盖全程、综合配套、便捷高效的综合服务，包括农资供应服务、农业生产服务、农技推广服务、农业信息化服务等。

（三）农村土地市场不完善

由于多方面原因，我国农村土地市场很不完善，市场机制配置土地资源的功能未能很好地发挥。一方面，我国尚未能形成统一的城乡建设用地市场，农村集体建设用地市场发育迟缓，农村经营性建设用地入市交易、农村宅基地退出流转等的障碍多多；另一方面，尽管农村农用地确权登记发证、流转交易市场建设等工作已取得很大进步，但农村农用地交易流转仍然受产权落实未到位、缺少交易标准和规则、缺少完善的市场制度（如土地抵押、评估、收益等配套制度不完善）等因素制约而困难重重。甘肃省作为欠发达地区，农村土地市场建设在全国处于落后地位，农村土地市场不完善的问题更为突出。

（四）农村金融市场不完善

农村金融一直是甘肃省乃至我国金融体系中的薄弱环节。经济发展水平滞后、金融业务发展起步晚、金融基础设施薄弱等因素，使得包括甘肃省农村在内的我国大部分农村依然存在金融网点覆盖率低、社会化金融服务缺位、信贷投入严重不足等诸多现实问题，严重影响着农村经济的健康发展。特别地，受集体土地产权不清晰等因素的不良影响，农村居民缺乏有效的抵押担保物品，导致农村金融市场的信贷风险较高，相关联的农业金融、农业保险等发育不良，尚不足以有效满足现代农业发展对融资和风险管控的基本要求。

第二节　社会发展问题

一　贫困面广度深

（一）贫困区域广

甘肃受历史、自然、地理等因素影响，贫困区域广、面积大，在全国都是典型。甘肃省86个县（市、区）中，有58个被列入六盘山、秦巴山和藏区"三大片区"，还有17个属于插花型贫困县（市、区），合计共有75个贫困县（市、区），贫困县（市、区）占比高达87.21%。经过近几年的努力，截至2018年底，甘肃省累计已有36个贫困县（市、区）实现脱贫摘帽（其中2017年脱贫摘帽18个，2018年脱贫摘帽18个），但仍有39个贫困县（市、区）未能实现脱贫摘帽，占全部县级行政区的45.35%。

（二）贫困人口多

甘肃是全国打赢脱贫攻坚战最困难的省份。1980年代初，甘肃省农村贫困人口达 1254 万，贫困发生率达 75%。2012 年底，新一轮脱贫攻坚战打响时，甘肃共有贫困人口 692 万，贫困发生率达 33.2%。2013 年，甘肃省共识别认定建档立卡贫困人口 552 万、建档立卡贫困村 6220 个，贫困发生率为 26.5%。经过几年努力，截至 2018 年底，甘肃省累计减贫 581 万人，但贫困人口仍有 111 万人，贫困发生率仍有 5.6%。另还需注意的是，这只是现行贫困标准下的绝对贫困数据，若采用相对贫困标准，甘肃省贫困人口会更多。

（三）贫困程度深

据统计，2017 年甘肃省贫困地区农民人均可支配收入 7194 元、全省建档立卡贫困人口人均可支配收入 4800 元，分别为全国平均水平 13432.4 元的 53.56% 和 35.73%，尤其是贫困人口中老弱病残就有 104 万，占比高达 55.1%。特别地，国家重点扶持的深度贫困地区"两州一县"（临夏州、甘南州和天祝县）和甘肃省确定的 18 个深度贫困县、40 个深度贫困乡镇、3720 个深度贫困村，是甘肃省的贫中之贫、困中之困，贫困人口占甘肃省总贫困人口的 60% 以上。

（四）脱贫难度大

甘肃省贫困问题突出，特别是深度贫困地区，大多地处偏远、条件恶劣、交通不便、经济薄弱、生态脆弱、基础设施匮乏、社会发展滞后等多种致贫因素和区域特征交织叠加，导致脱贫攻坚难度大。特别地，贫困地区劳动力受教育程度偏低，根据中国农村贫困监测报告，在 2017 年甘肃省贫困地区劳动力中，未上过学的比重为 12.7%，小学文化程度占 36.4%，初中文化程度占 38.1%，高中文化程度占 9.1%，大专及以上文化程度占 3.7%。全省截至 2018 年底的剩余贫困人口为 111 万，大部分都集中在六盘山和秦巴山特困片区，老弱病残比重比较大，受教育程度不是很高，很多贫困群众没有一技之长，脱贫难度极大。

二 城镇化进程慢

(一) 城镇化水平较低

2018 年，甘肃省常住人口有 2637.26 万人，其中城镇人口 1257.71 万人，常住人口城镇化率仅为 47.69%，比全国平均水平 59.58% 低 11.89 个百分点，在全国除港、澳、台的 31 个省级行政区中位居倒数第三，仅高于贵州和西藏，比直辖市外的第一名广东省低 23.01 个百分点。详见表 2–11。

表 2–11   全国各地区 2010～2018 年常住人口城镇化率

单位：%

地区	2010 年	2011 年	2012 年	2013 年	2014 年	2015 年	2016 年	2017 年	2018 年	年均提高（百分点）
全国	49.95	51.27	52.57	53.73	54.77	56.10	57.35	58.52	59.58	1.20
北京	85.96	86.20	86.20	86.30	86.35	86.50	86.50	86.50	86.50	0.07
天津	79.55	80.50	81.55	82.01	82.27	82.64	82.93	82.93	83.15	0.45
河北	44.50	45.60	46.80	48.12	49.33	51.33	53.32	55.01	56.43	1.49
山西	48.05	49.68	51.26	52.56	53.79	55.03	56.21	57.34	58.41	1.30
内蒙古	55.50	56.62	57.74	58.71	59.51	60.30	61.19	62.02	62.71	0.90
辽宁	62.10	64.05	65.65	66.45	67.05	67.35	67.37	67.49	68.10	0.75
吉林	53.35	53.40	53.70	54.20	54.81	55.31	55.97	56.65	57.53	0.52
黑龙江	55.66	56.50	56.90	57.40	58.01	58.80	59.20	59.40	60.10	0.55
上海	89.30	89.30	89.30	89.60	89.60	87.60	87.90	87.70	88.10	-0.15
江苏	60.58	61.90	63.00	64.11	65.21	66.52	67.72	68.76	69.61	1.13
浙江	61.62	62.30	63.20	64.00	64.87	65.80	67.00	68.00	68.90	0.91
安徽	43.01	44.80	46.50	47.86	49.15	50.50	51.99	53.49	54.69	1.46
福建	57.10	58.10	59.60	60.77	61.80	62.60	63.60	64.80	65.82	1.09
江西	44.06	45.70	47.51	48.87	50.22	51.62	53.10	54.60	56.02	1.50
山东	49.70	50.95	52.43	53.75	55.01	57.01	59.02	60.58	61.18	1.44
河南	38.50	40.57	42.43	43.80	45.20	46.85	48.50	50.16	51.71	1.65
湖北	49.70	51.83	53.50	54.51	55.67	56.85	58.10	59.30	60.30	1.33
湖南	43.30	45.10	46.65	47.96	49.28	50.89	52.75	54.62	56.02	1.59

地区	2010 年	2011 年	2012 年	2013 年	2014 年	2015 年	2016 年	2017 年	2018 年	年均提高（百分点）
广东	66.18	66.50	67.40	67.76	68.00	68.71	69.20	69.85	70.70	0.57
广西	40.00	41.80	43.53	44.81	46.01	47.06	48.08	49.21	50.22	1.28
海南	49.80	50.50	51.60	52.74	53.76	55.12	56.78	58.04	59.06	1.16
重庆	53.02	55.02	56.98	58.34	59.60	60.94	62.60	64.08	65.50	1.56
四川	40.18	41.83	43.53	44.90	46.30	47.69	49.21	50.79	52.29	1.51
贵州	33.81	34.96	36.41	37.83	40.01	42.01	44.15	46.02	47.52	1.71
云南	34.70	36.80	39.31	40.48	41.73	43.33	45.03	46.69	47.81	1.64
西藏	22.67	22.71	22.75	23.71	25.75	27.74	29.56	30.89	31.14	1.06
陕西	45.76	47.30	50.02	51.31	52.57	53.92	55.34	56.79	58.13	1.55
甘肃	**36.12**	**37.15**	**38.75**	**40.13**	**41.68**	**43.19**	**44.69**	**46.39**	**47.69**	**1.45**
青海	44.72	46.22	47.44	48.51	49.78	50.30	51.63	53.07	54.47	1.22
宁夏	47.90	49.82	50.67	52.01	53.61	55.23	56.29	57.98	58.88	1.37
新疆	43.01	43.54	43.98	44.47	46.07	47.23	48.35	49.38	50.91	0.99

注：表中不含港、澳、台数据。

资料来源：《中国统计年鉴 2019》。

甘肃省各市（州）中，除兰州、嘉峪关、金昌、酒泉的常住人口城镇化率相对较高、均大于 60% 并超出全国平均水平之外，其余 10 个市（州）的常住人口城镇化率都相对较低（均小于 51%），特别是陇南、定西、甘南、临夏、庆阳的常住人口城镇化率还都不足 40%，见表 2-12。

（二）城镇化质量不高

推进以人为核心的新型城镇化是新时代党中央和国务院做出的重大战略决策。如表 2-12 所示，甘肃省 2018 年户籍人口城镇化率仅有 25.46%，与常住人口城镇化率相差 22.23 个百分点（还在继续扩大，比上年的 21.24% 又多了 1.01 个百分点）。若以农村常住人口和户籍人口之差计算，甘肃目前还有 694.72 万的两栖人口，这些人口往返于城乡之间，虽计入了常住人口城镇化率，却未能实现在城镇稳定生活。分市（州）来看，除嘉峪关市、临夏州和甘南州之外，其余 11 个市（州）的常住与户籍人口城镇化率之差都在 18 个百分点以上；除嘉峪关市、金昌市和甘南州之外，其余 11 个市（州）的城乡两栖人口数都在 20 万以上，特别是天水市的城乡两栖人口超过了 110 万人。

表 2-12　甘肃省及各市（州）2018 年城镇化情况

地区	常住人口城镇化率（%）	户籍人口城镇化率（%）	城乡两栖人口数（万人）	常住与户籍人口城镇化率之差（百分点）
甘肃省	47.69	25.46	694.72	22.23
兰州市	81.03	62.58	51.70	18.45
嘉峪关市	93.65	89.73	0.54	3.92
金昌市	70.47	48.53	9.52	21.94
白银市	50.62	26.89	47.25	23.73
天水市	41.65	17.67	110.47	23.98
武威市	42.31	22.43	41.50	19.88
张掖市	47.55	22.89	36.37	24.66
平凉市	41.13	17.96	67.37	23.17
酒泉市	61.52	37.42	20.28	24.10
庆阳市	38.40	14.05	92.42	24.35
定西市	35.52	13.92	79.99	21.60
陇南市	34.00	13.52	75.35	20.48
临夏州	36.02	24.16	50.82	11.86
甘南州	36.00	23.55	11.14	12.45

资料来源：《甘肃发展年鉴 2019》。

（三）城镇化速度不够快

根据表 2-11，2010~2018 年，甘肃省常住人口城镇化率年均提高 1.45 个百分点，比全国平均增速 1.20 个百分点高出 0.25 个百分点，在除港、澳、台的 31 个省级行政区之中位居第十一，但若与类似城镇化进程的省份相比，2018 年常住人口城镇化率低于 50% 的两个省份贵州和云南则分别相差 0.19 个百分点和 0.27 个百分点，并比周边的陕西和四川分别低 0.10 个百分点和 0.06 个百分点。照目前的速度，甘肃省常住人口城镇化率倒数第二的位置也已不保,事实上在 2019 年就已被贵州省超过(根据贵州省和甘肃省分别发布的 2019 年国民经济和社会发展统计公报,2019年两省的常住人口城镇化率分别为 49.02%、48.49%,贵州省常住人口城镇化率已比甘肃省高出 0.53 个百分点)。

三 居住点多分散

(一)村庄分布分散

甘肃省整体上地广,大部分乡村呈点状分布,村庄之间以及村庄到城镇的距离远,增加了建设和发展成本。特别是有不少村庄分布在边远山区、高寒地区、干旱地区,生态环境脆弱、气候条件恶劣、道路交通不便、基础设施匮乏、经济发展薄弱、社会事业滞后等问题相交织。

(二)村庄人口规模小

甘肃省整体上人稀,村庄面积普遍相对较大,村民居住地域较为分散,村庄人口规模小、密度低问题突出,不利于实现规模效益。据统计,甘肃省 14 个市(州)村均户籍人口都在 1900 人以下,村均常住人口都在1250 人以下。村庄人口密度相对较高的白银市、庆阳市、金昌市、兰州市和临夏州,村均户籍人口只有 1600 ~ 1900 人,村均常住人口只有950 ~1250 人;而村庄人口密度较低的陇南市、甘南州,村均户籍人口分别仅有779 人和 865 人,村均常住人口分别仅有 543 人和 696 人。见表 2 – 13。

表 2 – 13 甘肃省及各市(州)2018 年村庄平均人口

地区	户籍口径(个、户)				常住口径(个)	
	村均人口	组均人口	村均户数	组均户数	村均人口	组均人口
甘肃省	1287	213	314	52	856	142
兰州市	1650	289	448	78	956	168
嘉峪关市	1259	183	341	50	941	137
金昌市	1681	216	518	66	996	128
白银市	1893	294	495	77	1220	189

地区	户籍口径（个、户）				常住口径（个）	
	村均人口	组均人口	村均户数	组均户数	村均人口	组均人口
天水市	1229	270	273	60	786	172
武威市	1297	173	319	43	931	124
张掖市	1203	177	347	51	770	113
平凉市	1305	210	318	51	847	137
酒泉市	1453	260	398	71	990	177
庆阳市	1840	252	447	61	1107	152
定西市	1388	205	337	50	964	142
陇南市	779	177	191	43	543	123
临夏州	1615	166	338	35	1166	120
甘南州	865	194	190	43	696	156

资料来源：《甘肃发展年鉴 2019》。

另据统计，2017 年全国户籍人口数量前 1000 名的乡镇，甘肃省仅有 6 个，分别是靖远县乌兰镇、秦安县兴国镇、甘谷县大像山镇、新兴镇、陇西县巩昌镇和临洮县洮阳镇。

四 公共设施落后

（一）生活基础设施欠账多

甘肃省作为欠发达地区，长期以来农村公路、供水、供电、垃圾处理、污水处理等方面的基础设施历史欠账太多，尽管经过新农村建设、美丽乡村建设等已有一些改观，但离人民的需求和乡村振兴的要求以及与发达地区农村相比仍然存在较大的差距，还有很大的空间和潜力。

（二）公共服务设施严重滞后

甘肃省农村教育、医疗、文化、体育、养老、商贸、物流等方面的公共服务设施非常欠缺，公共服务水平很低（在全国居于落后地位），尽管已经建设了不少的中小学、幼儿园、卫生室、文化广场、乡村舞台、农家书屋、综合性文化服务中心、体育健身设施、电子商务服务点等，但在覆盖范围、维护运行、服务质量等方面都还有很大的提升空间。

五　村庄空心化

随着城镇化的持续推进、农村人口的持续流出，加之城乡二元户籍制度和土地制度等的束缚，村庄空心化的问题日益凸显，包括人口分布、土地利用、公共服务、组织运行、科技应用、产业发展、文化活动等的空心化。与此相伴随，农户空巢化（空巢老人、留守儿童）、耕地荒芜化、宅基地空置化、组织软弱化、治理空洞化、经济丧失活力、技艺失去传承等问题滋生。这已成为一个全国比较普遍的现象，甘肃省这一方面的问题也正日益严重。

六　人口老龄化

人口老龄化是个全国性的普遍问题。抽样调查表明，2018 年，全国 65 岁及以上的人口达到 11.94%，老年抚养比达到 16.77%。甘肃省 65 岁及以上的占比 11.32%，老年抚养比为 15.92%，虽都低于全国平均水平，在除港、澳、台的 31 个省级行政区中并不算高，但也都远远超出了人口老龄化界限。特别地，这还只是城乡一体的统计，考虑到甘肃省农村大多数青壮年劳动力转移流出，留守劳动力中的中老年比例大（有调查表明留守务农人员多在 45 岁以上），真实的农村老龄化程度很可能远高于人口抽样调查所显示的程度。而且，随着未来甘肃省城镇化的快速推进，将会有更多有知识、有文化的农村年轻人不断向城镇迁移，农村人口老龄化的情况会更加严重。

表 2－14　全国及各地区 2018 年人口年龄构成抽样调查情况

单位：%

地区	年龄构成			抚养比		
	0～14 岁	15～64 岁	65 岁及以上	总计	少儿抚养比	老年抚养比
全国	16.86	71.20	11.94	40.44	23.68	16.77

续表

地区	年龄构成			抚养比		
	0~14岁	15~64岁	65岁及以上	总计	少儿抚养比	老年抚养比
北京	10.47	78.28	11.25	27.75	13.37	14.38
天津	10.27	78.81	10.92	26.89	13.03	13.85
河北	18.48	68.83	12.69	45.28	26.85	18.43
山西	15.59	74.08	10.33	34.99	21.05	13.94
内蒙古	13.28	76.88	9.85	30.08	17.27	12.81
辽宁	10.15	74.87	14.98	33.56	13.56	20.00
吉林	12.29	75.34	12.37	32.73	16.31	16.42
黑龙江	10.56	77.23	12.21	29.49	13.67	15.82
上海	9.84	75.21	14.95	32.96	13.08	19.88
江苏	13.73	71.97	14.30	38.94	19.08	19.86
浙江	13.69	73.32	12.99	36.39	18.68	17.71
安徽	18.59	68.21	13.20	46.61	27.25	19.35
福建	16.72	73.79	9.49	35.51	22.66	12.86
江西	20.29	69.98	9.73	42.90	28.99	13.91
山东	18.01	66.83	15.16	49.64	26.95	22.69
河南	21.30	67.64	11.06	47.84	31.49	16.34
湖北	15.35	72.16	12.49	38.59	21.27	17.31
湖南	19.49	68.03	12.49	47.00	28.65	18.36
广东	16.91	74.83	8.26	33.64	22.60	11.04
广西	21.86	68.11	10.03	46.81	32.09	14.72
海南	19.18	72.62	8.21	37.72	26.42	11.30
重庆	16.93	68.60	14.47	45.77	24.68	21.09
四川	16.37	68.65	14.99	45.67	23.84	21.83
贵州	22.24	66.42	11.34	50.56	33.49	17.08
云南	18.08	72.34	9.58	38.23	24.99	13.24
西藏	23.54	70.78	5.69	41.27	33.23	8.04
陕西	14.38	74.46	11.16	34.30	19.31	14.99
甘肃	**17.59**	**71.09**	**11.32**	**40.66**	**24.74**	**15.92**
青海	19.56	72.86	7.59	37.25	26.83	10.42

续表

地区	年龄构成			抚养比		
	0～14岁	15～64岁	65岁及以上	总计	少儿抚养比	老年抚养比
宁夏	20.06	70.95	8.99	40.96	28.29	12.67
新疆	22.63	70.22	7.16	42.42	32.22	10.19

注：表中不含港、澳、台数据。

资料来源：《中国统计年鉴2019》。

七　教育持续萎缩

（一）生源减少和师资弱化

随着农村人口的持续流出，农村生源和学生数量逐年减少，农村办学规模逐渐缩减，很多义务教育阶段的小学、初中都面临没有学生可招的困境，一个年级只有学生2～3人的现象时有发生，甚至部分年级出现学生断层的现象。与此同时，由于农村生活条件的落后、学校基础建设不完善、教师待遇相对低，许多老师也不愿意去农村教书，农村教师队伍老龄化、教学知识退化、教学方法老化、师资人才流失等问题日益凸显，农村教师数量和教学质量出现下滑，形成了恶性循环。

（二）学生进城读书热潮兴起

由于城乡教育质量差异较大（教学硬件设施、教师教学水平及学校教学管理上形成了强烈的反差）、家长对子女教育的关注度和重视程度普遍提高（选择优质教育资源的倾向愈发强烈）、城区大量扩建改建新建学校并取消各种收费、农村学校布局调整和撤点并校、家长受盲目攀比等诸多方面因素共同作用，甘肃省农村学生进城读书已成为一种热潮。这给甘肃省城乡教育带来了深刻的不良影响，一方面加剧了城区学校教育资源供需矛盾，加大了城区学校教育管理难度，安全监管压力与日俱增；另一方面加剧了农村学校生源和师资流失，弱化了农村家长对孩子的监管力度，加大了农村家庭的教育支出。

八　社会风气不良

（一）高价彩礼问题严重

甘肃不少农村地区，动辄几十万的高价彩礼现象普遍，婚嫁彩礼名目日趋繁多，"三金""见面礼""24色礼""水席礼"等不一而足。"甘肃农村彩礼"已成为一个社会各界关注的热门话题，天水秦安10万~20万元、张家川20万~30万元、平凉泾川13万~20万元、庆阳15万~20万元……一度上过央视、凤凰网、新浪网、人民网、新华网等媒体，也还出现在省委书记的留言板上。一方面，农村高价彩礼影响恋爱双方的感情和婚姻关系的稳定，因婚致贫成为农村部分家庭返贫的一个主要原因；另一方面，高价彩礼还容易引发恶性事件，不利于农村和谐稳定和树立文明的婚俗观念。

（二）薄养厚葬问题突出

甘肃农村各地，薄养厚葬问题很是突出，甚至愈演愈烈，丧葬时大操大办、祭祀用品越来越奢侈。在甘肃，很多农村丧葬费用少则几万，多则数十万。老人活着的时候不好好赡养甚至不闻不问，却在老人去世后大办丧事、大摆酒席，甚至头周二祭三周年每一次都置办的隆重。薄养厚葬反映出一些人道德意识的浅薄。一些人认为，"薄养"就是简单的养，每天都得付出，别人看不见；而"厚葬"是一次性的，外人可以看见。相反，"厚养"却需要时间、物质与耐心的付出，战线拉得长。

（三）不良社会风气蔓延

近年来，农村物质财富得到了大幅增加，但这并没有带来农村精神财富的大幅增加，反而使得一些社会不良风气滋生蔓延开来。在甘肃，大多数农村攀比炫富、滥办酒席、"等靠要"、懒汉行为、家庭暴力、拒绝赡养老人以及迷信、赌博等不良社会风气时常出现。

九　基层组织不牢

（一）农村基层组织软弱涣散现象较为普遍

当前，甘肃省农村基层组织（村"两委"）软弱涣散现象和问题较为突出，这包括人员配备不全不强、制度不健全、凝聚力和战斗力不强、吸引力和威信不足、组织动员力弱、不团结和搞内耗、致富带富能力差、改革服务意识不强、工作作风不实、管理混乱无序、不够民主化、党务村务财务公开不规范、党支部运行不规范、未按期换届、拉票贿选等方面。特别地，全省各村级党组织较为普遍地存在文件政策中所说的村级党组织软弱涣散 12 种情形①。这不仅严重影响了农村基层政权的稳固，而且对于全省开展全面建设小康社会、打赢脱贫攻坚战、实施乡村振兴战略等工作也非常不利。

（二）村民自治存在不规范和监督难问题

全省村民自治的竞争性选举，虽然解决了村干部成为基层政权"代理人"的问题，但也造成了对村干部疏于监管、小官贪腐现象严重等问题。同时，由于存在地方宗族、派系、灰黑势力等固有力量，村民选举不规范，再加上甘肃大部分农村资源不多，农民参与选举积极性不高，一些村庄村民选举流于形式，而且由于村干部普遍缺乏监督，民主决策、民主管理和民主监督难以得到落实，村民自治甚至沦为村干部自治。

---

① 具体包括：1. 宗族宗教和黑恶势力干扰渗透、把持基层组织、侵蚀基层政权；2. 党组织书记不胜任、工作不在状态、严重影响班子整体战斗力；3. 班子不团结、内耗严重、工作不能正常开展；4. 班子成员贪腐谋私、办事不公、优亲厚友；5. 组织制度形同虚设，连续 3 个月以上不开展党的组织生活；6. 管理混乱、制度不健全不落实、财务不公开；7. 未按期进行换届选举，或换届选举中存在拉票贿选，违反换届程序和纪律；8. 矛盾纠纷突出、信访多发，影响基层和谐稳定；9. 组织动员力弱、抓党建促脱贫攻坚不力、带领致富能力不强、在群众中威信不高；10. 集体经济"空壳村"无钱为群众办事服务；11. 发展党员违规违纪问题突出；12. 其他需要集中整顿的情形。

（三）"村霸"把持侵蚀农村基层组织现象值得关注

近年来，伴随国家对"三农"领域支持投入力度逐步加大，村庄公共资源的利益蛋糕越来越大，甘肃不少农村出现了"村霸"（宗族宗教和黑恶势力）把持侵蚀基层组织的现象。传统以村规民约构建的乡村社会秩序遭到严重破坏，一些村庄的村级事务、集体资源已然被家族式黑恶势力控制，贿选、暴力选举等违法现象不断冲击村民的利益。他们当中，有的亲自出马、赤膊上阵，有的则培植党羽干扰渗透，目标所指均是将"乡村公器"变为"囊中私物"。一旦"村霸"戴上了村干部的帽子，很多非法勾当便可打着合法旗号"正大光明"地付诸实施，村民抵御侵害、寻求救济的难度更大、成本更高。"村霸"把持基层组织，不仅是阻碍乡村振兴战略顺利实施的巨大障碍，也成为侵害村民利益、影响农村稳定的最大祸根，而且也在一定程度上折射出某些地方近年来农村基层治理在机制建设和创新探索等方面存在病灶与缺陷。

十　干部作风不优

（一）村干部不称职不尽职问题较为常见

当前农村工作中村干部目光短视、形式主义、官僚主义、弄虚作假、急躁和厌战情绪等现象仍不同程度存在，群众意见强烈。特别地，全省各农村基层地区较为普遍存在着，村干部对乡村的发展没有清晰的定位和规划，只注重解决当前、眼前问题；部分村干部对上级出台的政策理解不到位或是简单应付了事，造成宣传和执行阶段问题众多；信息公开不及时，服务管理过程不透明，因为信息不对称而出现欺上瞒下的问题；处理事务缺乏民主，未能充分听取村民意见和建议等情况。

（二）村干部违规违纪现象较为多发

一是农村补助救助领域违规违纪现象较为普遍，违规办理、违规领取、违规使用低保金问题经常发生，虚报套取或违规挪用农户危房改造补助资金、虚报退耕还林面积套取国家补助资金等现象也时有出现，这些都造成了补助救助资金发给了不该发的人而没发给最急需的人。

二是农村扶贫领域违规违纪现象较为常见，少数地方基层干部在贫困户识别和帮扶过程中仍然存在优亲厚友、贪污挪用、截留私分、虚报冒领、强占掠夺等不正之风和腐败问题。

第三节　生态环境问题

一　干旱缺水

（一）降雨量少

甘肃省属温带季风气候，大部分地区干旱少雨。近年来，甘肃省降雨量虽有增长趋势，但相对全国其他地区而言仍然偏少。而且，甘肃省年降水量地区分布极不均匀，总体变化趋势是从西北部向东南部递增。

据甘肃水资源公报[①]，2017 年全省平均降水量 289.7 毫米，折合水量 1316.58 亿立方米，比多年平均值 1258.31 亿立方米偏大 4.6%，属平水年。其中，省内内陆河流域平均降水量 128.5 毫米，折合水量 346.95 亿立方米，比多年平均值 352.15 亿立方米偏小 1.5%；省内黄河流域平均降水量 498.6 毫米，折合水量 727.45 亿立方米，比多年平均值 675.50 亿立方米偏大 7.7%；省内长江流域平均降水量 629.3 毫米，折合水量 242.18 亿立方米，比多年平均值 230.66 亿立方米偏大 5.0%。2018 年全省平均降水量 347.2 毫米，折合水量 1478.3 亿立方米，比多年平均值 1186.66 亿立方米偏大 24.6%，属丰水年。其中，省内内陆河流域平均降水量 142.1 毫米，折合水量 347.82 亿立方米，比多年平均值 298.02 亿立方米偏大 16.7%；省内黄

---

① 降水量的分析计算根据省内雨量站数据（2017 年共选用 304 个雨量站，其中内陆河流域 78 站、黄河流域 160 站、长江流域 66 站；2018 年共选用 593 个雨量站，其中内陆河流域 103 站、黄河流域 380 站、长江流域 110 站）。区域面平均雨量的计算采用泰森多边形法。甘肃水资源公报中的降雨量数据与《甘肃发展年鉴》中的降雨量数据存在较大出入，此处以甘肃水资源公报数据为准。

河流域平均降水量 622.5 毫米，折合水量 888.25 亿立方米，比多年平均值 667.03 亿立方米偏大 33.2%；省内长江流域平均降水量 632.7 毫米，折合水量 242.22 亿立方米，比多年平均值 221.61 亿立方米偏大 9.3%。

（二）水资源量少

甘肃省位于中纬度内陆地区，尽管包含黄河、长江和内陆河三大流域共九大水系，但水资源量相对很少。据《中国统计年鉴 2018》，甘肃省 2017 年水资源量为 238.9 亿立方米，仅占全国 28761.2 亿立方米的 0.83%；人均水资源量仅 912.5 立方米/人，仅是全国人均水资源量 2074.5 立方米/人的 43.99%。另据统计，甘肃省耕地亩均水资源占有量仅约为全国平均水平的 1/4。

甘肃省水资源不仅总量少，而且分布很不均匀。据甘肃水资源公报，全省 2017 年自产水资源量 273.65 亿立方米，折合径流深 60.2 毫米，比多年平均值 282.14 亿立方米偏小 3.0%，比上年值增大 35.5%，属平水年。其中，内陆河流域自产水资源量 72.94 亿立方米，折合径流深 27.0 毫米，比多年平均值 56.62 亿立方米偏大 28.8%；黄河流域自产水资源量 95.26 亿立方米，折合径流深 65.3 毫米，比多年平均值 125.16 亿立方米偏小 23.9%；长江流域自产水资源量 105.45 亿立方米，折合径流深 274.0 毫米，比多年平均值 100.36 亿立方米偏大 5.1%。

（三）灌溉条件差

据甘肃省 2016 年土地利用现状变更调查成果，甘肃省现有耕地 537.24 万公顷，其中旱地 404.05 万公顷，占比高达 75.21%；水田和水浇地仅 133.19 万公顷，占比仅 24.79%。特别是在河东地区，旱地分布多，无法灌溉的问题较为普遍，农作物的播种、生长、收获都受制于降雨。据《甘肃发展年鉴 2018》，2017 年甘肃省有效灌溉耕地面积占比仅 33.50%，有效灌溉比例偏低，低出全国平均水平 20 个百分点（截至 2016 年底，全国农田有效灌溉耕地面积占比已经达到 54.7%）。另据统计，甘肃省 2017 年农田灌溉水利用率只有 55%，虽略高于全国平均（截至 2017 年底，全国农田灌溉水有效利用系数为 54.2%），但也还有很大提升空间。

（四）受旱成灾面积大

据《甘肃发展年鉴 2018》，仅 2017 年，甘肃农业受旱面积高达 304.04 千公顷（4560.6 万亩）、成灾面积 158.57 千公顷（2378.55 万亩），其中作物受旱面积 1276.28 万亩、受灾面积 695.12 万亩，全年因旱造成 28.22 万人、17.73 万头牲畜出现饮水困难。

二　水土流失

（一）水土流失范围广

据《甘肃发展年鉴 2018》，2017 年甘肃省水土流失总面积达到 2812.88 万公顷（约 28.13 万平方公里），占甘肃省土地总面积 4258.89 万公顷的 66.05%。

（二）已治理面积小

据《甘肃发展年鉴 2018》，截至 2017 年底，甘肃省土地累计已治理面积仅 858.05 万公顷（包含小流域治理面积 239.37 万公顷），只占全部水土流失面积的 30.50%。

（三）人为因素加剧

另需指出的是，由于管理不力、利益驱使等原因，甘肃不少农村地区土地乱垦、树木滥伐、沙石乱采等问题较为严重，进一步造成和加剧了水土流失问题。

三　土地荒漠化和沙化

（一）土地荒漠化和沙化面积大

据 2015 年完成的第五次荒漠化和沙化监测结果，甘肃省荒漠化土地面积 1950.20 万公顷，占甘肃省土地总面积的 45.79%，其中干旱区、半干旱区、亚湿润干旱区荒漠化土地面积分别为 1018.20 万公顷、669.58 万公顷和262.41万公顷；沙化土地面积1217.02万公顷，占甘肃省土地总面积的25.56%，包括流动沙地（丘）185.36万公顷、半固定沙地（丘）133.76万公顷、固定沙地（丘）174.88万公顷、露沙地4.39万公顷、沙化耕地5.55万公顷、戈壁695.41万公顷等。此外，由于过度利用或水资源匮乏等因素，甘肃省还具有明显沙化趋势的土地面积177.55万公顷。

（二）土地荒漠化和沙化程度高

近年来，尽管由于人为治理、气候暖湿化等因素，甘肃省土地荒漠化和沙化程度有减轻趋势①，但是整体严重的态势未能根本改变。据2015年完成的第五次荒漠化和沙化监测结果，甘肃省荒漠化土地中，轻度荒漠化土地面积325.82万公顷，占16.7%；中度荒漠化土地面积657.72万公顷，占33.7%；重度荒漠化土地面积303.28万公顷，占15.6%；极重度荒漠化土地面积663.38万公顷，占34.0%。甘肃省沙化土地中，轻度沙化土地面积64.53万公顷，占5.3%；中度沙化土地面积198.14万公顷，占16.3%；重度沙化土地面积255.07万公顷，占21.0%；极重度沙化土地面积699.30万公顷，占57.4%。

四 土地粗放利用

（一）农用地粗放利用

据甘肃省2016年土地利用现状变更调查成果，甘肃省耕地中有灌溉保障的水田和水浇地仅占24.79%，无灌溉设施的旱地占比高达75.21%，旱地占比在全国除港、澳、台的31个省级行政区中排第四，仅低于东北三省；草地中牧草地仅占41.73%，高达58.27%的是荒草地，牧草地中人工牧草地仅占1.21%，剩余高达98.79%都是天然牧草地；集约程度高的园

---

① 第五次荒漠化和沙化监测结果表明，全省轻度、中度和重度荒漠化土地呈增加趋势，5年间共增加30.3万公顷，但极重度荒漠化土地减少49.43万公顷，荒漠化程度在减轻；极重度和重度沙化土地也呈总体减少趋势，其中极重度减少40.04万公顷，重度减少1.05万公顷，轻度和中度增加33.66万公顷。

地和设施农用地面积过少，分别只有 25.64 万公顷和 4.29 万公顷，仅占甘肃省土地总面积的 0.60% 和 0.10%。另据统计，甘肃省 2017 年耕地复种指数仅有 0.70，均远低于全国均值 1.23；粮食单产仅有 4.18 吨/公顷，也低于全国均值 5.61 吨/公顷，特别是陇中、陇东地区，粮食单产更低。分市（州）来看，一些市（州）耕地粗放利用的问题更为突出，如作为省会的兰州市其耕地复种指数仅有 0.59、粮食单产仅为 3.64 吨/公顷。甘肃省各市（州）2017 年耕地利用情况详见表 2-15。

表 2-15　甘肃省各市（州）2017 年耕地利用情况

地区	耕地面积（万公顷）	农作物播种面积（千公顷）	耕地复种指数	粮食播种面积（千公顷）	粮食产量（万吨）	粮食单产（吨/公顷）
全国	13492	166332	1.23	117989	66161	5.61
甘肃省	537.24	3739.27	0.70	2647.16	1105.90	4.18
兰州市	28.15	167.10	0.59	82.62	30.04	3.64
嘉峪关市	0.69	7.02	1.02	2.51	1.86	7.40
金昌市	11.11	81.57	0.73	61.51	41.76	6.79
白银市	51.8	347.31	0.67	257.28	91.40	3.55
天水市	53.23	444.04	0.83	311.87	117.29	3.76
武威市	44.35	259.09	0.58	156.21	102.07	6.53
张掖市	31.23	290.94	0.93	214.59	140.79	6.56
平凉市	40.18	354.83	0.88	296.34	102.54	3.46
酒泉市	26.01	189.02	0.73	68.29	47.70	6.99
庆阳市	69.3	496.89	0.72	405.12	128.09	3.16
定西市	80.77	502.58	0.62	382.45	130.12	3.40
陇南市	55.61	329.42	0.59	225.98	80.33	3.55
临夏州	27.15	148.75	0.55	118.95	66.68	5.61
甘南州	13.23	63.48	0.48	38.18	10.40	2.72

注：耕地面积源于甘肃省土地利用现状变更调查成果，为 2016 年底数据；播种面积和产量数据源于统计年鉴，为 2017 年数据；复种指数由农作物播种面积除以耕地面积进行推算。

（二）村庄建设用地粗放利用

调查表明，甘肃省村庄面积高达 52.85 万公顷，是城镇用地面积

（15.93 万公顷）的 3.32 倍，人均村庄面积达到了 366.11 平方米。金昌市、庆阳市等的人均村庄用地面积更是超过了 600 平方米，远超出国家有关村庄用地标准。

五 环境污染

近年来，甘肃省农村随着种植业、养殖业、加工业的发展，点源、面源污染问题日益凸显，尤其是种植业的化肥和农药污染、废弃农膜污染，养殖业的污水粪料和废弃物污染，加工业的污水残渣污染等量大面广。特别地，长期以来，农民在用肥和用药及农业废弃物（秸秆、尾菜、废旧农膜等）处理方面缺乏必要的知识和能力，与"资源节约型、环境友好型"生态农业和绿色发展要求差距很大。

据统计，甘肃省 2017 年农药利用率仅 37%、化肥利用率仅 37.8%，地膜回收处理利用率和畜禽养殖废弃物资源化利用率也不高，分别为 80.1% 和 68%，甘肃省有大量农药化肥流失渗漏、大量农业废弃物未被合理处理，造成农田土壤污染和村庄环境污染，进而给食品安全、人体健康等带来威胁。

六 环境脏乱差

（一）以垃圾为代表的村庄环境卫生问题严重

走进甘肃一些农村，尤其是偏远山区农村，路头巷尾和田间地头随处可见废弃塑料农膜、农药瓶、饮料瓶、杂草秸秆、包装物、废弃建材、医疗垃圾……，路边、河边、村边、田边、塘边、屋边"六边"成为垃圾主要倾倒地点。晴天气味难闻，刮风天塑料袋满天飞，雨天垃圾随雨水冲进池塘、河流乃至饮用水源。据调研，甘肃省农村地区的垃圾排放量与全国人均排放量基本相当。每人每天产生的垃圾量约 1 公斤，每年仅农村生活垃圾的排放量就超过 3 亿吨，且正在以 8% ~10% 的速度快速增长。同时，生活污水随意排放的问题也很突出。"垃圾靠风刮，污水靠蒸发，家里现代化，屋外脏乱差"已成为部分农村生活环境的写照。

（二）以厕所为代表的家庭环境卫生问题突出

受外部环境、生活习惯、旧习观念等多方面因素的不良影响，农村居民家庭环境"脏乱差"问题很是突出，厕所苍蝇蚊子乱飞、庭院杂物无序堆放、鸡鸭羊圈随意搭建、卫生长期不打扫等现象较为普遍。特别是随着近些年来新农村建设、美丽乡村建设、农村人居环境整治等的开展，村庄道路不断硬化、环境不断美化，村民住房条件不断改善，在此衬托下农村居家环境卫生问题日益凸显。

| 第三章 |

甘肃省农村基层治理的主要举措

为解决农村基层治理中存在的各种突出问题，甘肃省近年来制定了一系列政策，采取了一系列行动，在较大程度上缓解了问题、促进了农村的发展。本章对甘肃省近年来针对农村基层治理中的问题所采取的主要举措进行研究，主要分经济发展举措、社会发展举措和生态环境保护举措三大方面进行阐述。

第一节　经济发展举措

近年来，甘肃省遵循国家政策要求，紧抓农村经济发展关键环节，突出统筹、谋划、引导，着力强化政策扶持，出台了一系列政策措施，涉及农民合作社发展、培育发展家庭农场、"365"现代农业发展行动计划、"十百千万"工程、农业适度规模经营、农村土地确权颁证、农村集体产权制度改革、返乡下乡人员创业创新，推进农村一二三产业融合，促进农产品加工业发展、农民持续增收，培育壮大特色农业产业、家庭农场等，有力地推动了农村经济发展，为甘肃省脱贫攻坚、农业现代化和乡村振兴提供了有力支撑。

一　现代农业发展

（一）厘清现代农业发展思路

2013年，甘肃省提出在省内大力实施"365"现代农业发展行动计划，即着力打造三个国家级示范区（国家级旱作农业示范区、国家级高效节水农业示范区和国家级草原畜牧业可持续发展示范区），壮大和提升六大特色优势产业（草食畜牧业、设施蔬菜、优质林果三大主导产业，以及马铃薯、中药材、现代种业和酿酒原料三大特色产业），强化五大支撑（农业设施装备和科技创新、农村基础设施建设、新型农业生产经营主体培育、农民职业技能培训、政策支持和保护）。2019年，甘肃省总结实践经验，将现代农业发展思路调整为着力发展具有甘肃特色的"现代丝路寒旱农业"，亦即抢抓"一带一路"建设机遇，充分发挥独特优势（农耕文化底蕴深厚、与共建"一带一路"国家进行农业交往的历史悠久、通道枢纽功能明显等），充分集成现代技术（设施化、机械化、智能化、数字化等），充分挖掘资源潜力，着力构建五大体系（优势产业、生产组织、产销对接、风险防范、服务保障），努力走出一条具有"现代"方向引领、"丝路"时空定位、"寒旱"内在特质的新时代农业发展路子。

（二）构建特色优势产业体系

甘肃省把农业供给侧结构性改革作为主攻方向，加大农业结构调整的力度，推进粮经饲统筹、农牧林结合、种养加一体，坚持"大特色"与"小品种"一起抓，落实"牛羊菜果薯药"六大特色产业的实施意见和三年行动计划，充分发挥区域特色优势，大力发展旱作农业、高效节水农业、设施农业、特色农业；积极打造"一带五区"的特色优势产业布局，即以高原夏菜、瓜果、养殖业及奶产品为主的沿黄农业带，以现代制种、非耕地设施蔬菜、酿酒原料生产为主的河西灌溉农业区，以优质苹果、白瓜子、黄花菜、小杂粮等为主的陇东雨养农业区，以中药材、马铃薯等为主的中部旱作农业区，以苹果、花椒、油橄榄、食用菌等为主的陇南及天水南部山地特色农业区，以藏牛羊、藏药等为主的甘南高寒牧区。按照"调强优势、调大产业、调长链条、调优质量、调高效益"的思路，优化农业结构，扎实推进粮食生产功能区划定工作，调减非优势区经济作物面积，在稳定粮食产量的基础上，着力开发特色农产品。目前，甘肃省特色优势产业作物播种面积超过3300万亩，占农作物播种面积的一半以上，提供了约 2/3 的农民家庭经营收入。

据农业部门统计①，截至 2017 年底，全省蔬菜种植面积达到 8547 万亩（569.8 万公顷）、总产量 2106.47 万吨，分别位居全国第十八和第十七，其中设施蔬菜生产净面积达 163.95 万亩（10.93 万公顷）、产量 579.71 万吨，形成了河西走廊灌区、沿黄灌区、泾河流域、渭河流域和"两江一水"流域五大优势产区，已成为全国重要的高原夏菜基地、"西菜东调"和"北菜南运"基地；林果播种总面积达到 157.7 万公顷、总产量 680 万吨，形成了天水和陇南优质元帅系苹果生产基地、陇东优质富士系苹果生产基地、陇南优质核桃生产基地、河西走廊无公害葡萄生产基地、沿黄灌区无公害枸杞生产基地等 22 个特色鲜明的优质林果生产基地，特别是苹果产业优势显著，面积和产量分别达到 32.81 万公顷、365.8 万吨，拥有 18 个国家级苹果优势区域重点县，建有 6 个省级苹果良种苗木繁育基地，10 余个苹果品牌获得国家地理标志产品保护认证；马铃薯种植面积达到 108.3 万亩（7.22 万公顷）、产量约 260 万吨，面积和产量均位居全国第二；中药材播种面积和产量分别达 451.5 万亩（30.10 万公顷）、123.26 万吨，面积和产量均居全国第一位。甘肃省是名副其实的全国中药材主产区（主要在陇南和定西，主要的品种有当归、党参、红芪/黄芪、大黄，产量分别约占全国的 95%、60%、50% 和 60%），也是国家重要的中药原料生产供应保障基地和国家中医药产业发展综合试验区，全省中药材年交易量达到 180 万吨，出口量占全国的 3/4 以上。草食畜牧业以 50 个牛羊产业大县和 3 个市（州）全产业链试点建设为重点，走上了农牧互补的循环发展路子，全省初步形成了以陇东地区、河西走廊为主的肉牛生产基地，以及以河西走廊、中部（白银、兰州、定西）和南部（临夏和甘南）为主要产区的肉羊产业带，2017 年牛、羊出栏量分别达 203.54 万头、1437.05 万只。此外，甘肃省建成了以河西走廊为主的全国最大产业化、水平最高、最具优势的玉米制种基地，玉米制种的面积和产量均居全国第一位，

---

① 需指出的是，农业部门统计数据与统计年鉴数据存在差异，此处采用的是农业部门统计数据，数据主要来源于《甘肃省特色农业产业化发展报告》。

面积占到全国的约50%，产量超过全国的40%。

（三）建立产业扶贫体系

甘肃省深入推进产业扶贫，着力构建以"牛羊菜果薯药"六大特色产业为主导，以"五小"产业为补充的产业扶贫体系。2018年1月，甘肃省长办公会议审议通过甘肃省"牛羊菜果薯药"六大特色产业精准扶贫三年行动工作方案，随后省农牧厅组织召开甘肃省六大特色产业精准扶贫三年行动实施方案编制对接视频会议，强调各市（州）和县（市、区）一定要同步开展实施方案编制，尽快衔接、环环相扣，要求方案一定要做精、做细、做实，绝不能搞纸上谈兵、空中楼阁，绝不能不接地气、不切实际、只提口号，绝不能搞形式主义。2018年2月，甘肃省人民政府办公厅印发《甘肃省培育壮大特色农业产业助推脱贫攻坚实施意见》（甘政办发〔2018〕20号），部署安排以"牛羊菜果薯药"六大特色产业为重点，深入实施产业扶贫行动，培育壮大特色农业，要求市（州）政府制定到乡到村方案，每个贫困村发展一个以上特色农业产业或产品，制定到村到组到户产业扶贫方案。2019年3月，甘肃省人民政府办公厅印发《关于支持贫困户发展"五小"产业的指导意见》（甘政办发〔2019〕35号），强调按照"项目到户、扶持到人，一村多样、一户一项目"的要求，积极支持有意愿的贫困户发展"短平快"增收的小庭院、小家禽、小手工、小买卖、小作坊"五小"产业；要求贫困县将发展"五小"产业纳入"一户一策"精准脱贫计划，逐村逐户开展调查摸底，以市场为导向，因户因人施策，制定扶持"五小"产业发展办法，明确扶持范围、对象、标准；规定各地、各有关部门要围绕抓重点、补短板、强弱项，全力做好政策扶持、技术指导和管理服务等工作；明确不在以上范围的其他小产业，只要有利于贫困户增加收入，都可享受同等扶持政策。

（四）推进农村一二三产业融合发展

近年来，甘肃省积极开展农村一二三产业融合发展推进工作。2018年7月，甘肃省农牧厅制定印发《甘肃省关于实施农村一二三产业融合发展推进行动工作方案》，提出了要以农民分享产业链增值收益为核心，以延长产业链、提升价值链、完善利益链为关键，加强农业与加工流通、休闲旅游、文化体育、科技教育、健康养生和电子商务等产业深度融合，形成多业态打造、多主体参与、多机制联结、多要素发力、多模式推进的农村产业融合发展体系。甘肃省特别强调支持返乡下乡人员创业创新促进农村一二三产业融合发展的重大意义，早在 2017 年 2 月，甘肃省人民政府办公厅就已印发《关于支持返乡下乡人员创业创新促进农村一二三产业融合发展的实施意见》，强调鼓励和引导返乡下乡人员按照全产业链、全价值链的现代产业组织方式开展创业创新，推进农村一二三产业融合发展。

二 新型经济发展

甘肃省积极培育农村新产业、新业态、新模式，特别是注重发展农产品加工业、农村电子商务、休闲观光农业、戈壁生态农业等，这些已成为农村经济发展的新动能。

(一) 发展农产品加工业

甘肃省通过实施农产品产地初加工设施补助、龙头企业贴息扶持等政策，不断提高农产品加工装备水平、加工能力、技术与管理水平，扶持发展果蔬保鲜库，发展马铃薯、苹果、蔬菜贮藏和烘干设施，扶持建成各类加工企业，推动甘肃省农产品加工业不断发展。据统计，2017 年全省各类农产品加工企业发展到 2300 多家，农产品加工能力达 2500 多万吨，农产品加工率达到 52.5%（较上年提高 1 个百分点），加工领域由以粮食加工为主向中药材、马铃薯淀粉以及地方性特色农产品加工等方面扩展，加工产品由以初级为主向精深加工延伸。特别地，2017 年 3 月，甘肃省人民政府办公厅专门印发《关于进一步促进农产品加工业发展的实施意见》，对于全省农产品加工业发展进行安排部署，明确提出要不断完善农产品加工业政策扶持体系，促进农产品加工业持续稳定健康发展，确定了到 2020 年全省主要农产品加工转化率（初加工以上）达到 55%、规模以上农产品加工业主营业务收入年均增长 8%以上、农产品加工业与农业总产值比达到 2∶1 的目标任务。

(二) 发展农村电子商务

近年来, 甘肃省电子商务发展迅速, 带动农民增收效果显著。2015 年 5 月, 国务院扶贫办召开新闻发布会, 宣布在甘肃陇南启动电子商务扶贫试点。2015 年 6 月, 甘肃省多部门印发《关于精准扶贫电商支持计划实施方案》, 决定以全省 58 个贫困县 (市、区) 和 17 个插花型贫困县 (市、区) 为重点区域, 以 225 个特困片带、6220 个建档立卡贫困村为重点对象开展电子商务扶贫试点。2016 年 4 月, 甘肃省人民政府办公厅制定印发《关于促进农村电子商务加快发展的实施意见》, 部署安排在全省加快农村电子商务发展, 明确了 2016～2020 年各年的目标任务, 全省农村电子商务发展随之加快。自 2015 年以来, 甘肃积极推动支持县、乡、村三级电子商务服务体系建设, 大力推进农村电子商务精准扶贫, 抓好宽带网络建设、快递物流支撑、网店规模壮大、网络品牌培育、金融服务支撑、试点示范引领等工作, 实施国家电子商务进农村综合示范项目、全省贫困地区乡村电子商务扶贫试点、全省农村电子商务人才培训和省级电子商务示范县 (乡、村) 创建活动, 加强与阿里巴巴、京东、苏宁等国内大平台在农村电子商务方面的合作。据统计, 截至 2017 年底, 甘肃省已建成 75 个县级电子商务服务中心、1159 个乡级电子商务服务站和 5360 个村级电子商务服务点, 实现县级电子商务服务中心覆盖所有贫困县、乡镇电子商务服务站覆盖 70% 的贫困乡、村庄电子商务服务点覆盖 50% 的贫困村; 全省电子商务交易额达到 2760 亿元, 同比增长 32.7%; 注册地在甘肃的零售网站约 4.5 万个 (约 80% 从事农产品销售), 交易额占全省电子商务总额的 65%。2015～2019 年, 甘肃省累计有 66 个县 (市、区) 获批国家电子商务进农村示范县, 覆盖率达 76.74%。

(三) 发展休闲观光农业

近年来, 甘肃省休闲观光农业发展势头良好, 发展形式多种多样。甘肃省采取多方面措施积极促进休闲观光农业发展, 实施休闲观光农业和乡村旅游提升工程，积极开展休闲观光农业与乡村旅游示范县、示范点和特色旅游村镇创建活动，引导发展以"吃农家饭、住农家院、摘农家果、干农家活"为主要内容的农（牧）家乐项目，在深度贫困县集中扶持500个贫困村发展乡村旅游，加快206个乡村旅游示范村建设。2017年9月，甘肃省印发《关于大力发展休闲农业的实施意见》，明确到2020年全省休闲农业发展质量明显提高、接待人次和营业收入等年均以10%以上速度增长、休闲农业年接待人数达到5000万人次、综合营业收入达到50亿元；2018年2月，甘肃省发布《关于加快乡村旅游发展的实施意见》，提出到2020年全省新创建10个全国休闲农业与乡村旅游示范县、10个达到国家4A级景区标准的田园综合体、100个达到国家3A级景区标准的乡村旅游景区或度假区，全省累计建成乡村旅游专业村1000个、品牌农家乐20000户，吸纳农村50万劳动力就业，乡村旅游接待人数年增长25%以上、超过1亿人次，乡村旅游综合收入年增长30%以上、力争达到300亿元。据统计，2017年甘肃省各类休闲观光农业经营主体达到10468家，总资产563.1亿元，接待人数3493.9万人次，实现收入30.3亿元；乡村旅游从业人员达到18万人，接待游客突破7036万人次，旅游综合收入达到127.5亿元，带动2.92万建档立卡户、12.26万贫困人口脱贫。截至2018年底，全省共建设乡村旅游项目1162个，实际完成投资538.6亿元。全省以乡村旅游为主的休闲观光农业已逐渐发展为拓展农村就业空间、增加农民收入的新业态。

（四）发展戈壁生态农业

戈壁生态农业以非耕地农业、设施农业等为基础，是甘肃省农业生产方式的革命性创新，与传统耕地农业相比具有资源节约、环境友好、产出高效等明显优势，对于甘肃省农业农村发展新产业、新动能，壮大富民产业、打造农业新的增长点具有重要的现实意义。近年来，甘肃省注重做好河西地区可开发利用的约1500万亩戈壁、沙漠、盐碱地和废弃地等资源的文章，大力发展戈壁生态农业，坚持"政府引导、企业建设、项目支撑、市场运作"的运行机制，采取"公司＋合作社＋基地＋农户"的经营模式，努力将河西走廊广阔的戈壁滩逐步打造成面向西北乃至中亚、西亚、南亚地区富有竞争力的"菜篮子"产品生产供应基地。2017 年 8 月，甘肃省人民政府办公厅制定印发《关于河西戈壁农业发展的意见》，明确提出到 2022 年，在河西地区沙漠戈壁新建 30 万亩高标准设施农业，其中：新建高标准日光温室 25 万亩（酒泉市 11 万亩、张掖市 11 万亩、武威市 2 万亩、金昌市 0.7 万亩、嘉峪关市 0.3 万亩），新建全钢架高标准塑料大棚 5 万亩（酒泉市 2 万亩、张掖市 1.7 万亩、武威市 1 万亩、金昌市 0.3 万亩），新建智能连栋温室 150 亩，预期项目建成后新增优质高效园艺作物产品 250 万吨（其中食用菌 50 万吨）、年实现产值 120 亿元。据统计，截至 2017 年底，甘肃省河西走廊五市利用戈壁等非耕地已建成以新型日光温室、钢架大棚为主的戈壁生态农业 6.36 万亩（4240 公顷），年均效益稳定在 30 万元/公顷（2 万元/亩）以上，初步建成了多个戈壁生态农业集中区，种植作物由蔬菜逐步扩展到葡萄、西瓜、食用菌等。另据统计，截至 2019 年底，全省通过采取有力措施，已累计建成戈壁生态农业约 20 万亩。根据计划，甘肃省将确保 2020 年建设戈壁生态农业 6 万亩，累计达到 26 万亩。

三 生产条件改善

（一）推进农业园区和示范基地建设

甘肃省近年来大力实施"十百千万"工程，在全省范围内创建 100 个左右现代农业示范园（区），其中示范区 30 个左右、示范园 70 个左右，创建 1000 个优势特色产业生产示范基地，其中种植类基地 600 个、养殖类基地 400 个。截至 2017 年底，甘肃省累计已建成现代农业示范园（区）104 个，覆盖了全省 80% 以上的县（市、区），带动就业人数 190 万人，示范园（区）农业增加值占甘肃省农业增加值的 46%，逐步形成了以区域性示范区为引领、以特色示范园为支撑的甘肃省现代农业发展新格局。

（二）推进农业机械化

甘肃省积极开展主要农作物生产全程机械化示范，积极推进先进适用农机具集成创新，构建良种良法配套、农机农艺融合的现代农业生产体系。截至 2017 年底，全省已建立玉米、马铃薯、中药材、林果、蔬菜、牧草等主要农作物生产全程机械化示范点 203 个，示范面积达到 7000 公顷，辐射带动面积 4 万多公顷，其中建设省级示范点 10 个、国家级示范点 3 个，民勤县和肃州区被评为全国率先基本实现主要农作物生产全程机械化的示范县；全省农机总动力达到 2832.3 万千瓦，农机化作业服务组织达到 4112 个，农机合作社达到 1843 个（其中省级专项扶持农机合作社 394 个，认定全国农机合作社示范社 4 个、省级农机合作社示范社 70 个），农机经营总收入、经营纯收入分别达到 110.8 亿元、42.4 亿元（分别增长 25.3%、30.1%），主要农作物耕种收综合机械化率达到 53%。截至 2018 年底，全省农机总动力达到 2069 万千瓦，主要农作物耕种收综合机械化率达到 55.9%，机耕、机播、机收面积分别达到 5082.1 万亩、2805.9 万亩和 2121.4 万亩（同比分别增长 1.8%、2.5% 和 3.6%）。2019 年 11 月，甘肃省出台了《关于加快推进农业机械化和农机装备产业转型升级的实施意见》，明确提出要着力推进主要农作物生产全程机械化，大力推广先进适用农机装备与机械化技术，计划到 2020 年全省农机总动力达到 2200 万千瓦、主要农作物耕种收综合机械化率达到 60%，到 2025 年全省农机总动力达到 2600 万千瓦、主要农作物耕种收综合机械化率达到 68%。

（三）加快农业科技推广应用

近年来，甘肃积极研发和集成推广以全膜双垄沟播、垄膜沟灌、农作物秸秆饲料化利用、保护性耕作等为代表的旱作农业、高效节水农业、特色农业和生态循环农业等关键技术，逐步健全完善马铃薯、现代制种、中药材、畜牧等产业技术体系。截至 2017 年 12 月，全省累计推广全膜双垄沟播技术约 6000 万亩、高效节水技术约 4000 万亩，主要农作物良种覆盖率达到 95%，牛、羊、猪、鸡良种化程度分别达到 73%、74%、92%、97%，农业科技进步贡献率达到 56%。

（四）完善农产品质量安全管理

近年来，甘肃积极推进农产品标准化建设，基本建成覆盖农产品产前、产中、产后质量安全标准体系；启动农产品质量安全县创建，全面建设省、市、县、乡农产品质量安全信息追溯平台，农产品质量安全执法监管、检验检测、标准化生产、品牌认证和体系队伍建设等取得重大进展，基本建成 17 个市级、107 个县级、719 个乡镇监管机构追溯信息平台和331 个农畜产品生产经营主体追溯示范点，已有 1200 多家监管机构、3000多名监管人员、4870 多家生产经营主体、3800 多家农资经营门店、40 多家屠宰场纳入平台管理。

（五）加强农田基本建设

近年来，甘肃加快推进高标准农田建设、农田水利基础设施配套建设，实施耕地质量保护和提升行动、高效节水灌溉工程，通过田、土、水、路、林、电、技、管等配套建设，形成高产稳产、旱涝保收、高效节水、具有绿色生产能力的农田。计划到 2020 年，甘肃省建成集中连片、旱涝保收的高标准农田 1520 万亩，力争建成 2100 万亩；甘肃省高效节水灌溉面积累计达到 1000 万亩，占有效灌溉面积的比例达到 50%。其中，2019 年计划完成高标准农田 220 万亩、高效节水灌溉面积 128 万亩建设任务，项目涉及 75 个县（市、区）、兰州新区和 7 个国有农场，安排投入国家和省级财政资金 25.52 亿元。2020 年度计划建设高标准农田 242 万亩。

四 农业生产结构调整

甘肃结合自身实际，推动农业生产结构调整，坚持以市场需求为导向，以"调优、调高、调精"为方向，以"稳粮、优经、扩饲"为路径，制定实施一系列农业生产结构调整政策措施。

（一）保障粮食作物生产

在保障粮食生产基础上，适度调减小麦、玉米等粮食作物种植面积。同时，深入实施马铃薯主粮化战略。甘肃省粮食生产得到有力保障，粮食播种面积稳定在 3900 万亩以上（2018 年为 3967.5 万亩，比上年减少 3.3万亩，持续稳定在 3900 万亩以上），粮食产量稳定在 1100 万吨以上

（2018 年为 1151.4 万吨，比上年增产 4.1%，已连续 7 年超过 1100 万吨），在粮食播种面积有所下降的情况下实现了连续增产。

（二）扩大经济作物生产

突出发展特色优势经济作物，在适宜区扩大蔬菜、水果、中药材、牧草等种植面积，加快草食畜牧业、蔬菜、优质林果和马铃薯、陇药、现代制种等产业转型升级，形成结构合理、多点支撑的特色产业体系。甘肃省经济作物生产规模快速扩张，经济作物种植比例逐年扩大，2017 年扩大到 32.4%，比上年上升 1.2 个百分点。2018 年，甘肃省棉花种植面积 2.2 万公顷，比上年增加 0.3 万公顷；蔬菜种植面积 35.3 万公顷，比上年增加 1.6 万公顷；中药材种植面积 23.4 万公顷，比上年增加 0.7 万公顷；果园种植面积 31.4 万公顷，比上年增加 1.1 万公顷；油料种植面积 32.6 万公顷，比上年减少 2.1 万公顷。

（三）推动草牧业发展

积极开展草牧业、粮改饲、种养结合、秸秆饲料化利用，推进粮草兼顾、农牧结合、草畜配套、循环发展的草牧产业体系建设；大力支持草食畜牧业发展，加大牛羊养殖比重；落实和完善粮改饲补贴、粮豆轮作补助政策，积极发展木本粮油、林下经济等。特别地，积极推进粮改饲，甘肃省 2017 年组织 22 个县开展了粮改饲试点，改种优质饲草 61.3 万亩，计划到 2020 年粮改饲面积达到 800 万亩。根据最新的 2020 年工作计划，甘肃省将继续扩大粮改饲政策覆盖面和实施规模，确保到 2020 年全省粮改饲面积达到既定的 800 万亩目标。

五 重视经营主体成长

近年来，甘肃省重视各类农业经营主体的成长发展，特别是注重大力培育农业企业、家庭农场、农业合作社等新型农业经营主体，先后制定实施一系列支持性政策措施。甘肃省培育新型农业经营主体成效明显，新型农业经营主体数量越来越多、规模越来越大、作用越来越显著。

（一）培育扶持家庭农场发展

2014 年 9 月，甘肃省人民政府办公厅制定印发《关于培育发展家庭农场的指导意见》（甘政办发〔2014〕170 号），启动家庭农场培育发展工作，明确到 2018 年甘肃省力争培育发展家庭农场 20000 家左右（其中省级示范性家庭农场 3000 家），家庭农场经营面积占甘肃省规模经营面积的比重达到 20%。2015 年 5 月，甘肃省人民政府办公厅制定下发《扶持 10000 个示范性家庭农场和农民合作社实施方案》（即"十百千万"工程中的"万"），提出到 2018 年在甘肃省重点培育 3000 个示范性家庭农场。在政策支持下，甘肃省家庭农场发展迅速，截至 2017 年底，甘肃省共有各类家庭农场 8230 家（是 2013 年 2458 家的 3.35 倍），其中示范性家庭农场 1952 家（2013 年为 3 家）、拥有注册商标的家庭农场达到 136 家（2013 年为 14 家）、通过农产品质量认证的家庭农场 29 家（2013 年为 14 家）。另据统计，截至 2018 年上半年，全省家庭农场达到 9136 家，已注册认定 8585 家（农业部门注册 4650 家、工商部门注册 6148 家），家庭农场劳动力总数 6.63 万人（家庭成员 3.08 万人、常年雇工 3.55 万人）。需指出的是，尽管全省家庭农场发展迅速，但离 2014 年所提出的目标还有很大差距。

在上述文件的基础上，2019 年 11 月，中共甘肃省委农村工作领导小组办公室等 11 部门联合印发《关于家庭农场培育计划的实施意见》，明确提出实施家庭农场培育计划，按照"发展一批、规范一批、提升一批、推介一批"的思路，加快培育出一大批规模适度、生产集约、管理先进、效益明显的家庭农场，并部署安排开展示范家庭农场创建和家庭农场示范县创建活动。

（二）引导加快农民合作社发展

2014 年 7 月，甘肃省人民政府制定印发《关于进一步加快农民合作社发展的意见》（甘政发〔2014〕75 号），提出从产、加、销、服务等各个环节，引导扶持农民发展合作社，明确到 2020 年甘肃省入社农户达到总农户数的60%，各级示范社达到10000家。2015年5月，甘肃省人民政府办公厅制定下发《扶持10000个示范性家庭农场和农民合作社实施方案》（即"十百千万"工程中的"万"），明确到2018年在甘肃省重点培育7000个示范性农民合作社（含1000个农机专业合作社）。在政策支持下，甘肃省农业合作社数量快速增加，截至2018年10月底，全省农民专业合作社已达到9.9万个，实现了贫困村全覆盖，且平均每个行政村拥有合作社6.04个、平均每个自然村拥有合作社1.16个。

在上述文件的基础上，2019年2月，甘肃省委、甘肃省人民政府发布的《关于坚持农业农村优先发展做好全省"三农"工作的实施意见》明确提出，要实施农民专业合作社能力提升工程，组织开展壮大万家合作社行动计划、合作社带头人万人培训计划、合作社辅导员培训计划。

（三）培育扶持农业产业化龙头企业

2012年11月，甘肃省人民政府印发《关于进一步扶持农业产业化龙头企业发展的实施意见》，强调支持培育农业产业化龙头企业的重要意义，要求各地各有关部门把支持龙头企业发展列入重要议事日程，提出到2015年甘肃省农业产业化龙头企业数达到3000家。2015年5月，甘肃省人民政府办公厅制定下发《培育提升10大农业产业化龙头企业实施方案》（即"十百千万"工程中的"十"），明确到2018年集中培育10家以上经济实力强、科技含量高、发展潜力大、带动能力强的行业领军企业，并力争5家在主板上市、5家以上在新三板上市。截至2017年底，甘肃省农业产业化龙头企业达到3104家，其中国家级重点龙头企业27家、省级重点龙头企业421家、市（州）级重点龙头企业1187家、县级重点龙头企业592家，带动农户增收81.3亿元（2013年为60亿元）。

在上述文件的基础上，2018年7月，甘肃省人民政府办公厅制定印发《关于扶持甘肃省贫困地区龙头企业发展的意见》，部署安排培育壮大一批、引进一批和组建一批龙头企业。2018年，甘肃省采取轻资产引进、混合型自建的办法，引进北京德青源、陕西海升、广药集团、福建圣农等一批大型龙头企业，贫困地区新增龙头企业291家，累计达到1781家。2019

年 2 月，甘肃省委、甘肃省人民政府发布的《关于坚持农业农村优先发展做好全省"三农"工作的实施意见》强调，要坚持"外引"和"自建"相结合，推广"庄浪模式""宕昌模式"以及其他多种龙头带动模式，积极引进和培育农业龙头企业。

六　集体经济发展

（一）推进农村"三变"改革

全面推进农村"三变"改革，盘活农村闲置资源资产，发展壮大村级集体经济。2017 年 6 月，甘肃省启动农村"三变"改革试点工作，组织甘肃省 58 个贫困县（市、区）主要领导到贵州省六盘水市考察学习；2017 年 9 月，召开甘肃省农村"三变"改革推进工作会，要求第一年每个市（州）至少选 1~2 个县（市、区）先行推进、第二年原则上全面推开、第三年完善巩固；2017 年 10 月，甘肃举办甘肃省农办系统学习农村"三变"改革专题培训会，对 14 个市（州）、86 个县（市、区）农办主任进行专题培训；2017 年 12 月，甘肃省委、甘肃省人民政府制定印发《关于推进农村资源变资产资金变股金农民变股东改革的指导意见》，明确把"三变"改革作为壮大村级集体经济的突破口，明确到 2020 年甘肃省每个村都有集体经济经营收益；2017 年 12 月，在庄浪县召开甘肃省创新扶贫产业组织形式推动农村"三变"改革现场交流会；2018 年 7 月，在榆中县召开甘肃省农村"三变"改革现场推进会。截至 2018 年底，全省引导村集体和农户的 194.38 万亩耕地、53.12 万亩林地入股参与"三变"改革，受益农户93.13 万户，获得入股分红 6.21 亿元，其中 41.66 万户贫困户获益 4.01 亿元，户均达到 963.75 元；全省村级集体经济增长 1.84 亿元，村均约 1.89万元。同时，参与"三变"改革的龙头企业共投入资金 60.28 亿元，带动了 28.1 万户农户发展特色优势产业，有力地推动了全省村级集体经济增长。

（二）大力消除村级集体经济"空壳村"

开展贫困村村级集体经济示范建设。2017 年，甘肃省选择 100 个贫困村开展村级集体经济示范建设，每村安排财政扶贫资金 50 万元，争取中央党费 300 万元、列支省管党费 9000 万元支持深度贫困县发展村级集体经济。

大力消除贫困村村级集体经济"空壳村"。2018 年 7 月，甘肃省人民政府办公厅制定印发《关于全面消除贫困村村级集体经济"空壳村"的意见》，部署安排探索创新村级集体经济发展的方式方法和有效途径，全方位推进消除贫困村村级集体经济"空壳村"工作，明确提出到 2018 年底甘肃省 7262 个贫困村中的 3594 个村级集体经济"空壳村"都有村级集体经济收益，基本消除贫困村村级集体经济"空壳村"，到 2020 年甘肃省贫困村村级集体经济年收益力争达到 2 万元；强调进一步积极推进农村"三变"改革，探索建立"企业 + 村集体 + 合作社 + 农户""村集体 + 合作社 + 农户"等多种合作模式发展村级集体经济。截至 2018 年底，甘肃省 3594 个贫困村村级集体经济"空壳村"已全部消除。

七 劳动力就业

（一）推动富余劳动力输转就业

近年来，甘肃强化劳务工作服务"一带一路"倡议和精准扶贫战略的功能，以促进农民稳步增收为主线，以稳定劳务输转数量、提升技能培训质量、壮大农民工返乡创业群体为重点，推动甘肃省劳务经济平稳发展；持续增加劳务品牌培训项目人数，提高农民工技能培训补助标准，扩大项目培训工种范围；扶持壮大劳务中介机构、劳务经纪人、劳务带头人队伍，逐步完善以劳务协会（劳务联合办公室）为纽带，包含公共服务机构、劳务派遣公司、劳务中介机构、用工企业、劳务经纪人队伍的劳务经济市场化体系。2017 年，甘肃省全年输转富余劳动力 529.5 万人，完成年目标任务的 105.9%，创劳务收入 1028.7 亿元，完成年计划的 106.1%；建立了东西部劳务协作精准对接机制，甘肃省与天津市以及定西、陇南、甘南、临夏两市两州分别与天津、青岛、福州、厦门签订了对口帮扶劳务合作协议，通过订单、定岗、定向稳定输转 1.1 万人。另据统计，2018 年全年甘肃省输转城乡富余劳动力 522.3 万人，其中，省外输转 192.2 万人、省内输转 330.1 万人。

（二）推动返乡人员创新创业

近年来，甘肃省返乡创业试点工作加速推进，2016 年和 2017 年先后三批 17 个县（市、区）（首批 4 个、第二批 6 个、第三批 7 个）被列入国家实施的第一批、第二批农民工等人员返乡创业试点，甘肃还自主开展创建省级返乡创业示范县，每年投入 1000 万元支持示范县建设，立足县域整合一批返乡创业孵化基地和返乡创业园区，借助阿里巴巴"千县万村"项目拓宽省内特色农产品网上销售渠道。2017 年 2 月，甘肃省人民政府办公厅制定印发《关于支持返乡下乡人员创业创新促进农村一二三产业融合发展的实施意见》，部署要求各市（州）政府、省政府有关部门把支持返乡下乡人员创业创新列入重要议事日程抓紧抓好抓出成效；提出实施农民工等人员返乡创业培训五年行动计划和新型职业农民培育工程、农村青年创业致富"领头雁"计划、贫困村创业致富带头人培训工程，开展农村电子商务人才培训和农村妇女创业创新培训；明确鼓励各类培训资源参与返乡下乡人员培训，发挥好驻贫困村"第一书记"和驻村帮扶工作队的作用，帮助开展返乡下乡人员培训，建立各类专家对口联系制度对返乡下乡人员及时开展技术指导和跟踪服务。截至 2019 年 4 月初，甘肃省返乡创业试点地区返乡创业人员约 8.5 万人，带动就业近 26 万人，创办市场主体约 6.6 万户，创业人数和创办市场主体数年增幅均超 10%。

（三）推进贫困人口就业脱贫

甘肃省扎实推进精准扶贫劳动力培训和转移就业脱贫工作，突出建档立卡的贫困劳动力，聚焦深度贫困地区，积极构建省外输转与省内就地就近转移相衔接，培训鉴定、输转维权为一体的劳动力转移就业机制，努力帮助贫困家庭劳动力实现稳定就业、技能脱贫。2017 年，甘肃省精准扶贫劳动力培训 42.85 万人，其中建档立卡贫困劳动力 25.3 万人，共示范培训农村创业和技能带头人 4.67 万人，其中建档立卡劳动力 2.69 万人，输转建档立卡贫困劳动力 63.7 万人，基本实现应转尽转，创劳务收入 109.5 亿元。

实施"雨露计划"，紧盯甘肃省建档立卡贫困家庭新成长劳动力，坚持就业创业导向，提供政策资金支持，扶持农村贫困家庭新成长劳动力接受职业教育，较好地发挥了"雨露计划"助推精准扶贫的作用，2017 年甘肃省完成"雨露计划"培训 92087 人次，累计发放补助 1.12 亿元，基本实现了对有培训意愿的建档立卡户和特殊困难家庭的全覆盖。

设置生态护林员等乡村公益性岗位。2016 年 12 月，甘肃省林业厅等三部门联合印发《甘肃省建档立卡贫困人口生态护林员选聘实施细则（试行）》，强调开展建档立卡贫困人口生态护林员选聘工作。2017 年，甘肃省安排建档立卡贫困人口生态护林员 2.63 万人。2018 年 7 月，甘肃省人民政府办公厅制定印发《甘肃省脱贫攻坚就业扶贫三年行动计划（2018～2020 年）》，提出 2018～2020 年，在甘肃省深度贫困地区开发 7 万个乡村公益性岗位，通过乡村公益性岗位等就业扶贫方式取得的工资性收入支撑和带动贫困人口脱贫。截至 2018 年 9 月，甘肃省 15900 多个行政村全部设置了公益性岗位，达到 100%，共设置公益性岗位 105614 个，选聘的岗位人员达到 100%，岗位有卫生保洁员、道路养护员、巡河护水员、养老服务员、治安及设施管护员等，岗位通过申请、审核、考察、评定、公示等环节，主要由建档立卡贫困户、失地农民、农村零转移就业家庭中有劳动能力人员担任。2019 年 4 月，甘肃省公布《甘肃省 2019 年乡村振兴公益性岗位实施方案》，提出 2019 年在甘肃省建档立卡贫困人口中选聘生态护林员 4 万名，精准带动 4 万户建档立卡贫困家庭脱贫，在甘肃省 3720 个深度贫困村和"两州一县"其他村新开发 1 万个乡村公益性岗位。截至 2019 年 6 月底，甘肃省 2019 年计划的乡村振兴公益性岗位选聘目标任务已全部完成，已选聘生态护林员 4.07 万名，年补助 7000～8000 元，新开发 12259 个公益性岗位人员已全部完成培训并安排上岗，每人每月补助 500 元。

八　产权制度完善

（一）推动完成农村土地确权登记颁证

自从农业部开始开展土地承包经营权确权登记颁证试点工作以来，

2012 年金川区被列入第一批全国试点县，2013 年临夏县、宁县、麦积区、红古区 4 个县区被列为第二批全国试点县。2015 年 3 月，《甘肃省农村土地承包经营权确权登记颁证工作方案》（甘政办发〔2015〕27 号）决定将土地承包经营权确权登记颁证试点工作在甘肃省全覆盖，在临夏县、金川区、金塔县 3 个县区整县推进试点，肃州区等 28 个县（市、区）整乡试点，其余 55 个县（市、区）各选 1 个村进行整村试点。近年来，甘肃在基本完成所有乡镇村权属调查和登记颁证工作的基础上，做好农村土地承包经营权确权登记颁证收尾工作，确保农村土地承包经营权证书发放到户。此外，甘肃省积极推动农村宅基地和集体建设用地确权登记颁证工作，2016 年 9 月底已全面完成农村集体土地地籍测量和权属调查工作，在此基础上推进房地一体宅基地确权登记颁证工作。2019 年 2 月，甘肃省委、甘肃省人民政府发布的《关于坚持农业农村优先发展做好全省"三农"工作的实施意见》强调，要继续做好农村土地承包经营权确权登记颁证收尾工作，确保农村土地承包经营权证书发放到户，到 2020 年底前全面完成房地一体宅基地确权登记颁证工作。

（二）加快推进农村土地制度改革

2018 年 2 月，甘肃省委办公厅、省政府办公厅印发《关于完善农村土地所有权承包权经营权分置办法的实施意见》，拉开了甘肃省农村土地"三权分置"的改革大幕。2019 年 2 月，甘肃省委、甘肃省人民政府发布的《关于坚持农业农村优先发展做好全省"三农"工作的实施意见》提出，以土地制度改革为牵引，完善产权制度和要素市场化配置，强调要加快深化农村土地制度改革，要求进一步完善"三权分置"办法，落实集体所有权、稳定农户承包权、放活土地经营权，同时明确进一步深化陇西县改革试点，适时推进农村土地征收制度改革和农村集体经营性建设用地入市改革，加快建立城乡统一的建设用地市场，稳慎推进农村宅基地制度改革。

（三）深入推进农村集体产权制度改革

2017 年 5 月，中共甘肃省委、甘肃省人民政府制定印发《中共甘肃省

委　甘肃省人民政府关于稳步推进农村集体产权制度改革的实施意见》，启动了甘肃省农村集体产权制度改革工作，部署安排开展集体资产清产核资、开展集体经营性资产股份合作制改革，明确提出用 3 年左右时间基本完成农村集体资产清产核资工作，用 5 年时间做好农村集体经营性资产股份合作制改革任务。2017 年 6 月，甘肃省农牧厅印发《关于贯彻落实〈中共甘肃省委　甘肃省人民政府关于稳步推进农村集体产权制度改革的实施意见〉的通知》，要求省内各级农业部门认真贯彻落实、深刻领会改革精神，全面开展集体资产清产核资工作，坚持试点先行、稳妥推进农村经营性资产股份合作制改革。

（四）积极开展农村水权水价改革

在试点推进基础上，甘肃省农村水权水价改革走在全国前列。早在 2011 年 12 月，甘肃省就被水利部确定为全国加快实施最严格水资源管理制度 4 个试点之一，甘肃省制定印发了《甘肃省加快实施最严格水资源管理制度试点方案》，确定了六大任务 70 项具体内容，在水权改革方面建立了覆盖全省各市（州）和县（区、市）总量控制指标体系，完成了全省各市（州）和县（区、市）的初始水权分配，并建立实施了取水许可审批管理和水资源有偿使用制度，探索开展了跨地区的水权交易。2013 年 9 月，水利部确定甘肃省武都区、白银区、凉州区为小型农田水利设施产权制度改革试点区；2014 年 3 月水利部又确定山丹县为全国小型农村水利工程产权制度改革试点县，随后甘肃省制定实施了《甘肃省小型水利工程产权制度改革暂行办法》，各个试点区制定实施了相应的改革试点方案，试点地区围绕建管一体化综合推进水权、水价、产权等改革，通过改革明晰了农村小型水利工程产权，落实了农村小型水利工程管护主体和管护责任。2014 年 8 月，水利部将甘肃省列为全国水权改革的 7 个试点省份之一，确定在疏勒河流域的玉门市和瓜州县开展水资源确权登记和水权交易试点。甘肃省随之成立了疏勒河流域水权试点领导小组，出台实施了试点方案和《疏勒河流域水权交易管理试行办法》，以水权分配、水权交易为核心同步推进水价改革和参与式灌溉管理改革。2014 年 10 月，甘肃省凉州区、民勤县、民乐县、高台县、白银区被四部委确定为全国农业水价综合改革试点县区，5 县区制定实施了试点改革方案，把水价机制与水权分配、产权改革、协会发展、奖补机制、工程配套等相结合。2016 年 8 月，甘肃省在总结 5 个国家级试点经验基础上制定印发《甘肃省推进农业水价综合改革实施方案》，部署在全省开展农业水权水价综合改革，明确河西灌溉农业区用 5 年时间、中部提水灌区用 7 年时间、东南部补充灌溉区用 10 年时间基本达到农业水权水价综合改革目标，随之全省 14 个市（州）政府均制定印发了推进农业水权水价综合改革的实施方案。目前，全省已经初步形成了以水权改革奠基础、以水价改革增动力的农业水权水价改革格局。

九 要素市场建设

（一）推进农村产权交易市场建设

近年来，甘肃省积极推进农村产权流转交易体系建设，2014 年，在陇西县开展了农村土地流转公开交易市场建设试点，在凉州区、敦煌市、山丹县、麦积区等 4 县（市、区）开展了农村土地承包经营权入股试点。2015 年 8 月，甘肃省人民政府办公厅制定印发《关于引导农村产权流转交易市场健康发展的实施意见》，要求 2015 年每个市（州）至少选择 1 个县建立农村产权流转交易市场，提出到 2017 年甘肃省有需求有条件的县（市、区）都要建立起农村产权流转交易市场，形成功能完备、运行规范、流转顺畅、监管有力的农村产权流转市场交易体系。截至 2017 年 12 月，甘肃省已共建立农村产权流转交易市场 29 个，累计完成交易量 12418 宗 13 亿元；甘肃省土地流转面积达到 1198.2 万亩，流转率达到 24.6%，较 2012 年提高 13.8 个百分点。

（二）推进农村金融服务市场建设

着力降低农村融资成本，基本实现建制村金融便民服务网点全覆盖。甘肃省积极创新农村金融服务，探索实行草食畜牧业和设施蔬菜产业发展贴息贷款，仅 2017 年省级财政贴息近 20 亿元、撬动社会资本投入近 400

亿元；积极争取中央财政资金拓宽甘肃保费补贴险种，扩大农业保险险种和覆盖面，累计提供农业风险保障近 700 亿元，承担社会风险保障 128.5 亿元，参保农户 153.8 万户；注资 10 亿元筹备成立了甘肃农业信贷担保公司，建立了政银担合作框架。积极开展农村金融综合服务室（"农金室"）建设，2019 年 2 月，甘肃省人民政府办公厅印发《关于推进全省农村金融综合服务室建设运行的实施意见》，全面加快农村金融综合服务室建设步伐，打通农村金融服务"最后一公里"，进一步提升农村基础金融服务能力和水平。按照"一村一室、集中统一、综合服务"的原则和因地制宜、"多村一室"的建设模式，甘肃省可建应建"农金室"15788 个。截至 2019 年 3 月，逾 1.5 万个农村金融综合服务室全部建成运行，1049 个乡镇设立了农金站，占甘肃省乡镇数量的 85%。

十 居民收入增加

近年来，甘肃着力在四个方面下功夫促进农民增收：一是在挖掘家庭经营增收潜力上下功夫，推进农业的专业化、规模化、标准化、集约化，拉长产业链条，让农民分享加工、营销方面的收益，同时大力发展休闲农业、乡村旅游、电子商务等新兴业态，让产业融合发展成为农民增收的重要支撑；二是在提升工资性收入上下功夫，鼓励支持一些曾经进城务工的人员和大中专毕业生，返乡就近就业创业，带动更多的农民一起致富；三是拓宽财产性收入，推动"资源变股权、资金变股金、农民变股东"，让土地、林权和农业设施等资源变成增加农民收入的活资产；四是在落实转移性收入上下功夫，切实把国家的强农惠农富农政策真正落实到农户。2017 年 2 月 20 日，甘肃省人民政府办公厅发布《关于落实和完善支农政策促进农民持续增收的实施意见》，提出以拓展新渠道、挖掘新潜力、培育新动能为重点，着力挖掘经营性收入增长潜力，稳住工资性收入增长势头，释放财产性收入增长红利，拓展转移性收入增长空间，确保农民收入持续较快增长。

2017 年，甘肃省农村居民人均可支配收入为 8076.1 元，比上年增长 8.3%，增速比上年提高 0.8 个百分点，高于城镇居民收入增速 0.2 个百分点。其中，工资性收入、经营净收入、财产净收入和转移净收入分别增长 7.1%、9.0%、10.8% 和 8.2%。四项收入全面增长，经营净收入增长贡献率最大。从结构上看，甘肃省农村居民经营净收入占比最大，达到 44.0%，对人均可支配收入增长的贡献率达到 47.6%，拉动人均可支配收入增长 4.0 个百分点。工资性收入增长拉动人均可支配收入增长 2.0 个百分点，转移净收入增长拉动人均可支配收入增长 2.1 个百分点。另据统计，2018 年甘肃省建档立卡贫困人口人均可支配收入由上年的 4800 元增加到 5390 元，增长 12.3%。

第二节　社会发展举措

一　扶贫脱贫

近年来，甘肃省紧盯"两不愁三保障"目标和深度贫困地区，全面夯实精准帮扶、产业扶贫、各方责任、基层队伍、工作作风"五个基础"，举甘肃省之力打好精准脱贫攻坚战，取得显著成效。2017 年，全年减少贫困人口 67 万人，全省建档立卡贫困人口由 2016 年底的 256 万人减少到 189 万人，贫困发生率由 12.97% 下降至 9.6%，有 6 个片区贫困县、12 个插花型贫困县达到脱贫摘帽标准。截至 2018 年末，全省农村贫困人口减少到 111 万人，比上年末减少 77.6 万人；农村贫困发生率比上年下降 4.0 个百分点，降低至 5.6%；有 18 个县正式退出贫困序列，贫困县从 75 个减少到 57 个，另有 18 个县（片区县 14 个、插花县 4 个）达到脱贫摘帽标准；全省建档立卡贫困人口人均可支配收入由上年的 4800 元增加到 5390 元，增长 12.3%。其中，"两州一县"减贫 13.17 万人，贫困人口减少到 18.83 万人，贫困发生率由上年的 12.57% 下降到 7.4%。截至 2018 年底，甘肃省累计减贫 581 万人，75 个贫困县中有 36 个实现脱贫摘帽、3476 个村退出贫困序列，朝着全面小康目标迈出了一大步。

（一）完善扶贫脱贫政策措施

甘肃省出台了一系列政策性文件，建立了一套完整的扶贫脱贫政策体系，严把精准识别、脱贫核查、数据比对三道关口，健全完善识贫定贫校贫机制，不断夯实脱贫攻坚基础；制定《甘肃省贫困退出验收办法》，按照"十不算""十不脱"的标准要求，严把退出时序、退出标准、退出程序、核查比对、评估检查等贫困退出"五个关口"，印发贫困县摘帽退出指导时序和减贫人口指导计划；靠实市县乡村四级在脱贫验收中的责任，构建起了层层负责的脱贫验收责任体系；严格落实脱贫攻坚责任，靠实了横向到边、纵向到底、条块结合、省级领导统筹的责任体系；聚焦"两州一县"、18个深度贫困县区、40个深度贫困乡镇和3720个深度贫困村，制定《甘肃省深度贫困地区脱贫攻坚实施方案》，编制了《甘肃省"两州一县"脱贫攻坚实施方案》，协调推进产业扶贫、技能提升培训、教育扶贫、健康扶贫、安居扶贫等"十大行动"；做到"户户有帮扶"，出台《关于调整加强全省脱贫攻坚帮扶工作力量的意见》《关于进一步加强脱贫攻坚帮扶工作管理的若干意见》，实现9588个帮扶单位、22.28万名帮扶干部结对帮扶6222个贫困村、58.78万户贫困户；全面推行"一户一策"，40多万干部进村入户，帮助65万户261万贫困人口（含已脱贫巩固提升户17万户72万人）制定精准脱贫计划。

（二）持续加大财政扶贫资金投入

据统计，2017年甘肃省安排财政专项扶贫资金90.65亿元，其中中央下达71.83亿元，省级配套18.82亿元；中央和省级财政专项扶贫资金到县资金中92.8%用于58个片区县，其中"两州一县"占到24%；统筹省级部分资金3.45亿元，安排23个深度贫困县各1500万元；稳步推进世界银行项目，完成投资7906万元，其中世界银行贷款4652万元。2018年，甘肃省安排财政专项扶贫资金173.3亿元，其中省级资金46.2亿元，比上年增长145%；投入深度贫困地区财政专项扶贫资金106.9亿元，占甘肃省的61.7%；整合省直13个部门管理的中央20项、省级14项涉农专项资金175亿元，安排一般债券额度115亿元，所有财政专项扶贫资金和70%以上的整合涉农资金主要用于到户扶持；加大金融支持力度，累计发放精准扶贫专项贷款437.57亿元，惠及贫困人口96.8万户398.8万人；通过财政注入和企业、金融机构参股，全省总担保规模达到 120 亿元，排名全国第二；东部协作 4 市支持甘肃省帮扶财政资金 19.78 亿元，是上年的近 4 倍；33 家中央单位投入帮扶资金 3.91 亿元，实施帮扶项目 293 个，帮助引进项目 118 个、投资 39.76 亿元。

（三）坚持把产业扶贫作为根本之策

甘肃省坚持把产业扶贫作为脱贫攻坚的根本之策，着力健全生产组织、投入保障、产销对接、风险防范"四大体系"；制定出台"牛羊菜果薯药"六大特色产业精准扶贫三年行动方案。2018 年，甘肃省采取轻资产引进、混合型自建的办法，引进北京德青源、陕西海升、广药集团、福建圣农等一批大型龙头企业，贫困地区新增龙头企业 291 家，累计达到 1781 家，基本实现了每个贫困县特色优势产业至少组建 1 个带贫能力强、辐射面广的龙头企业；新建农民专业合作社 2862 个，实现每个贫困村 2 个以上合作社全覆盖，"庄浪模式"获全国脱贫攻坚组织创新奖；强化资金投入体系，设立实施 1000 亿元特色产业发展工程贷款、500 亿元产业发展投资基金和 500 亿元农产品收购贷款，同时整合 119.11 亿元涉农资金，按照人均 5000 元、户均 2 万元、每户最多不超过 3 万元的原则，用于到户到人的产业增收项目，特色产业贷款累计发放 286.5 亿元；在贫困地区大力推进"三变"改革，消除 3594 个村级集体经济"空壳村"，村均集体经济收益达到 2.03 万元；建立产销对接体系，成立由 200 多家省内外会员企业参与的省农业扶贫产业产销协会，举办农产品产销对接活动和贸易洽谈会，推动甘肃特色优质农产品走进京津冀、长三角、粤港澳、成渝地区、东西部扶贫协作区等全国大市场，并支持贫困地区建成果蔬保鲜库 701 座、新增储藏能力 26.3 万吨；构建保险保本垫底、入股分红保底、公益岗位托底、低保政策兜底的"3＋1"保险保障体系，新增 6 个省级补贴险种，实现农业保险对有需求的建档立卡贫困户、所有种养产业及自然灾害和市场波动"两个风险"的全覆盖；组织开展了贫困村干部、村级防疫员、合作社带头人、新型职业农民、贫困户一户一个"科技明白人"等全方位的培训，全年全省培训农业技术人员 6000 多人，培训深度贫困村干部 1.49 万人，完成建档立卡贫困户特色产业示范培训 6423 人、一户一个"科技明白人"培训 12.8 万人，培训新型职业农民 3.57 万人，开展精准扶贫劳动力培训 41.5 万人；建立产业扶贫专责组，实行了厅级领导包抓市（州）、县处级干部包抓县（市、区）的产业包抓督导贫困县责任制，抽调 290 名干部组建了 58 个贫困县包抓督导工作队，组织开展 6 轮督导检查，宣传政策、推广技术，督促指导、传导压力，考核考评、促进工作；开发乡村公益性岗位 3.7 万个；兴办扶贫车间 754 个，吸纳就业 4.92 万人，其中贫困人口 1.62 万人；实现光伏扶贫村级电站建成并网 30.54 万千瓦。2018 年，全省依靠产业脱贫的农户 15.54 万户、脱贫人口 64.89 万人，占到全省总脱贫人口的 80%。

（四）不断推进行业扶贫

教育扶贫。2017 年，甘肃省按照"一户一对策""一人一办法"的原则，对所有建档立卡贫困家庭义务教育适龄学生精准建档、动态监测，实现全省 2017 年拟脱贫人口中义务教育适龄人口无一人辍学的目标，与教育部、国务院扶贫办共建全国唯一的教育精准扶贫国家级示范区。2018 年，甘肃省贫困地区学前三年毛入学率达到 87%，九年义务教育巩固率达到 93%，建立五级联动控辍保学机制，劝返建档立卡贫困家庭义务教育阶段学生 9352 人，劝返率达到 99.93%。

医疗扶贫。2017 年，甘肃省提高了建档立卡贫困人口基本医保报销比例，在 2016 年提高 5% 的基础上，对全部参合对象再提高 5%，将贫困人口大病保险起付线由 5000 元降低至 3000 元，并对甘肃省患有 50 种大病的贫困户建立台账，集中救治 5.3 万人次，占应救治人口的 81%；建立医疗费用兜底保障制度，对建档立卡贫困人口住院费用经基本医保、大病保险、大病保险再报销后，个人负担的合规医疗费用年累计超过 3000 元的部分，通过医疗救助全部解决，全省共有 2338 名重病患者享受兜底保障政策。2018 年，99.8% 的贫困村建起了村卫生室，贫困人口合规住院医疗费用报销比例达到 85%。

危房改造扶贫。2017 年，10.8 万户年度危改计划全部完成，基本消除农村 D 级危房。2018 年，甘肃省组织开展了全省农村危房"拉网式"排查鉴定，完成农村危房改造 7.9 万户；加大对特困户的支持力度，户均补助标准从 1.15 万元提高到 2 万~2.5 万元，对没有能力建房的特困户，采取房屋置换、长期租赁和兜底统建等方式进行托底保障，想方设法让贫困群众住上安全房。

易地搬迁扶贫。2017 年，甘肃省实施易地扶贫搬迁 23.8 万人，其中建档立卡贫困人口 18 万人，已开工建设住房 4.94 万套，竣工 2.55 万套，搬迁入住 6.42 万人。2018 年，实施建档立卡贫困人口易地扶贫搬迁 15.9 万人，完成易地搬迁住房建设 2.2 万套，竣工率 61.3%，搬迁入住 6.28 万人；完成住房主体建设 3.3 万套，完工率 91.6%。

社保扶贫。2017 年，甘肃省制定出台《甘肃省贫困残疾人脱贫攻坚行动计划》，将甘肃省农村低保指导标准提高到 3500 元（提高 135.2%），农村低保一、二类对象年补助水平分别提高到 3500 元、3300 元，农村特困救助供养人员集中、分散供养年保障标准分别提高到 6020 元、4855 元以上。全省 111.1 万名农村完全或部分丧失劳动能力的低保对象和农村特困救助供养人员实现了应保尽保。

水电扶贫。2018 年，甘肃省建成农村饮水安全巩固提升集中供水工程 839 处、分散工程 9026 处，受益人口 382 万人，农村自来水普及率达到 88%；贫困地区自然村通动力电实现全覆盖，98% 以上的行政村开通光纤宽带。

（五）大力推进社会扶贫

深化东西协作。2017 年，甘肃省与东部协作省（市）开展业务主管部门、行业部门、县区三个层面的交流互访 2257 人次，同扶贫协作地区召开联席会议 82 次；天津市 16 个区与甘肃省 25 个贫困县全部签订了对口帮扶框架协议，58 个贫困县与东部发达地区的 39 个县（市、区）确立了"携手奔小康"结对关系；天津市共安排帮扶资金 1.95 亿元，其中东西部扶贫协作资金 1.24 亿元、援助藏区资金 7052 万元，厦门市安排临夏州东西协作资金 1.65 亿元，青岛市区安排陇南市东西协作资金 9600 万元，福州市安排定西市东西协作资金 1.15 亿元。2018 年，甘肃省制定《东西部扶贫协作三年行动计划》，省委、省政府主要领导带队赴对口帮扶省（市）进行协商对接，签署《2018 年东西部扶贫协作协议》，天津、福州、厦门、青岛 4 市投入甘肃省财政帮扶资金 19.78 亿元，是 2017 年的 4 倍；引导121 家龙头企业实施产业扶贫项目，帮助 1.95 万名贫困劳动力实现就业；深入开展"携手奔小康"行动，东部 4 市所属县区对甘肃省 58 个贫困县实现帮扶全覆盖，双方共选派 369 名干部交流挂职，所属乡镇、街道社区与甘肃省贫困村、学校、医院、企业广泛建立结对帮扶关系。

主动对接中央单位定点帮扶。2017 年，甘肃省出台《关于进一步做好中央定点扶贫对接服务工作的实施意见》，全年中央国家机关共赴定点扶贫县考察和调研 1356 人次，33 家中央单位全年投入帮扶资金 2.92 亿元，实施帮扶项目 274 个，引进各类资金 29.53 亿元，引进项目 92 个，使 5.54万建档立卡贫困人口直接受益，帮助 2 万多人脱贫。2018 年，33 家中央单位共投入帮扶资金 3.91 亿元，实施帮扶项目 293 个，帮助引进资金规模达39.76 亿元、项目 118 个，已落实资金 16.05 亿元。

积极开展"千企帮千村"精准扶贫行动。2017 年，甘肃省动员 1201家企业与 1413 个贫困村建立结对帮扶关系，实施帮扶项目 2597 个，投入资金 14.91 亿元，帮扶贫困人口 23.1 万人，帮助 9685 人稳定脱贫。2018年，组织 1587 家企业结对帮扶全省 2357 个贫困村，投入资金 36.77 亿元，帮扶贫困人口 38.38 万人。

动员社会组织广泛参与脱贫攻坚。2018 年，全省 189 家社会组织累计投入资金 6620.05 万元，帮扶 75 个贫困村，惠及贫困人口 18.95 万人。

二 新型城镇化

近年来，甘肃省稳步推进新型城镇化工作。2014 年 5 月，甘肃省人民政府印发《关于做好新型城镇化试点工作的指导意见》，决定从 2014 年到2016 年底，利用 3 年时间，在甘肃省 15 个县（市、区）和 30 个建制镇开展新型城镇化试点工作，其中 2014 年打好基础全面推进、2015 年分类指导初见成效、2016 年交流提升考核评比。同月，甘肃省人民政府印发《甘肃省新型城镇化规划（2014～2020年)》，提出到2020年，努力实现350万左右农业转移人口在城镇落户；明确以城镇产业发展和就业转移为支撑，着力做好甘肃省当前正处于半城镇化状态的130万农村转移人口及随迁家属的落户工作。2015年，甘肃省又先后制定实施了《贯彻落实国家新型城镇化指导意见加快推进"三个1亿人"城镇化的实施意见》《落实〈甘肃省新型城镇化规划（2014～2020年)〉主要目标和重点任务的分工方案》《2015年甘肃省推进新型城镇化工作重点》等一系列政策文件。2016年12月，甘肃省政府办公厅制定下发《甘肃省人民政府关于实施支持农业转移人口市民化若干财政政策的通知》，提出了农业转移人口市民化的十二大政策，包括保障农业转移人口子女平等享有受教育权利、实施统一的城乡居民基本医疗保险和救助制度、实施统一的城乡居民基本养老保险制度、建立健全城乡社会保障体系、加大对农业转移人口就业的支持力度、将进城落户农民纳入城镇住房保障体系、建立农业转移人口市民化奖励机制、均衡性转移支付适当考虑为持有居住证人口提供基本公共服务增支因素、县级基本财力保障机制考虑持有居住证人口因素、支持提升城市功能增强城市承载能力、建立进城落户农民"三权"维护和自愿有偿退出机制、加大对农业转移人口市民化的财政支持力度并建立动态调整机制。甘肃省户籍人口城镇化率逐年提高，截至2017年末，全省户籍人口城镇化率达到35.62%，比上年新增户籍城镇人口38.95万人。

三 公共设施改善

（一）积极推进农村公共设施建设

甘肃省积极实施农村畅通工程、安全饮水工程、危旧房改造、农电线路改造、乡村舞台建设、农家书屋建设等项目，农村路、水、电、房等基础设施得到进一步完善。2018年起，甘肃省联合国家开发银行甘肃省分行、省农村信用社、甘肃银行、兰州银行4家金融机构，3年安排贷款1000亿元，专门用于农村基础设施和公共服务设施建设；推进贫困村基础设施整体提升工程，截至2018年底，建成农村饮水安全巩固提升集中供水工程 839 处、分散工程 9026 处,受益人口 90 万户 382 万人,贫困地区农村集中供水率和自来水普及率分别达到 91% 和 88%;贫困地区自然村通动力电实现全覆盖,98% 以上的行政村开通光纤宽带;贫困地区全年新建农村公路 10036 公里(含整治"畅返不畅"农村公路 3706 公里),除 6 个向交通运输部报备的不具备通硬化路的建制村外,全面实现建制村通硬化路的目标;贫困村对应的自然村实现动力电全覆盖。

2018 年 12 月,甘肃省政府办公厅专门印发《关于贯彻国务院部署保持基础设施领域补短板力度的实施方案》,明确深入实施以工代赈,以工代赈资金重点向"两州一县"和 18 个省定深度贫困县倾斜,大力推广自建、自管、自营等以工代赈方式;强调紧盯"两不愁、三保障",全力推进水、电、路、气、邮、广播电视等基础设施建设,夯实脱贫攻坚基础;要求着力推进集中连片特困地区通建制村硬化路、乡村旅游公路等农村扶贫公路项目建设,继续实施好新一轮农村电网改造升级工程、重点做好贫困地区和藏区等少数民族地区农网建设。

(二)推行村级公益性设施共管共享

自 2018 年 6 月以来,甘肃在全国率先开展和全面推行村级公益性设施共管共享。2018 年 6 月 6 日,省委省政府召开甘肃省农村村级公益性设施共管共享工作启动的省市县乡四级视频会,安排部署和启动实施农村村级公益性设施共管共享工作;随后,制定下发了《甘肃省农村村级公益性设施共管共享工作管理办法(试行)》,规定以行政村为单位组建村级公益性设施共管共享理事会,设立理事长、副理事长各 1 名,理事一般不少于 5 人,每届任期 3 ~ 5 年;以行政村为单位设置公益性岗位,省定 3720 个深度贫困村及"两州一县"1482 个其他村按《2018 年开发乡村振兴公益性岗位实施细则》执行,甘肃省其他行政村每个村设置 4 ~ 6 个岗位,公益性岗位人员主要职责是管护村组道路、村内巷道、产业路、给排水设施、绿化带、村级阵地、文化广场、乡村舞台、农家书屋、健身器械、路灯、公厕、垃圾池(箱)等村级公益性设施。2019 年 2 月,甘肃省委、甘肃省人民政府制定印发《关于坚持农业农村优先发展做好全省"三农"工作的实施意见》，明确全面落实开展农村村级公益性设施共管共享的部署要求，健全完善村庄基础设施建管长效机制，要求甘肃省所有行政村要组建村级公益性设施共管共享理事会、设立管护基金、开发公益性岗位，强调建立健全分级负责、高效运行、督导有力的村级公益性设施共管共享工作考核机制，做到管护有制度、维护有资金、看护有人员，让农民群众重管护、用得上、长受益。

四 移风易俗

近年来，甘肃省针对社会不良习气，积极推进移风易俗工作。早在2015 年，庆阳市等就针对农村婚嫁彩礼动辄十万多元、个别甚至二三十万元的现象，在全市农村开展"抵制天价彩礼、倡导移风易俗、树立文明乡风"活动，引导农民群众改变相互攀比、铺张浪费、迷恋旧俗等不文明风气。2017 年 5 月 7 日，由团甘肃陇南市委、团青岛市委联合主办，首届移风易俗大型集体婚礼在礼县、西和县分别举行，以"向高价彩礼说不"为主题，引导全社会特别是广大农村青年树立婚嫁新风。2017 年 6 月，甘肃省委宣传部和省社科联在甘肃省范围内启动实施"精神扶贫工程"，引导践行社会主义核心价值观，倡导农村移风易俗，开展文化科技卫生"三下乡"、送图书送作品等活动。2018 年 6 月，甘肃省委办公厅、省政府办公厅制定印发《甘肃省治理高价彩礼推动移风易俗的指导意见》，要求各级党委政府、各部门各单位广泛深入开展治理高价彩礼、推动移风易俗专项行动，努力形成文明婚嫁新风尚；强调以县（市、区）为基本治理单元，将婚嫁彩礼"限高"作为治理工作的突破口和着力点，明确规定县域内婚嫁彩礼、礼金、酒宴等最高限额并逐步加严；明令党员干部等"关键少数"要积极引导家庭成员、直系亲属自觉抵制高价彩礼、反对陈规陋习，禁止党员干部等"关键少数"干涉婚姻自由、索要高价彩礼、大操大办、炫富比阔、铺张浪费等行为；鼓励发动群众全民参与制定村规民约，把反对高价彩礼、反对婚丧事大操大办、反对铺张浪费行为等作为重要内容。2018 年 7 月 10 日，甘肃省治理高价彩礼推动移风易俗视频会议在兰州召开，安排部署甘肃省治理高价彩礼推动移风易俗工作，庆阳市、平凉市、白银市、临夏州分管领导分别介绍当地经验做法：在庆阳市，宁县焦村镇任村明确规定，彩礼应控制在 10 万元左右，宴席控制在 20 桌以内，饭菜标准在 350 元以下，礼金在 50 元以内，群众可以免费使用本村红白礼仪大厅；平凉市指导各村修订村规民约，组建红白理事会 964 个，占全市行政村和社区总数的 63%，其中建立市级"移风易俗示范村"50 个；白银市加强职业婚介机构管理，依法严厉打击职业婚介机构和从业人员哄抬彩礼、索要高额佣金和买卖婚姻等违法行为，鼓励新人举办集体婚礼、旅行婚礼等新式婚礼，引导形成婚事简办的新婚俗；临夏州坚持以党员示范引领移风易俗，充分发挥党员干部、"两代表一委员"和行使公权力人员的"关键少数"作用。2019 年 6 月，甘肃省民政厅等 7 部门联合出台《关于做好村规民约和居民公约工作的实施意见》，指出到 2020 年甘肃省所有村要普遍制定或修订形成务实管用的村规民约；明确村规民约一般应包括规范日常行为、维护公共秩序、保障群众权益、调解群众纠纷、引导民风民俗 5 个方面内容；强调村规民约要针对滥办酒席、天价彩礼、薄养厚葬、攀比炫富、铺张浪费、"等靠要"、懒汉行为、家庭暴力、拒绝赡养老人、侵犯妇女合法权益以及涉黑涉恶、"黄赌毒"等突出问题进行抵制和约束。

五 基层组织建设

（一）开展软弱涣散基层党组织整顿活动

近年来，甘肃不少地区积极开展软弱涣散基层党组织整顿活动，把整顿软弱涣散基层党组织作为夯实基层战斗堡垒和"不忘初心、牢记使命"主题教育的重要内容，把准基层党组织软弱涣散集中整顿的"脉搏"，瞄准"短板"和"硬伤"，聚焦软弱涣散基层党组织整顿"重点、难点、要点、基点"，推行"一村一策"工作机制，做到精准确定整顿对象、精准甄别存在问题、精准制定整顿措施、精准巩固整顿成效，立足治"软"调书记配班子、治"弱"抓培训创载体、治"散"抓运行立规范、治"乱"建制度严管理，确保软弱涣散基层党组织整顿提升有目标、整改落实有方向、转化提升有成效。特别地，甘肃把整顿软弱涣散基层党组织同扫黑除恶紧密结合起来，坚持边打边治边建，努力把基层党组织建设好、作用发挥好，为铲除黑恶势力滋生土壤，营造公平公正、和谐安定的社会环境提供坚实的组织保证。

2018 年，甘肃省组织部门对排摸出的 2032 个软弱涣散农村基层党组织进行了集中整顿，整顿村班子 1051 个，调整撤换村党组织书记 507 人，对涉黑涉恶的 8 名村党组织书记依法免去职务，移交司法机关处理；对甘肃省 10.17 万名村"两委"成员进行了资格联审，清理涉刑、涉黑、涉恶、违纪违法及有前科劣迹等不符合任职资格的村"两委"成员 266 名。2019 年 12 月 3 日，甘肃省委组织部发布《甘肃省 2019 年公开选聘行政村专职党组织书记公告》，指出为了全面加强农村基层党组织建设，切实解决贫困地区村党组织书记文化程度低、工作能力弱、选拔任用难和一些村党组织软弱涣散等问题，决定在甘肃省开展行政村党组织书记专职化试点工作，公开选聘一批综合素质好、热爱农村工作的优秀大学毕业生，入编为乡镇事业干部，专职担任软弱涣散村和无合适党组织书记人选村的党组织书记。

（二）推进村党组织书记和村委会主任"一肩挑"

近年来，甘肃不少地区深入推进村党组织书记和村委会主任"一肩挑"工作，由此切实加强农村基层组织建设，进一步提升村级组织力，优化村干部队伍。临夏州制定印发《村党组织书记村委会主任"一肩挑"工作实施方案》，从重大意义、工作依据、工作目标、工作原则、工作方式、实施步骤等多方面对"一肩挑"工作提出明确要求、做出部署安排。酒泉市采取"四个一批"方式，即严格联审把关清理劝退一批、出台政策意见转任安置一批、集中摸底排查调整撤换一批、公开选拔招聘培养储备一批，稳妥有序推进村党组织书记和村委会主任"一肩挑"。截至 2019 年 11 月，临夏州共清理村"两委"成员 252 人（其中村党组织书记 19 人、村委会主任 37 人），调整撤换不胜任不尽职村党组织书记 12 人，公开选拔招聘 100 名村党组织书记后备干部，314 个村顺利实现了"一肩挑"，占村总数的 72.18%。会宁县坚持把推进村党组织书记和村委会主任"一肩挑"

作为党支部建设标准化的重要内容，按照严把关口选对人、多管齐下活用人、建章立制管好人的思路，扎实推进"一肩挑"工作，不断加强基层"领头雁"队伍建设。截至 2019 年 11 月，会宁县全县 284 个村已实行"一肩挑"的村有 124 个，其中贫困村 48 个、软弱涣散村 13 个；全县 124 个"一肩挑"人员平均年龄 42.5 岁，高中及以上学历 91 人，占比达到 73.4%，其中大专及以上学历 45 人，到村任职时间均在 4 年以上，整体上呈现年龄结构合理、文化水平高、工作经验丰富的特点。

第三节　生态环境保护举措

一　人居环境改善

自 2013 年以来，甘肃省积极推动农村人居环境改善。2013 年 12 月，借鉴浙江省村庄建设"千村美丽、万村整洁"模式并结合甘肃省村庄建设基础薄弱的现状，甘肃省委、甘肃省人民政府制定《关于改善农村人居环境的行动计划》，推出"千村美丽、万村整洁、水路房全覆盖"模式，分三个层次进行建设。第一个层次，行政村实现以道路安全、饮水安全、危房改造为重点的基础设施建设；第二个层次，万村整洁工程治理，包括以脏乱差治理、人畜分离、垃圾污水处理、村庄绿化为重点的环境治理，环境整洁重点村优先选择近城、近景区、近交通干线的村庄；第三个层次，开展"千村美丽"示范工程建设，考核标准包括公共服务、村容村貌、田园风光、生活水平四项内容。2016 年 2 月，甘肃省委、省政府制定出台《关于落实发展新理念加快推进农业现代化与全国一道实现全面小康目标的意见》，确定甘肃省每年新建 200 个省级美丽乡村示范村和 1500 个以上的环境整洁村，要求 2016 年全面完成陈年生活垃圾清理，当年甘肃省村庄垃圾收集点覆盖率、收集车辆覆盖率和村庄生活垃圾彻底治理率均达到 60%。2017 年 9 月，甘肃省人大常委会制定颁布《甘肃省农村生活垃圾管理条例》，要求加强和规范农村生活垃圾管理，保护和改善农村人居环境。

在上述做法的基础上，甘肃省进一步安排推进甘肃省全域无垃圾行动，启动实施农村人居环境整治三年行动。2017 年 8 月，甘肃省政府办公厅制定印发《甘肃省全域无垃圾三年专项治理行动方案（2017～2020年)》，明确各市（州）2017年12月底前全面完成城乡陈年垃圾清理，2018年12月底前村庄建立起或集中或分散的污水处理系统，2019年6月底前甘肃省所有乡镇垃圾转运场（站）、村庄垃圾收集点、收集车辆、无害化处理设施覆盖率均达到100%，2020年底前做到视野之内（村镇周边、交通沿线、景区周围）无垃圾。2018年6月，甘肃省委办公厅、省政府办公厅制定出台《甘肃省农村人居环境整治三年行动实施方案》，部署安排从2018年始，开展农村人居环境整治三年行动，以农村垃圾、污水处理和村容村貌提升为主攻方向，加快补齐农村人居环境突出短板；要求通过三年努力，实现甘肃省乡镇生活垃圾收集转运处理设施100%全覆盖，90%以上的村庄生活垃圾得到有效治理，乡镇、建制村公厕覆盖率达到100%，农村卫生厕所普及率达到70%。2019年1月，甘肃省在兰州召开省委农村工作会议暨深入学习浙江"千万工程"经验全面扎实推进农村人居环境整治工作会议，部署安排深入学习浙江"千村示范、万村整治"工程（简称"千万工程"）经验，强调全力抓好农村厕所革命、农村垃圾革命和农村风貌革命"三大革命"；抓好农村厕所革命，力争2019年改建户用卫生厕所50万户以上，到2020年甘肃省农村户用卫生厕所普及率达到50%左右；抓好农村垃圾革命，到2020年甘肃省乡镇生活垃圾收集转运处理设施基本实现全覆盖，90%以上的村庄生活垃圾得到有效治理；抓好农村风貌革命，扎实推进村庄清洁行动，到2020年实现村庄内垃圾不乱堆乱放、污水不乱泼乱倒，粪污收集处理，杂物堆放整齐，房前屋后干净整洁，村庄环境干净整洁有序。根据2020年1月全省农业农村局长会议计划，2020年作为三年行动的最后一年，甘肃省将全力推进"三大革命"，有效实施"六大行动"，确保农村人居环境整治取得实效。其中，稳步推进农村厕所革命，2020年全省计划改造农村户用卫生厕所50万座，行政村卫生公厕基本实现全覆盖；全面推动农村风貌革命，持续推进村庄清洁行动，创建5000个"清洁村庄"、10个省级"村庄清洁行动先进县"。

据统计，截至2017年底，甘肃省共建成"万村整洁"村7209个，各级美丽乡村示范村2147个，农村人居环境显著改善。2018年，全省采取以奖代补、先建后补等方式，在 38 个条件较好的县（市、区）全面推进、在 29 个片区贫困县重点推进、在 20 个深度贫困县分阶段分批次试点推进厕所革命，全年建成农村户厕 39 万户、占比 7.9%，累计建成 60.98 万户、占比 12.38%；认真学习推广浙江"千万工程"经验，全省建成美丽乡村示范村 697 个，累计建成 2844 个。2019 年，甘肃省稳步推进农村厕所革命，在基础条件较好、群众改厕意愿较强的 2061 个村整村推进农村改厕，全省改建新建农村卫生户厕 55.73 万座，76.7% 的行政村建成卫生公厕，探索推广了防冻直通式、双瓮漏斗改良式、节水防冻三格式、生活污水一体处理式等 11 种适应不同区域、经济适用、适应"寒""旱"、群众接受的改厕做法和模式；统筹推进全域无垃圾专项治理行动和农村垃圾革命，加快推进农村生活垃圾收运体系和处理设施建设，实现了 95% 的行政村可以对生活垃圾进行收集、运输，80% 的行政村可以对生活垃圾进行处理；扎实开展农村风貌革命，全省 457 万人次参与到以"三清一改"为主要内容的村庄清洁行动，累计清理农村生活垃圾 178 万吨，依法清理烂房烂墙烂圈、废弃厂房棚舍 29 万处。

值得指出的是，甘肃省推进农村人居环境整治过程中涌现出了一批先进典型，各地总结了 12 种典型模式。一是"因村施策、久久为功"美化村庄的康县模式，康县把农村人居环境整治工作作为系统工程、民心工程，对全县 350 个村分步实施建设，着眼于从根本上改善群众最期盼的路、水、电、房等基础设施和污水、垃圾等环境综合治理，持续改善农村人居环境。二是"综合施策、全面整治"的清水模式，天水市清水县按照"改善群众生活条件为底线、整治村庄环境为重点、建设美丽宜居村庄为导向"的思路，围绕"厕所革命、垃圾革命、污水处理、危房拆除"等重点工作求突破，循序渐进改善农村人居环境。三是"巾帼行动、美丽庭院"的宕昌模式，宕昌县印发了《宕昌县巾帼共建美丽家园实施方案》，全方位推进巾帼共建美丽家园清洁行动，县妇联带领全县各级妇联组织和广大妇女群众以"巾帼共建美丽家园清洁行动"为切入点，凝聚巾帼力量，展现巾帼风采，在推进农村人居环境整治中发挥了"半边天"的作用。四是"小手拉大手"的龙泉寺模式，永登县龙泉寺镇按照"最清洁""清洁"

"不清洁"标准对农户家庭卫生进行评比公示,结合评比开展"小手拉大手,环境保护我参与"活动,每月在中小学做报告,向学生普及环保知识,再由学生向家长传递环保理念,提高群众的环保意识,有效助推了农村人居环境整治。五是"全域无垃圾"的甘南模式,甘南州制定了《全域无垃圾三年治理提升行动实施方案》及一系列配套制度和督导方法,颁布实施《甘南州城乡环境卫生综合治理条例》,推动全域无垃圾工作步入规范化、制度化、法治化轨道;将生态文明小康村建设作为农牧村环境整治的重要抓手,累计投入 90 亿元资金建成 1003 个生态文明小康村;深入开展"百日攻坚""三擦一清两统一""城乡环境综合整治"等专项行动,有效改善了农村人居环境。六是"突出'五改'"的临泽模式,临泽县坚持把"绿"和"水"作为最亮生态特色,把"净"和"美"作为城乡共同追求,大力实施住房改造、后院改庭院、改炕、改厕、改造闲滩空地工程的"五改"工作,认真组织开展农村人居环境整治,推动农村人居环境持续向好发展。七是"'八化'并举"的张掖模式,张掖市把农村人居环境整治作为乡村振兴的第一场硬仗,统筹推进农村人居环境整治,总结了厕所无害化、污水管网化、农民社区化、产业规模化、垃圾减量化、村庄整洁化、废物资源化、管理网格化的"八化"推进模式,努力解决影响农村人居环境的突出问题。八是"拆危治乱"的陇南模式,陇南市开展了拆危治乱攻坚行动,迅速掀起拆危治乱的热潮,截至 2019 年 5 月全市 9 县(市、区)199 个乡镇(街道)共拆除危旧房屋 35438 户、125235 间、196万多平方米,拆除残垣断壁 11584 处、17 万多米,清理垃圾 50425 吨,复垦植绿 2716 亩。九是"集中大会战"的积石山模式,积石山县于 2019 年3 月启动开展农村人居环境整治"百日大会战"专项行动,集中利用 100天时间,清理农户室内、院里院外、房前屋后垃圾,彻底整治农村"三烂""五堆"等脏乱差现象,从巷道硬化、庭院硬化、旱厕改造等到户项目入手,以点带面,着力打造一批乡村环境整治示范村,辐射带动周边村依次改造。十是"群众自主改厕"的民勤模式,民勤县农村改厕工作坚持以群众为主体,县上负责做好改厕规划和组织、把好厕具质量关和后续抽污车配备及管理服务工作,乡镇组织群众代表外出学习参观选择改厕模式，村干部、社长带头改厕示范，群众自主投工投劳修建；改建完毕经县城管局验收后将改厕补助打到群众的一卡通上，再由群众向企业支付厕具费用；农户、村集体、厕具企业三方签订协议，厕具企业负责厕具安装并提供两年内免费维修保障服务，确保层层有责任、质量有保证。十一是"精细化管理"的中梁模式，秦州区中梁镇分类实施厕所革命，按照"四有四无"的标准进行改造，即有墙、有顶、有池、有盖，无暴露、无渗漏、无蝇蛆、无臭味；在干旱山区、高寒地区建设改造后的干封式卫生旱厕，在易地搬迁集中安置项目区建设水冲式厕所，在插花搬迁安置区新建双瓮漏斗水冲式厕所，在田园综合体和乡村旅游村建设水冲式星级旅游厕所。十二是"多元化投入"的兰州模式，兰州市将农村保洁经费纳入财政预算，市财政按照农业人口每人每年 10 元标准、县区财政按照不低于 10 元标准列支，同时开展农户垃圾代运费收缴，通过推行"10 + X + Y"筹资模式，为村级环境卫生治理提供了资金保障；按照"谁投资、谁经营、谁受益"的原则，鼓励各类投资主体以独资、合资、承包、租赁等形式参与美丽乡村建设，支持民间资本参与农村安全饮水、污水收集治理、垃圾处理等工程建设；2019 年投入 8 亿元资金开展卫生厕所改造、村庄清洁行动和美丽乡村建设，全面改善农村人居环境。

二 环境污染防治

甘肃省扎实开展农业面源污染治理，不断推进生态循环农业。近年来，甘肃加大农业面源污染治理力度，开展农业节肥节药行动，实现化肥农药使用量负增长；开展有机肥替代化肥试点，鼓励开发有机肥，增加施用农家肥，推广使用生物农药、高效低毒低残留农药；积极发展生态循环农业，有效推进畜禽粪污、秸秆、废旧农膜、尾菜等农业废弃物资源化利用。据统计，2017 年甘肃省严格实施农药化肥零增长行动，加大绿色防控技术推广应用，减少农药投入 172.2 吨，减少化肥投入 23.05 万吨，废旧农膜回收利用率达到 80.1%，尾菜处理利用率达到 39.5%；落实休耕 20 万亩，建成各类沼气工程 523 处，畜禽养殖废弃物资源化利用率达到 68%，秸秆综合利用率达到 82.2%。

甘肃省积极部署安排农业农村污染全面治理，提出明确目标任务要求。2019年1月，甘肃省委农村工作会议要求，在面源污染防治方面推进农村生活污水治理专项行动，先试点后推开，到2020年全面推广试点经验；推进废旧农膜回收利用与尾菜处理利用专项行动，强化农膜源头防控，完善回收利用网络体系，全面提升回收利用水平，深入推进尾菜处理利用；推进农村畜禽粪污资源化利用专项行动，树立一批整县推进畜禽粪污资源化利用示范点，加快建立畜禽养殖废弃物资源化利用市场机制，试点开展畜禽粪污处理全产业链建设。2019年6月，甘肃省发布《甘肃省农业农村污染治理实施方案》，强调打好农业农村污染治理攻坚战，提出"一保两治三减四提升"目标任务，深入推进农业投入品减量化、生产清洁化、废弃物资源化、产业模式生态化。计划到2020年，甘肃省乡镇生活垃圾收集转运处理设施实现100%覆盖，乡镇及周边地区90%以上的村庄生活垃圾得到清运处理，偏远村庄及深度贫困村80%的村庄生活垃圾得到清运处理；规模养殖场粪污处理设施装备配套率超过95%，畜禽粪污综合利用率超过75%；主要农作物化肥农药使用量实现负增长，化肥、农药利用率均达到40%，测土配方施肥技术覆盖率达到90%；主要农作物绿色防控覆盖率达到30%，主要农作物病虫害专业化统防统治覆盖率达到40%，秸秆综合利用率达到85%，农膜回收率达到80%，农田灌溉水有效利用系数达到0.57。

第四章

甘肃省农村基层治理的典型案例

近年来，甘肃省在农村基层治理实践中，涌现出了一些在全国具有可复制和可推广意义的典型案例，本章择其要者分为市级、县级和乡村三类进行阐述。

第一节 市级典型案例

一 定西市中药材产业发展

定西市位于甘肃省中部，地处黄土高原与青藏高原过渡地带，气候的垂直性、水平性特征都十分明显，多样的地理条件、气候资源和生态环境与多种中药材的生物特性相吻合，为中医药产业发展提供了得天独厚的条件。定西市气候湿度小、光照足、通风好，干而不燥、凉而不阴，药材存放不生虫、不变质，是中药材的"天然药仓"和集散地。定西自古以来就以"千年药乡"著称，是全国道地、优势地产中药材的主产区之一。全市中药材不仅种植历史悠久，而且资源十分丰富，共有各类中药材品种313个，在全国统一普查的363个主要品种中，定西就有135个，占37.2%；常用的130多个品种中，定西就有97个，约占74%。定西形成了以岷县当归、渭源党参、陇西黄芪为主的三个道地特色优势品种种植带，岷县、渭源县、陇西县分别获得"中国当归之乡""中国党参之乡""中国黄芪之乡"的殊荣。

自 2008 年以来，定西市委、市政府依据全市中药材的道地特征和种植规模优势、品种品质优势、规模仓储优势、加工增值优势，围绕将定西打造成"中国药都"，深入实施中药材产业发展工程，将中药材产业确定为战略主导产业多措并举力促发展，使中药材基本完成了产业聚集和规模扩张的历史性跨越，步入标准化种植、规模化贮藏、精细化加工、市场化营销发展阶段。"十三五"以来，定西市先后制定印发《定西市中药产业人才培养三年行动计划》《甘肃省建设国家中医药产业发展综合试验区定西市先行先试实施方案》《定西市落实支持陇药产业发展政策措施的意见》《定西市中医中药产业发展专项行动计划》《定西市中医药产业"十三五"发展规划》《定西市推进中药材交易市场发展平台经济的实施意见》等政策措施，为定西中药产业的发展提供政策保障。定西市通过政府引导、市场运作、企业带动、群众参与，大力实施中药材种植标准化、加工精深化、市场专业化、仓储规模化、产品品牌化工程，产业效益日益凸显，已成为甘肃陇药产业发展的桥头堡和全国重要的中医药循环经济示范基地。为了确保中药材的道地品质，定西市从育苗、播种、施肥、基地建设等工序入手，推动中药材良种化、药源基地标准化、土壤有机化、产地初加工标准化，打造定西中药材"有机、绿色、道地"品牌。同时，定西市积极引进中药材新品种，目前全市成功选育出当归、党参、黄芪、板蓝根、金银花等中药材新品种 15 个，引进和驯化野生中药材品种 120 多个，制定申报颁布中药材省级地方标准 51 项。定西市积极打造"天下药仓"，扶持现有的仓储企业广泛采用辐照灭菌、低温干燥、红外线干燥、低温充氮技术等储存技术，对传统仓储库进行改造扩容；积极引进有实力的企业，扩大仓储规模，提升静态仓储能力，真正"盘活存量、提升增量"；规划建设九州通岷归综合产业园、甘肃中药材交易中心"智能云仓"等现代仓储物流项目，提升中药材规范化、标准化贮藏能力。目前，全市千吨以上中药材现代物流仓储企业有 30 多家、中药材静态仓储能力达到 100 万吨、仓储品种 320 多个，不仅储满了当归、黄芪等地产药材，而且还储存了大量川芎、白术、白芍等来自各地的药材，"南药北贮"的格局已经形成。定西市借助完善的市场体系，进一步推动中药材交易逐渐向规模化、现代化市场交易发展，目前已建成了以陇西首阳、岷县当归城和梅川、渭源渭水源和会川 5 个大型中药材专业市场为龙头，以产地集贸市场、各乡镇收购网点、电子商务为补充的中药材市场体系。

2018 年，定西全市种植中药材 155 万亩、总产量达 29.39 万吨，标准化种植面积（标准化生产基地）121.66 万亩。其中，当归 38.42 万亩、党参 43.59 万亩、黄芪 33.96 万亩。全市中药材加工企业发展到 243 户，中药材实际加工量达到 33 万吨，中药加工业产值达到 68 亿元。全市规模以上中药企业达到 34 家，其中年产值亿元以上企业 10 家。全市有 74 家生产企业通过新版 GMP 认证，年加工中药材 30 多万吨。全市共有中医药高新技术企业 7 家、省级中医药科技创新型企业 6 家。中医药企业申报国家专利共计 110 件，其中授权专利 55 件。全市 5 个中药材交易市场共交易中药材 95 万吨，市场交易额 195 亿元，出口创汇 400 万元，其中陇西首阳中药材市场交易额达到 86 亿元、交易量 40 万吨，岷县当归城市场交易额达到 70 亿、交易量 22 万吨。全市建成中药材类电子商务平台 10 家，开设网店 3128 家，通过网络外销各类中药材产品 3 亿元。全市药材园区化发展初具规模，规划建设了甘肃陇西中医药循环经济产业园、岷县中医药循环经济产业园、渭源县工业园、渭源会川工业园和安定区巉口工业园 5 个以中医药为主的产业园，引进入园企业已达 135 家。中药材品牌化效应不断扩大，全市共有中药材商标 310 件，其中中国驰名商标 5 件、地理标志证明商标 4 件。特别地，2018 中国（甘肃）中医药产业博览会开幕式暨甘肃省建设国家中医药产业发展综合试验区论坛在定西市成功举办，"永不落幕的药博会"和"中国药都"新名片更加响亮，定西中医药产业发展条件更加有利、前景更为广阔。

二 酒泉市戈壁生态农业发展

戈壁农业的概念是唐仁健省长于 2017 年 4 月在酒泉市肃州区调研非耕地生态循环经济产业园时首次提出的。酒泉市位于河西走廊最西端，是典型的戈壁绿洲地区，耕地和绿地资源稀少，戈壁荒滩、沙漠化土地、撂荒地等未利用土地达 1134.2 万公顷（约 1.7 亿亩），占全市土地面积的

67.4%，具有发展戈壁生态农业的资源优势和条件。近年来，酒泉市盘活戈壁资源，强力推进戈壁生态农业建设，闯过技术关和市场关，开拓了一条戈壁上发展现代农业、未利用土地上实施农业综合开发、人工设施内打造中高端农产品、跳出传统耕地实现农民增收的新路子，取得了农业产业提升、农村生态改善、农民增收致富"三效"并举的成果。酒泉市目前已成为全国最大的戈壁生态农业示范区和有机无土栽培示范基地。

酒泉市戈壁生态农业发展自 2003 年开始探索起步，近年来在省委、省政府支持鼓励下呈现加速发展态势。酒泉市研究制定了《酒泉市关于加快发展戈壁生态农业的实施意见》，编制了《酒泉市戈壁生态农业发展总体规划（2018～2022 年)》，规划到 2022 年完成总投资 368 亿元，建设高标准戈壁设施农业 20 万亩，包括戈壁日光温室 15 万亩、钢架大棚 5 万亩，建设戈壁生态农业产业园区 50 个，其中万亩以上戈壁生态农业产业园区 9 个，打造成为引领全省乃至全国的戈壁生态农业示范区；制定出台了《发展戈壁生态农业扶持办法》，列支 1500 万元专项资金支持戈壁生态农业发展；组织实施财政部农发办总投资 4.5 亿元的农业综合开发戈壁生态农业园区示范项目；建立戈壁生态农业研发推广服务中心和专家智库，制定 15 项技术标准，组建 6 个技术推广服务小组开展戈壁生态农业技术研发推广、农产品营销、品牌培育等工作，让广大农民在掌握戈壁生态农业技术的同时，逐步成为从事戈壁生态农业的产业工人。充分发挥戈壁生态农业院士专家工作站和酒泉戈壁生态农业研究院作用，创新研发具有自主知识产权的戈壁生态农业生产技术新体系，促进科技成果产业化；通过申请注册"戈壁雪润"区域公用品牌商标，实施商标品牌强农战略，打通向经济发达城市、农产品消费密集区域乃至中亚、西亚、欧洲等地外销通道，充分提高戈壁生态农业的知名度、美誉度和市场占有率。

截至 2018 年底，酒泉全市已累计建成戈壁生态农业 5.5 万亩、戈壁生态农业产业园区 39 个，形成了较为成熟的"两大茬"或"一大茬、两小茬"周年化生产模式，平均每年每亩可实现毛收入约 6 万～8 万元，纯收入达到 2.5 万～3 万元，比传统日光温室效益提高近 30%，是大田种植的 10 倍左右。全市农民来自戈壁生态农业的人均可支配收入约 3500 元，占农民人均可支配收入（17104 元）的 20% 以上，戈壁生态农业已成为农民增收的重要渠道。酒泉市建成了肃州区、玉门市两个万亩戈壁生态农业蔬菜生产基地，已成为全国最大的戈壁生态农业示范基地；自主研发基质配方 9 个，认证无公害农产品 30 个、绿色食品 7 个、有机食品和地理标志农产品各 1 个，建成国家级蔬菜标准园区 1 个，省级蔬菜标准园区 7 个。全市已有敦煌种业、巨龙集团、鲁农集团、甘肃龙麒生物等 32 家农业龙头企业、49 家专业合作社、3500 多户农户参与戈壁日光温室、钢架大棚建设，全市累计投入建设资金 12.9 亿元，积极推进水、电、路、绿化和基础设施配套建设，园区框架基本形成。围绕戈壁生态农业产业园区建设，全市配套建成年产 10 万吨以上的基质生产厂 2 个、5 万吨以上的 1 个、3 万吨以上的 4 个，年基质生产能力近 40 万吨；建成 300 万株以上的育苗中心（基地）10 个，其中 3000 万株以上的工厂化育苗中心 1 个，年育苗能力达 29.3 亿株。

短短几年，酒泉市戈壁生态农业从无到有、从小到大，走出了一条地域特点突出、资源高效利用的创新发展之路。据最新统计，截至 2019 年底，全市戈壁生态农业面积已达到 9.3 万亩，累计开工建设了肃州东洞、总寨、银达，玉门清泉、晨翔、顺兴，瓜州广至、龙麒，金塔金苗等 90 个戈壁生态农业产业园区，共有敦煌种业、巨龙集团等 35 家农业龙头企业、49 家专业合作社和 7000 多户农户积极参与戈壁生态农业建设。银达、总寨、顺兴等 10 个戈壁生态农业产业园先后被原农业部、科技部确定为非耕地有机生态无土栽培示范基地，成为甘肃农业大学、省农科院的科研试验示范和成果转化基地，推广应用国内领先的集成技术 28 项。

三　陇南市电子商务扶贫

陇南市地处甘肃东南部，是国家确定的秦巴山特殊困难地区，283 万人中有 83.94 万建档立卡贫困人口。陇南山大沟深，交通不便，信息闭塞，虽有很多优质农特产品如花椒、木耳、绿茶、橄榄油、党参、核桃、大黄、蜂蜜、苹果等，但藏在深山人不识。陇南市针对农特产品销售难的问题，主动顺应"互联网 +"发展大势，把电子商务扶贫作为精准扶贫的重要措施，市委书记孙雪涛提出："把空间上的万水千山，变为网络里的近在咫尺"。2015年5月，国务院扶贫办召开新闻发布会宣布在甘肃陇南启动电子商务扶贫试点，陇南市成为全国首个电子商务扶贫试点市，在全市9县区1365个建档立卡村中选择确定了750个贫困村开展电子商务扶贫试点工作，同年10月陇南市获得了"2015中国消除贫困创新奖"。2016年10月，陇南市被授予全国首个"全国电商扶贫示范市"称号。2017年2月，《中国扶贫》杂志刊登的国务院扶贫办精选12则精准扶贫典型案例，陇南市电子商务扶贫位列其中。2017年中央政治局第39次集体学习中把陇南电子商务扶贫作为一个典型案例编入参考资料。2018年4月，陇南市荣获"2018全国十佳精准扶贫创新城市"。短短几年，陇南电子商务扶贫从无到有、从小到大，实现了由全国试点到全国示范的成功跨越，电子商务扶贫成为全市群众增收的新路径，为西部贫困地区在"互联网＋"时代依托互联网、电子商务等新业态后发赶超提供了一种可以参考或者复制的模式。

从2013年以来，陇南一直坚持把发展电子商务作为扶贫脱贫的重要抓手，作为全市经济社会发展战略集中突破的重点工作。2013年12月，陇南市确定了"433"发展战略，把电子商务作为三个集中突破之首，拉开了电子商务助推精准扶贫的序幕。2015年，陇南市提出"1333"电子商务发展总体思路，即打开思想解放一个总开关，推动网商规模、发展质量、扶贫效益三大提升，完善行政推动、网货供应、配套服务三项体系，强化电子商务团队、微媒助力、典型引领三轮驱动。2017年，陇南市提出聚力打好电子商务整体战、融合战、质量战和全域战。2019年，陇南市又明确将电子商务作为全市经济社会发展的"衣领子"，强调抓电子商务就是抓产业，抓电子商务就是抓经济、抓发展，强调重点推进电子商务与合作社融合、展转销、1688产业带、跨境电子商务等工作。经过多年发展，陇南市快速实现了电子商务集中突破，推进了电子商务和精准扶贫深度融合，初步探索出了"政府推动、先托后扶再监管，市场运作、企业为主生活力，百姓创业、广泛动员齐参与，协会服务、三商联动一盘棋，微媒营销、绿色产品广宣传"的贫困地区发展农产品电子商务的"陇南模式"，成为享誉全国的电子商务扶贫示范区。

陇南电子商务扶贫的具体做法，主要包括四个方面。第一个方面是广泛参与推动扶贫带贫，具体措施包括：在每个乡镇至少建立一支电子商务团队，形成供货商、网商、服务商三商联动的电子商务链条；坚持把发展电子商务作为推进大众创业重要平台，鼓励、扶持具有一定发展潜力的建档立卡贫困户、返乡大学生、残疾人进行电子商务创业；充分发挥驻村工作帮扶队、包村干部、大学生村官的作用，引导帮助贫困户学网、用网、创办网店；通过电子商务加特色产业、加贫困户方式，把贫困户直接作为电子商务企业的供货商，在此基础上逐渐形成了六种电子商务带贫模式，即电子商务网店带贫、产业带贫、创业带贫、就业带贫、电子商务入股带贫、电子商务众筹带贫。第二个方面是市场引领、促进产业融合，具体措施有：根据市场需求开发适销网货产品 1200 多种，建成供货平台 94 个，打造了五都花椒、橄榄油、诚信核桃等一批知名网货品牌；通过电子商务实现国内国际两个市场精准对接，倒逼传统企业主动创新、转型升级；促进电子商务与农业工业服务业、文旅产业深度融合，发挥其经济社会发展"衣领子"和脱贫攻坚新引擎的作用。第三个方面是配套服务、夯实基础保障，率先在全国成立了市级电子商务发展局，成立了西北首家电子商务学校——陇南电子商务职业学院，依托国家电子商务进农村综合示范项目，引导传统企业加快建设网货供应平台、物流中心，市县两级建设电子商务产业孵化园、创业园和农产品网货交易平台；建立县乡村三级服务体系，所有县成立电子商务服务中心，所有的乡镇成立电子商务服务站，村级服务点覆盖率达到 85%；加快乡村网络建设，实现了全市城区和乡镇4G 网络全覆盖、试点贫困村宽带网络全覆盖；采取政府补贴方式，加快县乡村三级物流发展，打通物流最后一公里。第四个方面是全网营销、扩大市场的影响，积极运用直播、短视频、新零售、区块链新技术新业态，从单纯开网店向体验电子商务、媒体电子商务、内容电子商务、社交电子商务发展，比如主动把电子商务扶贫融入当前社会热点，在市级层面开展全民电子竞技大赛，将陇南特色农产品和旅游景点融入电竞当中，全面推进陇南特色农产品发展；建立天猫、淘宝、苏宁易购、拼多多电子商务平台和自建网络营销平台，针对消费群体的特点，利用网络热点，靠大网、入大群，实现单纯卖商货人脉接入。

陇南市电子商务扶贫特色鲜明，成效显著。2018 年 10 月，甘肃专门召开了全省电子商务扶贫和国家电子商务进农村综合示范项目暨推广陇南经验交叉检查总结，部署安排在全省推广复制电子商务扶贫"陇南经验"。2019 年 3 月，甘肃全省电子商务扶贫经验交流会在陇南市礼县召开，与会代表们通过会议交流和现场观摩，对陇南"六路带动"的电子商务带贫新模式有了深刻认识，对不断升级的"环县模式"和不断探索创新的"礼县做法"给予了好评。截至 2019 年 9 月底，陇南全市累计开办各类网店14745 家，发展物流企业 296 家、快递服务站 1618 个，市县乡三级电子商务扶贫体系基本建成；电子商务双创人数达到 1.8 万多人；累计培训电子商务人才 25 万人次，直接间接带动就业 24 万人次；全市线上线下销售超过 140 亿元，通过电子商务实现农产品销售达到 28.3 亿元，带动群众人均增收 810 多元。2019 年 10 月，国务院扶贫办社会扶贫司发布 2018 年《全国电商扶贫典型案例集》，陇南市成县选报的《一场与时俱进的电商革命》被分别列为市级和县级电子商务扶贫的首个典型案例；中国电子商务产业园发展联盟组织开展的"2019 中国农村电商致富带头人"评选，100 人中陇南市有 5 人成功入选。

第二节　县级典型案例

一　静宁县苹果产业发展

苹果产业在我国水果产业体系中占据着举足轻重的位置。对于西部贫困地区而言，苹果产业已成为种植规模最大、覆盖面最广、对农民增收贡献最大的特色产业。近年来，静宁苹果声名渐起，成为甘肃果业发展的突出代表。静宁县地处黄土高原丘陵沟壑区，日照时间长、昼夜温差大，是黄土高原苹果的最佳适生区之一，独特的自然禀赋造就了静宁苹果形正、色艳、质脆、味美、酸甜度适中的特点。静宁县把脱贫攻坚与苹果产业发展相结合，走出了一条符合县情实际的富民强县路子，苹果产业已成为静宁经济发展的"聚宝盆"和群众增收致富的"摇钱树"。

静宁县发展苹果产业已有 30 多年的时间。1988 年初，静宁县委、县政府在深入调研基础上，因地制宜地做出了《关于发展苹果产业的决定》，掀起了全县第一轮建园热潮，当年新植果园 2.4 万亩。经过 15 年的努力，2002 年静宁县果园面积发展到 20 万亩，涌现了一批果园"万亩乡"、"千亩村"和果品收入"万元户"，进一步坚定了全县上下以果兴农富农的决心和信心。从 2005 年到 2010 年，静宁县连续每年新植果园 5 万～10 万亩，果农新建果园积极性空前高涨。自 2011 年以来，静宁县委、县政府在总结经验的基础上，提出了建设"百万亩优质苹果生产大县"的发展目标，着力在均衡南北扩规模、打响品牌兴产业、突出特色建龙头、两头延伸增效益上下功夫，制定出台了《关于进一步加快苹果产业发展的意见》《关于加快推进苹果产业转型升级创新发展的意见》，从项目配套、品牌保护、技术支撑、信贷贴息、链条延伸等方面加大对苹果产业的扶持力度，加快推进全县苹果产业由规模扩张向质量效益发展、由粗放经营向集约发展、由低效产业培育向高效市场对接的跨越式转变。特别地，2015 年静宁县果树研究所成立，甘肃农业大学、西北农林科技大学、中国农科院果树研究所相继在静宁建立工作站，良种苗木繁育随之取得重大突破，成功繁育出带分枝的三年生大苗，实现了"一年建园、二年见果、三年丰产"，促使全县苹果新植园挂果期整整提前了两年，亩产达 2000 斤。

近年来，静宁县每年投入资金近 800 万元，促进苹果产业转型升级增效，大力培育新型经营主体、扶持龙头企业，积极推广现代果业生产技术、健全完善配套服务体系，延长苹果产业链，走出了合作经营、互助共赢、脱贫致富的路子，初步形成了龙头企业引领、合作组织带动、园区集约发展以及基地规模化、生产标准化、产品品牌化、营销市场化、服务社会化的现代果业发展格局；建成了以李店河流域苹果出口创汇基地、葫芦河流域高效农业示范区和 312 国道沿线苹果产业带为主的"三大基地"，涌现出常津公司、陇原红公司、恒达纸箱、通达果汁、金果实业、成纪酒业等贮藏营销型、包装配套型、加工增值型龙头企业百余家；建成了余湾红六福富硒苹果生产基地、威戎现代苹果示范园等集约化生产基地，带动发展苹果家庭农场 32 家、果品专业合作社 202 个，入社社员 2.5 万多人；在种植模式上，探索推行"企业 + 基地 + 农户""合作社 + 农户 + 企业 + 基地""乡产业公司 + 龙头企业 + 村集体 + 合作社 + 贫困户"等模式，合作园、托管园、创业园在静宁大地上不断涌现，建成了仁大、李店等 12 个果园化乡镇和治平雷沟、城川吴庙等 80 个果品专业村，用合作社的"大手"拉起贫困户的"小手"，使农业专业服务组织与贫困户相互帮扶带动、抱团发展。为进一步挖潜苹果文化，静宁县还举办了以体育舞蹈、书法大赛、文艺演出、诗歌大会、美术绘画为主要内容的静宁苹果产业发展和文化特色作品创作活动，让苹果产业与静宁文化相融合，依靠文化创意让游客走进来和静宁苹果走出去。

静宁苹果产业发展取得了突出的成绩。2001 年 8 月，静宁县被国家林业局命名为"中国苹果之乡"。2003 年，农业部将静宁县列入西北黄土高原苹果优势产区。2004 年 10 月，静宁县城川等 6 乡镇 10.5 万亩苹果（富士系列及秦冠）获甘肃省农牧厅无公害农产品产地认证。2004 年 12 月，静宁红富士苹果获得中国绿色食品发展中心食品证书。2005 年静宁县"成纪富士"被中国果品流通协会授予"中华名果"称号。2006 年 9 月，"静宁苹果"通过国家质检总局地理标志产品保护认证。2008 年 8 月，静宁苹果成为"第 29 届北京奥运会特供水果"。2008 年 11 月，静宁县被中国果品流通协会评为"全国'兴果富农'工程果业发展百强优质示范县"。2011 年，静宁县被评为"全国无公害苹果生产十强县"之一。2011 年 9 月，"静宁苹果"成功注册为地理标志证明商标。2011 年 12 月，"静宁苹果"被中华全国供销合作总社认定为"全国标准化农产品品牌"。2012 年 9 月，"静宁苹果"荣获中国食品安全监督管理中心"全国食品质量消费者放心品牌"、农业部"第十届中国国际农产品交易会金奖"，被誉为"中国有机苹果"在北京中国农业展览馆展出。2012 年 12 月，"静宁苹果"地理标志证明商标被国家商标局认定为中国驰名商标。2014 年 7 月，"静宁苹果"地理标志被国家工商总局列入第一批"中欧地理标志保护清单"。2015 年 6 月，"静宁苹果"地理标志证明商标被评为"首届消费者喜爱的 100 件甘肃商标品牌"。2015 年 12 月，"静宁苹果"地理标志产品在国家质量监督检验检疫总局地理标志产品品牌价值评价中获第十六位。2016 年 1 月，"静宁苹果"被评为"全国互联网地理标志产品 50 强"之一。2016 年 8 月，"静宁苹果"被中国果品流通协会、浙江大学 CARD 中国农业品牌研究中心评为"2016 中国果品区域公用品牌价值十强"之一。2016 年 9 月，甘肃省静宁县被中国果品流通协会授予"全国现代苹果产业十强县（市）"之一。2016 年 12 月，"静宁苹果"地理标志产品在国家质量监督检验检疫总局地理标志产品品牌价值评价中品牌价值达 132.15 亿元。2016 年 12 月，"静宁苹果"被全国果菜产业质量追溯体系建设年会、中国果菜产业论坛组委会、中国果菜专家委员会评为"2016 全国果菜产业最具影响力地标品牌"。2017 年 9 月，"静宁苹果"被甘肃省农牧厅授予"2017 甘肃十大农业区域公用品牌"。2017 年 10 月，静宁县人民政府被中国果品流通协会现场授予"全国优秀果业区域公用品牌"。2017 年 11 月，静宁县荣获"2017 中国果业扶贫突出贡献奖"，"静宁苹果"被授予"2017 中国果品区域共用品牌价值英雄"荣誉。如今，"静宁苹果"已经先后获得十几项大奖，成功注册为中国驰名商标，拥有多张国家级名片；静宁县已是百万亩优质苹果生产大县，成为享誉全国的"中国苹果之乡"，苹果产业已发展为全县壮大县域经济、增加农民收入的支柱产业。据统计，静宁县目前苹果种植总面积已超过 100 万亩、户均种植约 10 亩、人均超过 2.34 亩，全县果品产量接近 90 万吨，建成果品认证基地 53 万亩（包括全国绿色食品原料生产认证基地 33.6 万亩、良好农业规范苹果基地 1 万亩、苹果出口基地 18.4 万亩），苹果年贮藏能力超过 40 万吨、加工转化能力超过 7 万吨，生产果汁超过 1 万吨、生产果醋和果酒余量 900 吨，可提供就业岗位 2 万多个、实现经营性收入约 8 亿元，全县农民人均果业收益占人均可支配收入的 70% 以上，累计超过 19 万贫困人口依靠苹果产业实现稳定脱贫。

二 庄浪县农村"三变"改革

庄浪县位于甘肃省中部、六盘山西麓，是国家扶贫开发工作重点县，是甘肃省 6 个农村"三变"改革省级试点县之一。自 2017 年下半年以来，庄浪县按照"整体工作党委政府推动、产业发展公司化运作、组织生产专业合作社实施、贫困群众入社入股分红"的发展思路，突出"强、引、育、规、组"五字方针，采取单独组建、村社联建等方式同步建立党组织，构建"党组织＋国有公司＋龙头企业＋专业合作社＋贫困群众"的产业扶贫"庄浪模式"，为全省开展农村"三变"改革提供了值得借鉴的经验。2017年12月，甘肃全省创新扶贫产业组织形式推动农村"三变"改革现场交流会在庄浪县召开，对庄浪县农村产业扶贫和"三变"改革工作进行介绍和推广。2018年8月，中央电视台摄制组来到庄浪县采访摄制，对庄浪县农村脱贫攻坚和"三变"改革工作进行报道和宣传。2018年10月，庄浪获颁"2018年全国脱贫攻坚奖组织创新奖"。庄浪县农村"三变"改革试点探索出了四种发展模式。

一是国有农发公司带动的产业发展组织模式。庄浪县立足县情，坚持把公司化运作作为推进农村"三变"改革、培育农村发展新动能、加快脱贫攻坚步伐的重要举措，按照"规范运行机制，加强过程管控，实现多方共赢"的要求，2017年8月依托县供销联社，县级财政注入5000万元资本金、设立1000万元风险补偿金，对接银行贷款授信17亿元、落实产业发展贷款2.1亿元，组建成立国有独资的庄浪县农业产业扶贫开发有限责任公司（简称庄浪县农发公司），内设种植业、养殖业、林果业、陇源薯业、农发商贸和洛河砂石料6个子公司，并在18个乡镇设立了分公司，在293个行政村每村建立了种植业、养殖业和林果业3个农民专业合作社，构建了县、乡、村三级产业发展服务平台。庄浪县农发公司计划按照"2611"的比例分红，在总盈利中总公司占20%、群众分红60%、村集体和专业合作社分红各占10%，预计由此每村每年集体收入可以达到5万元，每个专业合作社收入可以达到2万元，村干部参与专业合作社生产经营的每人每月可以增加收入2000元以上。截至2018年10月，通过庄浪县农发公司带动发展县内龙头企业12家、家庭农场620个、产业大户963户，联结293个行政村的879个专业合作社，形成了以国有公司为主导、龙头企业为补充、专合组织和家庭农场为支撑、贫困群众为主体的产业发展组织体系，实现了合作社组建、产业发展、农民群众入社和贫困户入股"四个全覆盖"；组织推动农户参与股权设置和协商合作，带动全县196个村入股土地 4.2 万亩，参股群众 2.13 万户，其中贫困户 1.01 万户，已获得分红和务工收入 2022.6 万元，161 个村有了村级集体经济收入，实现了输血与造血的有机结合。

二是突出特色种养殖的产业扶贫开发模式。庄浪县农村"三变"改革与产业扶贫开发相结合，针对农村实际和市场需求，注重发展特色种植业、特色养殖业，探索出了"'三变'+特色种植"（如苹果、种薯、大蒜、药材）、"'三变'+特色养殖"（如养牛）的产业扶贫开发模式；制定了各产业三年发展规划，逐产业明确主抓领导、责任单位、目标任务和推进措施，成立"九大冲刺行动"工作推进组，实行"三级统筹"多元投入、"五方联动"凝聚合力和"五个一"产业推进机制，促进了产业扶贫开发由面上整推向分行业、分领域冲刺转变。例如，韩店镇东部山区作为全县农村"三变"改革推进产业发展综合示范区之一，探索出以特色养殖业为主导、以特色种植业为支撑的农村"三变"改革脱贫之路，实施"党组织+公司+合作社+农户"产业扶贫模式，由村党支部、村委会牵头在3 个村分别注册成立了以种植业和养殖业为主的农民专业合作社，实施"公司+基地+农户""公司+合作社+农户""公司+村集体+合作社+农户"的产业经营方式，由合作社组织群众规范化经营、标准化生产，实现了农户生产由"单打独斗"向"抱团取暖"发展，有效促进了产业发展，壮大了村级集体经济，夯实了群众脱贫基础。

三是借力电子商务的产业链条健全模式。庄浪县依托全国电子商务进农村综合示范项目，促进电子商务发展与农村"三变"改革紧密结合，探索"'三变'+电子商务"模式，借力电子商务健全农业产业链条。坚持"政府推动、市场运作、基础配套、协会引领、试点示范、分步推进"的总体思路，立足果品、洋芋等主导产业及特色产品优势，以持续增加农民收入为核心，不断加大政策扶持力度，以"一园一平台两馆三中心"建设为依托，以实现乡、村电子商务服务站点"三有一能"为目标，在全县大力实施网络通畅和电子商务人才培育工程，打造了一批"电子商务乡""电子商务村""知名电子商务企业和网店"，初步建成了集生产、包装、销售为一体的电子商务产销链条，集网络、仓储、配送为一体的电子商务快递物流链条，集政府、协会、公司、农户为一体的电子商务运营链条，有力地促进了企业转型增效、群众就业创业、农户增收脱贫。例如，万泉镇高川村就是借力电子商务健全产业链条的典型村庄。

四是全面推进、大力投入的改革工作开展模式。庄浪县集中力量抓建了 30 个农村"三变"改革试点村、11 个农村"三变"改革推进产业发展综合示范区，各乡镇自行开展农村"三变"改革试点村 38 个。截至 2018 年 7 月底，庄浪全县 18 个乡镇的 95 个村（共 293 个村，占总村数的 32.4%）开展了农村"三变"改革试点，其中省列试点村 20 个、县列试点村 10 个、11 个农村"三变"改革推进产业发展综合示范区涉及村 27 个。2018 年 8 月中旬，庄浪县委、县政府制定印发《关于在全县推进农村"三变"改革工作的实施意见》，组织在其余的 198 个村全面开展农村"三变"改革工作。庄浪县在试点先行、全面推进农村"三变"改革过程中，建立行政推动机制，成立农村"三变"改革试点工作领导小组，抽调骨干力量组建了农村"三变"改革办公室，建立了县委、县政府统一领导，县级干部抓点示范，县直部门全力配合，农扶公司市场运作，专业合作社组织生产，帮扶单位倾力支持，"三支队伍"履职尽责，贫困群众积极参与的农村"三变"改革工作机制；建立政策引导机制，出台了《庄浪县推进农村资源变资产资金变股金农民变股东改革试点方案》《完善农村土地所有权承包权经营权分置办法》，制定了农村资源资产评估、"三变"改革专项资金使用、农业产业化风险评估管理、"两权"抵押贷款管理、农村产业交易平台组建、农村产权交易管理、农村股权交易管理、"三变"改革股份合同管理、"三变"改革激励扶持、贫困人口参与"三变"改革进退管理 10 项配套办法，建立了清产核资、股份合作、资金整合、经营主体培育、产权交易、融资支持、权益保障、风险防控、"三支"力量支持、联动推进 10 种工作机制，为"三变"改革提供了政策扶持和路径引导。庄浪县积极引导农民入社入股，促进农民与专业合作社联产联业、联股联心，全县成立各类专业合作社 1243 个，有 3.5 万户农户加入专业合作社，成为"三变"的主力军。

三 凉州区农业水权水价改革

凉州区地处河西走廊，属温带大陆性干旱气候，年均降水量 171 毫米、蒸发量 1943 毫米，多年平均年径流量 8.98 亿立方米，人均水资源占有量是全国的 2/5，水资源严重短缺、供需矛盾突出，是一个典型的资源性、结构性缺水区域，通过农业水权水价改革等促进节约用水显得紧迫而重要。2014 年，凉州区被列为全国农业水价综合改革试点区，同时也被列为全国农田水利设施产权制度改革和创新运行管护机制试点区。近年来，凉州区紧紧围绕改革试点工作目标任务，在农业水权水价改革等方面进行了有益的探索，形成了"水权精细化、计量智能化、水价多样化、奖补精准化、产权明晰化、协会规范化"的农业水权水价改革模式，取得了显著效果。凉州区农业水权水价改革，探索实施了如下六大方面的主要做法。

一是广泛宣传动员，形成良好的节水文化氛围。具体举措有：组织开展了一系列不同形式、不同层次的宣传教育活动，在新闻媒体上设立宣传专栏，在交通干道沿线、集镇和田间地头制作永久性标牌、刷写节水标语，通过以会代训、专题培训、巡回演讲、发放宣传单等活动，培养人们的节水意识；对干部群众开展节水培训，每年印发各类宣传材料 35 万多份，累计培训 8.5 万多人次。宣传培训活动增强了全民节约用水、依法治水意识，为水权水价改革打下了良好的群众思想基础。

二是推行"一证一卡一账一平台"精细化水权管理模式，严格水权过程性管控。这方面具体措施包括：（1）明晰水权到户，建立了"区政府 - 灌区 - 乡镇 - 用水户协会 - 用水小组"五级水权分配落实机制，制定年度水资源配置方案，将水权逐级明晰到全区 17.48 万用水户，落实到具体地块、机井、渠系，每年逐户核发实名制水权证，用水户按照"节约归己、超用不补、统筹使用、有偿转让"的原则合理安排使用；（2）建立用水台账，按照先确权再计划、先申请再分配、先刷卡再配水的程序，分轮次控制农业灌溉用水，建立轮次供水台账，详细记载作物轮次供水量和灌溉面积。水管单位按水权证确定的水权水量编制供水计划，镇水资源管理办公室按照种植作物情况编制用水计划，用水户协会提交轮次用水申请，水管站通过逐次审批、轮次控制、台账登记、刷卡取水,杜绝了乱用水权、超用水权现象;(3)培育水权交易市场,出台了水市场管理办法,建立了1个区级和7个灌区级水权交易中心、38个乡镇级水权交易分中心,在农民用水户协会设立水权交易(站)点,搭建水权交易平台,创造条件鼓励用水户开展水权交易,实现了水资源的余缺调剂和二次优化配置;(4)实行水资源管理举报制度,全区水权推行网格化管理,公布监督单位、服务人员名单和电话号码,对管水人员服务不到位或违规供水的行为进行举报,督促一线工作人员及时服务、规范供水;(5)推行水权审计制度,乡镇在每轮次灌溉结束后对水协会水权使用情况进行审计,灌区水管单位每半年对基层水管站进行集中审计,水务局进行不定期抽点审计,通过水权年初预算、分阶段审计、年终决算的全过程审计制度,切实强化了水权使用的过程性控制。

三是创新管理机制,规范用水行为。(1)健全管理制度,相继编制出台了《凉州区初始水权确定及初始水量配置办法》《凉州区用水总量控制办法》《凉州区用水审计办法》等80多个规范性文件,使全区用水行为都有法可依、有章可循。(2)建立乡镇部门联动机制,区政府将水资源管理指标纳入各乡镇、部门考核内容,各乡镇成立水资源管理办公室,对本乡镇水权进行监督管理;水管单位与农民用水户协会签订水权落实协议;公安、水务等部门联合打击违规取水行为,形成了上下联动、齐抓共管水资源的管理局面。(3)组建农民用水户协会,全区组建农民用水户协会438个,有工作人员2289人,参与农户17.48万户;民政部门对协会人员全部进行了登记注册,用水行政主管部门以灌水小组为单位向用水户颁发集体会员证,通过政府补贴和会员缴纳会费的方式解决协会运行费用;将协会进行一二三级分类管理,通过年度考评、达标晋级、互学互促,已发展一类协会53个、二类协会126个、三类协会259个,形成了"农户+用水户协会+水管单位"的民主参与运行模式,使农民用水户协会既成了群众的"火车头",也成了水管单位与群众联系的"纽带"。

四是实行自动控制、远程监管的智能化用水计量措施,关死无序用水的"阀门"。(1)完善计量设施,对河水灌区干支渠道量水堰进行全面更新改造，在斗、农渠道上配套量水堰和标准量水断面，实现了斗口准确计量；对全区 4887 眼机电井全部安装了智能化计量设施，通过水表、智能控水控制器、IC 卡缴费终端、中间管理机、配套软件，达到自动控制用水的目的。（2）严格用水计量管理，成立计量设施专门管理机构，建立维修服务站，保证设施故障 2 小时内处理，管理人员水量充值刷卡 24 小时在岗；推行刷卡水量、水表读数、台账数据"三对口"和水管单位、乡镇、水务局"三检查"等制度，做到了配水、计量、收费"三到户"。（3）研发应用水资源信息化管理系统，在河水灌区渠首、干支渠上安装了流量监测设施和视频监控系统，实时掌握供水信息；在井水灌区，依托机电井智能化计量设施，安装远程传输设备，应用信息化管理软件系统，将信息数据实时传送至控制中心，管理人员能够随时掌握机井运行情况，若出现水权超用等违规取水行为可远程关闭机井，有效实现对水资源的监管。

五是实行两部制水价 + 终端水价 + 分类水价 + 分档水价的多样化水价政策，形成激励节约用水的倒逼机制。（1）调整供水价格，对地表水和地下水都实行两部制水价，经 2019 年 12 月最新调整，目前地表水是基本水费每亩 2 元 + 计量水价 0.21 元/立方米（计量水价 2006 年以前为 0.08 元/立方米，2013 年 5 月调整为 0.20 元/立方米），地下水是基本水费每亩 2 元 + 计量水价 0.09 元/立方米（2006 年以前是每亩 8 元的单一制水价，2013 年 5 月调整为基本水费 2 元/亩 + 计量水价 0.0508 元/立方米），地表水综合水价 0.2132 元/立方米比地下水综合成本 0.2162 元/立方米低了 0.003 元/立方米，实现了地下水用水成本要高于地表水水价的要求。（2）从 2015 年开始，试点推行末级渠系水价，实行协商定价方式（2015 年起初为 0.0308 元/立方米），农业供水实现了终端水价。（3）推进分类差别水价，在农业用水定额内对鼓励发展的高水效作物且实施连片规模种植、集中连片应用滴灌、管灌、喷灌、微灌等高效节水灌溉技术的作物，实行优惠水价，地表水优惠 20%，地下水优惠 30%；对压减发展和传统方式种植的低水效作物或未使用已配套高效节水灌溉设施的作物，实行上浮水价，地表水上浮 20%，地下水上浮 50%。（4）实行分档水价，对农业用水实行总量控制、定额管理，凡超定额（不同作物亩配水定额）用水，均实行分档超定额累进加价,按照用水超定额"20%以下、20%~50%、50%以上"三级梯度,超额部分分别按标准水价的"150%、200%、300%"累进加价,对于因水权交易引起的水量增加超过配水总量的部分也执行超定额累进加价,形成了激励节约用水的水价倒逼机制。由此,既有效解决了"最后一公里"田间工程管护经费和协会运行费用,堵住了搭车收费的漏洞,又充分发挥了价格"杠杆"的撬动作用,引导群众发展高效节水产业。

六是通过实施精准补贴+给予节水奖励+保障困难群众,实现农业水权水价改革总体不增加农民负担的要求。(1)实施精准补贴,具体补贴标准根据定额内用水成本与运行维护成本的差额确定,超出用水定额的部分不予补贴,总体上不增加农民负担。(2)对农业用水户采取节水措施,实际用水量低于配水总量的,对节约的水量进行奖励,农业节水奖励标准为:节水量在配水水量10%(含10%)以内的,按计量水价的50%乘以节水量进行奖励;节水量在配水水量10%(不含10%)至20%(含20%)的,按计量水价乘以节水量进行奖励;节水量在配水水量20%以上的,按计量水价的200%乘以节水量进行奖励;对于未发生实际灌溉,因种植面积缩减或者非节水因素引起的用水量下降,不予奖励。(3)保障困难群众,规定农村低收入群体和农村建档立卡贫困户在摘帽前定额内用水可不执行改革后水价,确保价格调整后困难群众生产生活不受影响。

此外,凉州区还制定出台《凉州区小型农田水利设施产权界定办法(试行)》,完成1773处末级渠系、1652眼机电井和新建高效节水灌溉工程确权移交工作,并向产权所有人颁发所有权证和使用权证,所有权人与使用者签订管护协议,解决了工程有人建、无人管的问题,盘活小型农田水利设施资产。同时,积极探索农田水利设施和田间灌溉服务物业化管理模式,使用水合作组织发挥主力军作用。

四 陇西县农村综合改革

近年来,陇西县先后承接了全省农村金融服务创新综合实验(2011年)、全省农村金融创新改革试点(2012年)、全省农村土地承包经营权确权登记颁证试点(2014年)、全国农村集体资产股份权能改革试点

（2015 年）、全国农村集体经营性建设用地入市试点（2015 年）、全国农村承包土地经营权抵押贷款试点（2015 年）、全国农民住房财产权抵押贷款试点（2015 年）、全国农村土地制度改革三项试点（2016 年）、全省农村"三变"改革试点（2017 年）等一系列改革试点工作。这一系列改革试点工作的顺利实施，形成了农村综合改革格局，为全县深入推进农村各项工作、实现乡村振兴奠定了良好基础。

在省级改革试点方面，陇西县作为全省农村金融服务创新综合实验县和全省农村金融创新改革试点县，以实施信用惠农、信贷富农、支付便农、服务助农、保险护农为核心，坚持外引内建、多措并举、多方联动、大胆探索、科学引导，在完善服务体系、优化信用环境、创新信贷产品、开展"三权"（土地承包权、林权、房屋所有权）抵押、推广涉农保险五个方面取得新突破。陇西县作为全省农村土地承包经营权确权登记颁证试点县，2014 年在碧岩镇万沟村和云田镇二十铺村先行试点，2015 年在巩昌、文峰、云田、渭阳等 6 乡镇整乡镇推进，2016 年在全县全面推开；截至 2017 年 9 月，全县 17 个乡镇涉及确权登记的 212 个村（社区）已全部完成了摸底调查、承包地块指认、矢量测绘及审核公示工作，共确权登记 9.16 万户 42.78 万人、指认地块 95.74 万块、测绘承包地 169.58 万亩、签字确认 9.10 万户、公示确认率达 99.34%。陇西县作为全省 6 个农村"三变"改革省级试点县之一，自 2017 年 6 月以来，研究制定了改革试点工作实施方案，率先在发展条件和产业基础好、乡村领导班子强、群众参与意愿强烈的 17 个乡镇 30 个村先行试点，立足试点村立地条件和产业基础，以促进农民增收和壮大村级集体经济为核心，按照"政府引导、市场运作、效益优先、适度规模、平等自愿"的原则，围绕人、地、资金等生产要素的优化组合，通过实行"股份制合作"建立利益联结机制，不断激活资源要素、重塑经营体系、打造"股份农民"，促进生态增值、产业增效、农户增收。地权在手、租金渐长、红利照收、腰包渐鼓的农民，在"三变"改革中变成了体面的"股东"，获得了体面的收入。

在国家级改革试点方面，陇西县作为全国农村集体资产股份权能改革试点县，自 2015 年以来，围绕"挖掘农村集体资产潜力、激发农村经济发展活力、壮大农村集体经济实力、增加农民财产性收入"的目标,先行先试、积极探索,扩点带面、稳步推进,通过清产核资摸家底、发扬民主定成员、因地制宜搞股改、六项权能促落实、产权交易显活力、制度机制促规范 6 项措施,探索出"3883"工作模式。截至 2017 年 7 月,全县 17 个乡镇入户调查摸底、成员身份界定、清产核资等工作已全面完成,共界定成员身份 9.86 万户 41.04 万人,核实确认村级集体资产 4.12 亿元,集体资源 270.52 万亩,已累计办理土地流转经营权证 66 笔、农业设施产权证"三证合一" 31 笔、"四证合一" 2 笔,农产品贮藏、日光温室、塑料大棚产权证 71 笔,农户土地承包经营、农业设施产权证抵押 10 笔,土地流转经营权抵押 14 笔 5773 万元、备案土地规模流转 60 笔 14000 亩、公开拍卖集体资产 3 宗 124 万元。陇西县作为全国农村集体经营性建设用地入市改革试点县,自 2015 年以来围绕"完善农村集体经营性建设用地产权制度,建立城乡统一建设用地市场"工作目标,积极、稳妥、审慎地推进改革试点,查清全县共有农村集体经营性建设用地 5094 宗 5195 亩,并按照"用途、入市途径、入市条件"进行了细分;截至 2018 年 9 月,共有 110 宗集体建设用地成功入市,涉及 12 个乡镇 23 个行政村的 486.8 亩土地,总成交价 8550 万元。陇西县作为全国农村土地制度改革三项试点县,自 2016 年 9 月以来,由集体经营性建设用地入市试点的单项突进转向"集体经营性建设用地入市改革、集体土地征收制度改革和农村宅基地制度改革"三项试点的统筹推进。截至 2018 年 9 月,首阳污水处理厂等 7 个项目开展土地征收改革试点,涉及 10 个乡镇 34 个村的集体土地 3012 亩,其中 3 个试点项目 450 亩用地已完成土地供应,支付土地补偿及地上附着物补偿费 1300 万元,县里统筹养老保险费用 615 万元;首阳镇面积共 36.6 亩的 70 宗宅基地放活用途后成为临街商铺,并转为集体建设用地入市,成交价款 1474 万元。陇西县作为全国农村承包土地经营权确权登记颁证试点县和全国农民住房财产权抵押贷款试点县,自 2015 年 12 月以来,遵循"依法有序、自主自愿、稳妥推进、风险可控"的原则,紧紧抓住关键环节,大胆推进创新实践,按照因地制宜、综合施策的工作思路,全面加强制度建设、逐步完善配套政策、主动创新金融服务、着力构建长效机制,制定出台《陇西县农村承包土地经营权和农民住房财产权抵押贷款实施方案》（陇政办发〔2017〕63 号），有力、有序、有效推进了试点工作顺利开展；建立了试点银行"两权"抵押贷款工作联系村制度，县上 5 家银行分别联系 5 个乡镇的 5 个村；采取先行试点、整乡推进、分村实施的办法，完成了除城市规划区外含宅基地使用权确权登记工作。截至 2017 年 7 月累计发放宅基地使用权证书 4.9 万本，占总数的 43.3%；截至 2018 年 7 月末，全县参与试点的 6 家金融机构累计发放"两权"抵押贷款 174 笔 28108 万元，其中农村土地承包经营权抵押贷款 23 笔 8673 万元，农民住房财产权抵押贷款 151 笔 19435 万元；全县发放"两权"抵押贷款 112 笔金额 19478.5 万元，同比增长 53.71%，其中农村承包土地的经营权抵押贷款 11 笔 5810 万元、农民住房财产权抵押贷款 101 笔 13668.5 万元。

此外，陇西县还积极开展农村水价综合改革和小型水利工程产权制度改革，积极推进水资源及水利项目参与农村"三变"改革，制定印发《陇西县水资源及水利项目农村"三变"改革实施方案》，积极通过农村水价综合改革、小型水利工程产权制度改革，建立产权明晰、主体明确、责任到位的管理体制，明晰农村水利资源权属，盘活农村水利资源，引导农户或集体将其作为生产要素参与市场配置，实现农村水利资源变资产、资金变股金、农民变股民。

五 肃南县精准扶贫

肃南县地处祁连山北麓，是全国唯一一个裕固族自治县和 28 个人口较少的民族县之一，也是甘肃省确定的 17 个插花型贫困县之一。近年来，肃南县始终把精准扶贫作为"一号工程"，以 5 个建档立卡贫困村、20 个巩固提升村为重点，集中精力、人力、物力、财力，围绕产业培育、基础设施建设、人居环境改善、集体经济发展等方面补"短板"、强"弱项"、还"欠账"，推动脱贫攻坚向纵深发展、向深度进军。精准扶贫攻坚战伊始，肃南县就在贯彻落实上级政策基础上立足民族地区实际，制定下发《关于推进建档立卡贫困村精准扶贫整村脱贫的实施意见》，打包整合饮水安全、动力电覆盖、通村道路、危房改造、公共服务体系建设、社会保障等一揽子政策措施，制定出台财政支持脱贫攻坚、产业扶贫、就业扶贫、教育扶贫、金融扶贫、社保兜底扶贫、健康扶贫等一系列配套政策，形成了"1+16"精准扶贫工作方案，打出了精准扶贫政策"组合拳"。

特别地，肃南县确定了八项扶贫重点工程，在精准施策上出实招、在精准推进上下实功、在精准落地上见实效。一是生态扶贫，全面落实草原生态保护补助奖励政策，实施草原禁牧702.8万亩、草畜平衡1389.1万亩，每年落实草原生态补奖资金1.98亿元，人均达到7506元，全县草原补奖资金人均保底收入达到3353元。二是产业扶贫，按照村有一个主导产业、户有一项致富门路、人有一门致富技能的"三个一工程"建设要求，用好畜牧业发展专项资金，突出甘肃高山细毛羊主导地位，大力推广舍饲半舍饲养殖、细毛羊"两年三产"技术；持续发展肉牛产业，以肉牛养殖补助资金项目方式，支持浅山区农牧民发展品牌肉牛产业，出台《肃南县肉牛养殖产业贷款财政贴息资金管理办法》，依托专项扶贫县级配套资金项目为养殖优质肉牛品种20头以上的养殖户每户给予10万~20万元贷款贴息补助，连续贴息三年；依托丰富的文化旅游资源，引导群众大力发展牧家乐、家庭旅馆、特色餐饮等乡村旅游业，兴办乡村农家乐40户，培育旅游示范乡镇2个，旅游示范村22个；积极推进"互联网+扶贫"，60多种农畜产品、旅游文化纪念品实现了"上网"。三是教育扶贫，将幼儿教育、高中教育纳入免补范围，实现了"三免两补"15年免费教育，落实优秀大学生政府奖励和贫困大学生政府救助、农村义务教育学生营养改善计划等惠民政策，确保建档立卡贫困家庭适龄学生无一人因贫辍学。四是健康扶贫，全面落实健康扶贫各项政策，确保基本医疗保险、大病保险、医疗救助保障贫困人口全覆盖；落实"先诊疗后付费"和"一站式"即时结算报销制度，建立贫困人口家庭医生签约服务机制，确保贫困人口家庭医生签约率和"一人一策"帮扶措施落实率均达到100%。五是社保扶贫，在全面实现"两不愁、三保障"的基础上，积极为贫困村、贫困户协调安排有关民生项目和社保政策，全面落实农牧村低保、养老、"两孤一残"等社会保障政策和粮食直补、农机补贴、草原补奖等强农惠农政策，完善农牧村特困户生活救助、临时补助和大病救助等社会救助体系，农村低保、农村特困供养标准每月分别达到 310 元和 723 元，不断提高民生保障水平。六是科技扶贫，扎实开展各类科技实用技术和惠农政策培训，使全县 80% 以上的劳动力普遍接受了 3～4 次培训，80% 以上的群众接受过职业技能培训，贫困家庭中所有有劳动能力和培训意愿的贫困人口都参加了实用技术和技能培训。七是精神扶贫，精心打造农家书屋、"乡村舞台"等平台，让群众拥有更多的文化活动阵地和空间；利用县乡骨干文化队伍，吸纳农牧村文艺爱好者，开展"快乐老乡"、文化惠民演出、文化志愿服务等活动，以脱贫政策、脱贫致富典型事迹、移风易俗等为素材，编排群众喜闻乐见的舞蹈、小品、快板等文艺节目，农牧村文化生活更加充实，社会文明程度逐步提升。八是金融扶贫，建成便民金融服务网点 65 个，5 个建档立卡贫困村均设置便民金融服务点，并通过发放 2 年期草食畜牧业贷款、支农再贷款、扶贫贷款等方式切实加大金融扶贫支持力度。

肃南县精准扶贫工作取得显著成效。2015～2017 年，全县共整合各类项目资金 4.5 亿元，全力实施整村推进、基础设施建设、富民产业培育等重点项目，全县贫困村面貌发生了巨大变化。截至 2017 年底，全县农牧民人均可支配收入达到 15672 元，贫困户人均可支配收入达到 11876 元，全县贫困人口全部实现稳定脱贫，贫困发生率由 2013 年的 1.16% 下降为零，成功甩掉贫困帽子。2018 年全县农牧民和已脱贫户人均可支配收入分别达到 17004 元和 13064 元，同比增长 8.5% 和 10%。

六 临泽县农村人居环境整治

临泽县把改善农村人居环境作为实施乡村振兴战略的一项重要任务来积极推动，将农村人居环境整治与全域无垃圾治理、生活污水处理、农村厕所革命、美丽乡村建设等工作有机结合，特别是临泽县深入开展为期 100 天的"三清五改六拆三治"城乡人居环境整治百日攻坚行动，通过重点突破、建立示范社、全面推开、压茬推进等一系列行之有效的举措，推动农村人居环境大变样。

一是以"三清"为重点，全面清理各类垃圾。集中力量开展垃圾清理行动，紧盯房前屋后、闲滩空地、沿路沿线等重点地段，深入动员群众对生活垃圾、畜禽粪便、废旧农膜、尾菜、柴草堆垛、晾晒粮草农作物等进行集中清理。二是以"五改"为抓手，不断夯实农村基础。大力实施住房改造、后院改庭院、改炕、改厕、改造闲滩空地工程的"五改"工作，特别是坚持开展门前建"两园"（小花园、小菜园）、庭院抓"五改"，以家家环境小改善，推动村村环境大变样。三是以"六拆"为突破，不断改善村容村貌。坚持"拆改建并举、前中后院共美"的原则，动员引导群众拆危房、改旧房、建新房，以拆除沿路沿线残垣断壁、危旧房屋、易地扶贫搬迁户拆旧复垦、废弃大棚、破烂圈舍、简易场房为重点，把"六拆"作为整治农村人居环境的一项"硬指标"，采取调查摸底、建立台账、拆除销号等措施，确保做到"拆除一处、洁净一地、美化一片"。四是以"三治"为措施，全力推进美丽乡村。始终把美丽乡村建设作为提升农村环境面貌的重要载体，全面治理乱埋散葬、乱贴乱画乱停乱放、渣土车抛洒遗漏乱象，着力打造体现农村特色、保留乡村风貌的绿色美丽乡村。

临泽县以百日攻坚行动为依托，久久为功，在"清"上持续用力；抓住关键，在"改"上做好文章；突出重点，在"拆"上聚焦突破；严管严查，在"治"上加大力度。据统计，截至2019年6月，全县自集中治理行动开展以来，共清理垃圾杂物5015吨，治理面源污染点1316个，乱堆乱放18245处；拆除残垣断壁668处、危旧房屋35间、废弃大棚120座、破烂圈舍440间。

第三节　乡村典型案例

一　永登县苦水镇——中国"玫瑰之乡"

永登县苦水镇位于兰州市郊、庄浪河下游，南邻西固区河口乡，北接永登县红城镇，西与红古区相邻，东连永登县树屏镇，是闻名遐迩的中国"玫瑰之乡"。全镇总面积454.5平方公里，平均海拔1793米，年均气温8.1℃，年降水量280毫米。全镇现辖12个行政村，102个村民小组，8060多户，3.3万多人。2018年全镇农村居民人均可支配收入达到12350元。苦水镇耕地面积3.7万亩，其中水浇地2.2万亩，主要粮食作物有小麦、玉米、大豆等,经济作物有蔬菜、油籽、果品、花卉、苗木等。

苦水镇特产玫瑰种植历史悠久、面积大、品种多、产量居中国之首,被誉为中国"玫瑰之乡"。具体而言,苦水镇玫瑰种植已有400多年的历史,种植面积约1.8万亩。近年来,苦水镇为进一步提高玫瑰产品附加值,加大扶持力度,引导玫瑰加工企业不断延伸产业链条,利用新技术开发新产品。全镇现已有玫瑰深加工龙头企业6家、个体加工点近20余家、玫瑰系列酒品生产厂家2家,玫瑰产品涉及新型化工、医药、食品、酒饮、保健、美容等多个领域,产品达160余种。苦水玫瑰目前已成为国家地理标志保护产品,成功注册苦水玫瑰证明商标,并被认定为甘肃省著名商标。苦水玫瑰精油拥有了国家标准和国际标准,"甘肃永登苦水玫瑰农作系统"被列入了中国重要农业文化遗产名录。2018年5月,第十一届"中国玫瑰之乡·兰州玫瑰节"在苦水镇盛大开幕,苦水玫瑰品牌借此进一步名扬四方。

需指出的是,苦水玫瑰并不局限于苦水镇,而是以苦水镇为核心辐射带动了周边8个乡镇。据统计,永登县苦水玫瑰种植面积达到10.16万亩,玫瑰鲜花年产量2460万公斤,生产玫瑰精油1200公斤、干花蕾260万公斤、纯露1200吨、玫瑰糖酱320吨,产业总产值约6亿元。全县已开发出化妆品、药品、视频、保健品等各系列产品186种,注册产品商标121个。苦水镇已是国内玫瑰花和玫瑰精油的主要生产基地,苦水玫瑰花和玫瑰精油在全国具有举足轻重的地位。

二 陇西县首阳镇——道地药材生产集散基地

首阳镇位于陇西县西部,距离县城21公里,渭水穿境而过,属渭河河谷平原区。首阳是西北最大的中药材种植、加工和集散基地,是全国道地药材的重要产区之一,被列为甘肃省小城镇建设综合示范镇,入选全国第二批特色小镇,被原农业部认定为"农产品定点市场"和全国"一村一品"示范村镇。

近年来,首阳镇紧紧围绕打造饮片加工城和国家级中药材特色小镇的目标定位,深入实施"产业强镇、项目建镇、商贸活镇、科技兴镇、依法治镇"五大工程,初步形成了种植标准化、加工园区化、市场专业化、仓储规范化、物流网络化的良好发展格局，成为西北地区最大的道地中药材仓储集散中心和"十大陇药"生产基地之一。首阳镇还从推广中药材种植标准化进程入手，采取"公司牵头建基地、政府指导抓面积"的运作模式，辐射带动全镇形成5万亩左右的中药材主产区，引导中药材种植走向标准化、规模化。为进一步提升市场承载力、加快交易信息化建设，首阳镇投资2.4亿元打造了甘肃中药材交易中心，引进甘肃中药材交易中心数字化智能仓储立体库建设项目，静态仓储能力达5万吨，动态仓储能力达20万吨。目前，该中心集中药材交易商铺、原药材交易大棚和饮片展销厅等为一体，是全国重要的中药材原产地交易市场之一，是党参、黄芪等道地中药材价格形成中心，年交易原药材和饮片约50万吨，年交易额达百亿元。

三 凉州区清源镇——葡萄酒特色小镇

清源镇位于武威市凉州区东部的沙漠边缘，镇域面积168.8平方公里，耕地面积3.77万亩，辖15个行政村、119个村民小组，总人口约2.5万人。清源镇拥有酿造葡萄酒的得天独厚的优势，和世界著名葡萄酒产区法国波尔多相媲美，位于北纬36°~38°的葡萄园黄金种植纬度带上，加上西北干旱的温带荒漠、半荒漠气候，成就了著名的葡萄酒产地。

近年来，清源镇立足悠久的栽培酿造历史、深厚的文化底蕴和独特的自然禀赋，把以葡萄酒为主的"液体经济"作为经济发展的首位产业加以发展。借助"中国葡萄酒城"这一金字招牌，打造葡萄种植、酿造、生产加工及葡萄主题旅游等全产业链。在此基础上，结合武威市马踏飞燕大景区的建设，在镇域内已有2个4A级旅游景区（沙漠公园和神州荒漠野生动物园）的基础上，清源镇着手打造葡萄酒小镇旅游品牌，依托甘肃威龙欧斐堡国际酒庄有限公司、甘肃莫高实业发展股份有限公司等多家葡萄酒企业，大唐葡萄观光园、国家葡萄酒特色小镇的独特优势，整合葡萄观光、葡萄酒文化、葡萄酒庄及本地旅游资源，形成了独具特色的葡萄酒观光旅游胜地。值得指出的是，武威莫高国际生态酒堡、甘肃威龙欧斐堡国际酒庄都巧妙地结合了周边沙丘地势，葡园环绕，成为绿树成荫的节水示范园区和集生产加工、观光旅游、休闲娱乐为一体的庄园式工厂；同时，多座各具特色的中、小型酒堡，与甘肃威龙欧斐堡国际酒庄、武威莫高国际生态酒堡相呼应，形成大珠小珠落玉盘的优美格局。

四 临泽县板桥镇红沟村——全国乡村旅游示范村

红沟村位于临泽县板桥镇东南，曾经是一个贫困村，如今依托特色产业发展，已成功实现脱贫，走上了一条强村富民之路，并入选了全国乡村旅游示范村。

2000年以前，红沟村产业单一，主要种植小麦和大田玉米，人均收入不到2000元。2000年以后，红沟村适应市场经济形势，积极谋划和坚持发展玉米制种、葡萄两大特色农业产业，人均收入逐步提高。目前，全村玉米制种面积达3200亩、葡萄面积达1500亩，全村经济收入达2000万元，人均纯收入超过14500元。其中，红沟村在葡萄产业发展方面，充分发挥红沟葡萄专业合作社主体作用，着力提升葡萄品质、严格生产环节、加强技术指导、完善冷链设施、实施统一销售，打造具有典型示范带动作用的千亩葡萄标准化生产示范园，并在千亩示范园基础上又建设900亩观光采摘园，推出"旅游+农业"的发展新模式。

近年来，为适应乡村旅游发展的趋势和需求，红沟村因地制宜，充分依托红提葡萄、黑河风光、农耕民俗、峡谷奇观等资源优势，以打造特色旅游乡村为目标，积极打造以葡萄产业示范带、民俗文化体验带、黑河自然风光带、峡谷奇观探险带为主的复合型乡村旅游链。其中，把峡谷奇观旅游基础设施配套作为发展红沟特色乡村旅游的着重点，注册成立红沟村乡村旅游文化公司，拓宽硬化通往峡谷奇观道路，配套停车场、旅游厕所及周边旅游基础设施，不断提升景区档次。同时，深入挖掘旅游资源，将不适宜种植的盐碱地重新启用，因地制宜，在红沟南河滩盐碱地新建以"荷鱼共生"为主题的荷花观光垂钓基地，通过平整铺垫道路，栽植复合型生态林，不断提升荷花池周边景观，结合黑河风光，着力打造"旅游+生态"的旅游新业态。此外，着眼和服务于打造具有乡村文化内涵的特色旅游乡村，红沟村统筹实施美丽乡村建设项目、"一事一议"财政奖补项目、文化体育广场项目以及居民点农户前门面改造项目，推进特色民俗、绕村水系、后院变庭院建设，新建集文化体育广场、乡村舞台、农贸市场为一体的开放式广场，将村旧提灌站改造为特色民俗客栈，配套建设了大锅台、农耕回忆等设施和场地，举办了"遇见红沟·妈妈的味道"美食大赛等乡村旅游特色活动，通过支部引领、党员带头，逐步打造集峡谷奇观探险采风、农业科技示范、农事体验、果品采摘、休闲度假为一体的红沟特色乡村旅游业态，推动实现特色乡村旅游的乡村景区化、景区全域化，让乡村旅游既彰显"土气"又焕发"生气"和"朝气"，助推全村经济社会持续健康发展。2019年7月，文化和旅游部、国家发展改革委确定的第一批全国乡村旅游重点村名单中，临泽县板桥镇红沟村成功入选。

五　榆中县甘草店镇咸水岔村——省级"三变"改革试点村

榆中县甘草店镇咸水岔村是甘肃省农村"三变"改革试点村之一。在推行"三变"改革过程中，咸水岔村结合自身实际，聚焦"牛"产业，引进芳美肉牛养殖专业合作社作为承接经营主体，多种方式带动群众发展"牛"经济，拓宽依托"牛"产业增收致富的新路子，实现群众的稳定增收。

首先，咸水岔村盘活集体资源，将村里的塘坝、村集体土地、砖厂等入股合作社，设立了塘坝股、土地股、闲置资产股三类股份，其中2座塘坝按3万元评估作价入股，每年按照10%保底分红3000元；废弃砖厂闲置的27亩土地作价入股，每年保底分红25000元；50亩村集体土地作价入股，每年保底分红10000元，推动资源变资产。通过资源变资产，2018年村集体获得收入32300元（85%）、农户获得分红4560元（12%）、扶贫基金增加1140元（3%）。

其次，为了让资金变成股金，咸水岔村采取财政资金入股、帮扶资金入股和互助资金入股三种方式，吸引农户积极参股入股。具体地，咸水岔村将市县配套的财政支农资金200万元按照1∶1比例进行配股吸纳农户资金200万元，将400万元全部入股合作社，配股资金每户不超过2万元，合作社每年按10%的比例给农户进行保底分红，农户将财政配股资金所得分红的 10% 上交村集体用于发展村集体公益事业；将天津市宁河区 400 万元对口帮扶资金统一入股合作社，每年按 10% 进行保底分红，带动 4 个乡镇 80 户贫困户，每户增收 5000 元以上；将村级互助资金 15 万元作为村集体股份入股合作社，每年按 10% 的比例分红收益 1.5 万元，用于发展壮大村级集体经济。

再次，咸水岔村结合产业到户资金和产业扶持政策，设立了肉牛股、土地劳务股、饲草股三种股份，打造"股份农民"。对无劳动能力、无产业发展条件且无发展意愿的建档立卡未脱贫户每户配套到户产业资金 1 万元，以买牛方式入股，同时财政资金配股 1 万元，每年每户保底分红 1350 ~ 1950 元不等。合作社与农户签订流转收购合同，按照合作社要求统一种植饲草，将农户土地、劳务折股量化每亩 600 元（土地 200 元、劳务 400 元）进行入股，股金在饲草收入中折算，每年每亩土地劳务分红 60 元，全村通过土地、劳务折股量化入股农民 69 户，涉及土地 1000 亩，每亩可净增收 300 ~ 500 元。以饲草订单收入为准，农户把种植的饲草折股量化为入股资金，再按照 1:1 比例配股，按 10% 年底保底分红，全村共有 45 户农户参与饲草入股，每户年底保底分红 2000 元。

最后，芳美肉牛养殖专业合作社作为经营主体，按照"支部 + 协会 + 合作社 + 农户"的发展模式，通过"母牛还犊""分散养殖育肥""集中托管托养""订单收购饲草""入股分红"五种方式，带动贫困户增收致富。同时，合作社聘任镇兽医站 2 名工作人员担任养殖场的防疫员，提供专业防疫技术，并为每头牛建立防疫档案；合作社为每头肉牛购买 5000 元的意外保险，降低肉牛养殖风险；合作社向镇政府上交 50 万元作为风险预备金，为农民所投的股份提供风险保障；合作社实行"股金入社钱变牛，退股出社牛变钱"股金对号到牛的实物抵押制度，让农户入股有底气、退股有保障。

六 麦积区麦积镇后川村——全国美丽宜居示范村

天水市麦积区麦积镇后川村位于天水市东南，地处麦积山和仙人崖景区旁，邻近佛教圣地净土寺，全村辖 7 个自然村，约 280 户 1280 人（其中劳动力人口 800 多人），村庄风景秀丽，山清水秀。该村依托旅游资源优势，把旅游服务作为主导产业，全村有 400 多人都在从事与旅游服务相关的工作。该村曾先后荣获"农村能源建设先进村""拥军优属模范村""农家乐建设先进村""五个好村党组织""全区农民收入十强村""新农村建设先进村"等荣誉称号。2017 年 8 月，该村又荣获了住房和城乡建设部评选的全国改善农村人居环境"美丽宜居示范村"。2020 年 2 月，后川村又入选了国家林业和草原局公布的第二批国家森林乡村名单。

自 1999 年以来，该村以建设生态型新农村为目标，按照"村在林中、院在树中、人在绿中"的绿化要求，绿化覆盖率达 85%。自 2003 年以来，村"两委"带领全村广大党员群众积极依托景区资源优势，大力发展"农家乐"旅游服务业，努力改善群众生产生活条件，全力推进新农村建设，取得了丰硕成果，截至 2010 年底共发展农家乐 53 户。2011 年，后川村针对农家乐建设档次低、服务滞后的实际，按照"改善硬件设施，提升整体服务水平，全力打造麦积农家乐特色品牌"的要求，启动了农家乐改造提升工程，对全村农家乐建设进行整体规划设计，将全村分为改造升级经营区、新农村建设居住区、公共基础设施服务区、生态休闲区、经济林采摘区、农业种植观光区、山坡绿化观光区、河道治理区和道路治理区 9 个区，安排了三期工程进行建设，项目工程总投资 3155.8 万元（政府投资基础设施 1330.4 万元，农户投入建设资金 1825.1 万元），于 2012 年完成建设，由此大大改善了村庄硬件设施，提升了村庄整体服务水平，使全村农家乐都达到了三星级农家乐标准。依照规划设计，该村逐级形成了观光休闲农业与乡村旅游发展模式，建成了生态休闲区、经济林采摘区、农业种植观光区、山坡绿化观光区等，游客既可以体验农作物从种到采摘的生产环节，也可以上山自己采摘栗子、松子、核桃等土特产，真正享受"吃农家饭、住农家屋、做农家活、看农家景"的生活。现在的后川村，12 米宽的街道两旁是农家乐，全部为统一的仿古木质二层式凉亭，门窗是古典镂空式样，屋檐下挂着一个个大红灯笼；两边青山葱郁，绿树鲜花掩映，建筑与环境相得益彰、相映成趣。

| 第五章 |

甘肃省农村基层治理的实践困境

尽管甘肃近年来不断加强农村基层治理，然而甘肃省农村基层治理实践中仍面临一系列深层次矛盾与问题，由此产生了一系列的治理困境。需指出的是，这些矛盾和问题由来已久，其所带来的治理困境在全国也具有普遍性，但在甘肃尤为突出。

第一节　深层次矛盾

一　行政化与民主化

1. 农村基层治理行政化与民主化矛盾的由来

中国传统的农村社会一直存在很强的自治性。秦汉以前实施分封制，"王权不下乡"；秦汉之后实行郡县制，"皇权止于县政"。千百年来，中国农村主要存在的是以宗族为代表的非正式权力，正式权力的影响作用有限。这一现象曾被著名学者秦晖教授概括为："国权不下县，县下惟宗族，宗族皆自治，自治靠伦理，伦理造乡绅。"1949 年新中国成立后，国家通过土地改革、贯彻婚姻法运动以及"整党"等活动巩固政权和加强统治，将国家权力渗透至农村基层社会；1958 年人民公社化运动之后，实施"政社合一"体制，农村受到高度集权的行政化控制，国家全面垄断农村社会的生产、资金、物资、机会、权力和威望等，加上意识形态的强化和阶级斗争的威慑，农村社会自治性几近全部丧失。1978 年改革开放以后，特别是随着 1982 年家庭联产承包责任制的实施, 1984 年人民公社制度彻底解体、全面实行政社分开和建立乡镇政府, 1988 年《村民委员会组织法》实施, 国家行政权力逐渐上收, 农村社会自治权逐渐恢复。从 2006 年开始, 国家一方面全面取消农业税, 行政权力被进一步大幅削减, 对农村社会的动员和管理能力急剧下降, 农村社会自治权进一步发展; 另一方面开始扎实推进新农村建设, 实施以工促农和以城带乡, 出台了一系列强农惠农富农政策措施, 国家行政权力又逐渐开始向农村渗透。由此, 行政权与自治权两者之间的冲突与矛盾开始凸显。

2. 农村基层治理民主化的持续发展

1978 年 12 月, 邓小平在党的十一届三中全会主题报告上就强调指出: "当前这个时期特别需要强调民主。由于在过去一个时期内, 民主集中制没有真正实行, 离开民主讲集中, 民主太少。"之后, 随着农村家庭联产承包责任制的逐渐确立推广以及"政社合一"人民公社体制的逐渐解体消亡, 以村民自治为主要内容的民主化进程启航前行。村民自治发端的标志性事件是, 1980 年广西宜州县 (现宜州市) 和罗城县第一批村民委员会的产生, 其中 1980 年 2 月 5 日广西宜州县三岔公社合寨大队 (现宜州市屏南乡合寨村) 村民自发投票选举产生了中国第一个村民委员会。村民委员会这一新的基层组织形式出现后, 立即得到党中央的高度重视和支持。1982 年 12 月发布执行的《宪法》, 充分肯定了加强民主的原则精神, 并明确规定: "城市和农村居民居住地区设立的居民委员会或者村民委员会是基层群众性自治组织。居民委员会、村民委员会的主任、副主任和委员由居民选举。"1987 年 11 月, 《村民委员会组织法 (试行)》经全国人大常委会审议通过发布, 自 1988 年 6 月开始实施, 该法明确规定"村民委员会是村民自我管理、自我教育、自我服务的基层群众性自治组织"。1990 年 9 月, 民政部下发《关于全国农村开展村民自治示范活动的通知》, 在全国农村开展村民自治示范活动。1994 年 11 月, 中共中央发布《关于加强农村基层组织建设的通知》, 指示要认真贯彻执行《村民委员会组织法 (试行)》, 健全村民委员会和村民小组, 完善村民自治制度, 更好地发挥基层群众自治组织自我管理、自我教育、自我服务的作用, 并强调要广泛开展依法建制、以制治村、民主管理活动，继续开展村民自治示范活动。由此，村民自治逐渐在全国广泛推行，并进入制度化运作时期，成为在我国农村基层实行直接民主的一项基本政治制度。随后，1998 年 11 月、2010 年 10 月和 2018 年 12 月，全国人大常委会先后三次审议通过对《村民委员会组织法》进行修正，以民主选举、民主决策、民主管理和民主监督为核心内容的村民自治在全国各地落地生根、开花结果。

在国家推行农村基层民主的背景下，1998 年 12 月，甘肃省人大常委会审议通过《甘肃省村民委员会选举办法》；2000 年 5 月，甘肃省人大常委会审议通过《甘肃省实施〈中华人民共和国村民委员会组织法〉办法》；2013 年 5 月和 2019 年 7 月，甘肃省人大常委会先后两次审议修订《甘肃省实施〈中华人民共和国村民委员会组织法〉办法》和《甘肃省村民委员会选举办法》。目前，甘肃省经选举产生设置了 1.61 万个村民委员会，村民自治已在甘肃省各地普遍实施。

3. 农村基层治理行政化的不断变化

新中国成立后，国家行政权力为巩固政权需要而渗透进农村社会。人民公社化之后，国家行政权力对农村社会的控制达到顶峰。改革开放之后，伴随家庭联产承包责任制的确立推广以及人民公社体制的解体消亡，国家行政权力逐渐从农村社会退出。从 2004 年开始逐步取消农业税，2006 年全面取消农业税，国家行政权力在农村的延伸降到了低谷。然而，2005 年 10 月，党的十六届五中全会做出了建设社会主义新农村的决策部署，提出了"生产发展、生活宽裕、乡风文明、村容整洁、管理民主"的具体要求。从 2006 年开始，全国自上而下扎实推进新农村建设，推动以工促农和以城带乡，出台了一系列强农惠农富农政策措施，如 2007 年中央一号文件名称就是《中共中央国务院关于积极发展现代农业 扎实推进社会主义新农村建设的若干意见》（中发〔2007〕1 号），该文件明确提出"实行工业反哺农业、城市支持农村和多予少取放活的方针，巩固、完善、加强支农惠农政策，切实加大农业投入，积极推进现代农业建设，强化农村公共服务，深化农村综合改革"。2012 年 11 月，党的十八大提出建设"美丽中国"的任务目标。2013 年中央一号文件提出要推进农村生态文明建设，努力建设美丽乡村。随后，国家多部委积极部署安排①，全国各地全面掀起美丽乡村建设热潮。美丽乡村建设成为中国社会主义新农村建设的代名词，在美丽乡村建设热潮下，一系列新的支农惠农富农政策措施相继出台实施。由此，国家行政权力又逐渐开始向农村渗透。

自 2013 年以来，随着精准扶贫、脱贫攻坚、乡村振兴的大力开展，国家行政权力向农村的渗透达到了新的高度。2013 年 11 月，习近平总书记在湖南湘西考察时首次提出"精准扶贫"思想理念。2014 年 12 月，中央经济工作会议要求实现精准脱贫。2015 年 11 月，习近平总书记在中央扶贫开发工作会议上明确提出，"脱贫攻坚战的冲锋号已经吹响。我们要立下愚公移山志，咬定目标、苦干实干，坚决打赢脱贫攻坚战，为全面建成小康社会而努力奋斗"。2017 年 10 月，习近平总书记在党的十九大主题报告中指出"必须始终把解决好'三农'问题作为全党工作的重中之重，实施乡村振兴战略"，"坚决打赢脱贫攻坚战。要动员全党全国全社会力量，坚持精准扶贫、精准脱贫"。2018 年 1 月，国务院公布 2018 年中央一号文件，即《中共中央国务院关于实施乡村振兴战略的意见》。2018 年 6 月，中共中央、国务院发布《关于打赢脱贫攻坚战三年行动的指导意见》，强调坚持精准扶贫、精准脱贫基本方略，坚持中央统筹、省负总责、市县抓落实的工作机制，坚持大扶贫工作格局。2018 年 9 月，中共中央、国务院印发《乡村振兴战略规划（2018～2022 年）》，要求各地区各部门结合实际认真贯彻落实。随之，精准脱贫作为决胜全面建成小康社会三大攻坚战之一、乡村振兴战略作为新时代"三农"工作总抓手在全国各地全面实施开来，一系列支农惠农强农富农的政策密集出台。

由上，在全面取消农业税之后，自 2006 年以来，伴随着全国自上而下开展的新农村建设、美丽乡村建设、精准扶贫和脱贫攻坚、乡村振兴战略

---

① 农业部办公厅于 2013 年 2 月发布《关于开展"美丽乡村"创建活动的意见》（农办科〔2013〕10 号），明确从 2013 年起组织开展"美丽乡村"创建活动。财政部 2013 年 7 月发布《关于发挥一事一议财政奖补作用，推动美丽乡村建设试点的通知》（财农改〔2013〕3 号），决定将美丽乡村建设作为一事一议财政奖补工作的主攻方向，启动美丽乡村建设试点。

实施等，农村行政化以一系列"三农"政策实施落地为载体而逐渐强化。当前，一些行政意味很浓的现象较为普遍地出现，如规定村委会"两委"班子"一肩挑"的比例要达到 80%，乡镇政府对村"两委"干部下放行政性事务并实行年终考核，村"两委"班子成员实行"坐班制"。这些做法，在很大程度上是"去自治"的举措。

4. 农村基层治理行政化与民主化矛盾的影响

行政化和民主化是农村基层治理的两种基本路径，在农村基层治理实践中都发挥着不可或缺的作用。民主化是农村作为自治场所、农民实施自我管理的应有之义，而行政化是应对农村和农民普遍自我发展能力不足的现实需要，一方面当前农村基层的自我治理能力不足而仍需要基层政府强有力的行政介入进行提升，另一方面当前农村基层的经济发展能力不足而需要地方政府不断加大财政转移支付力度。然而，这两者之间却存在一定的内在矛盾，从而为农村基层治理带来多方面挑战。特别是，当前农村行政化下沉趋势日益凸显，大量社会事务转嫁给农村基层组织，与农村社会的自治构成了一定的张力，从而对培育农村自治组织活力、壮大基层民主的社会基础、养成理性健康的公民文化等都产生了不可忽视的抑制作用；村委会行政化倾向明显，由农村群众自治组织变成乡镇基层政府的延伸与附属物，成为乡镇基层政府的"腿"，导致一方面由于村委会并不具有行政组织的性质和地位，也就没有行政组织的权威，在完成行政任务时并不得心应手，另一方面村委会名义上的自治而实际上的行政化又使它得不到村民的信任和支持。现实中，村级治理参与程度不高、管理组织单一、行政化倾向明显，既阻碍了基层协商民主推进，也降低了村级有效治理的程度。

二 政治性与经济性

1. 农村基层组织政治性与经济性矛盾的由来

农村集体经济组织，产生于 1950 年代初的农业合作化运动，是我国《宪法》《土地管理法》所规定的农村土地的所有者。农村集体经济组织既不同于企业法人，又不同于社会团体，也不同于行政机关，自有其独特的政治性质和法律性质。在人民公社化以前，中国农村实行的是乡社分立的管理体制，乡是基层政权，合作社是农业经济组织。而在人民公社化时期，实行"政社合一"体制，人民公社既是行政组织又是经济组织，一个组织履行两种完全不同的职能。"政社合一"往往注重以政代社，忽视合作社对其成员的经济责任。在人民公社时期，公社代行乡政府职能，由于人民公社与生产大队、生产队的经济关系，从而衍生出人民公社、生产大队、生产队之间的准行政关系，逐级服从上级的行政命令，甚至于衍生出上级对下级的资产拥有、调配关系。

1982 年 4 月，全国人大发布《宪法修正案草案》决议，中共中央、国务院发出《关于实施〈宪法修改草案〉中规定农村人民公社政社分开问题的通知》；1983 年 10 月，中共中央、国务院发布《关于实行政社分开建立乡政府的通知》，开始将以往的"政社合一"的人民公社体制改为政社分设和在人民公社一级设立乡镇政府，要求各地在 1984 年底以前大体上完成建立乡镇政府的工作。农村人民公社体制由此逐渐解体消亡。然而，中央文件对村级组织并没有提出政社分设的要求，文件还特别提出："当地群众愿意实行两个机构一套班子，兼行经济组织和村民委员会的职能，也可同意试行。"总之，20 多年的人民公社体制运行，埋下了农村基层组织政治性与经济性矛盾的种子，至今影响犹存。农村基层组织实际上是一个综合体，几块牌子一班人马，交叉任职，功能也交织，各种矛盾丛生。

2. 当前农村基层组织的"政经不分"问题

《村民委员会组织法》以及《甘肃省实施〈中华人民共和国村民委员会组织法〉办法》都明确规定了村民委员会是基层自治组织，要求村民委员会应当尊重并支持集体经济组织依法独立进行经济活动的自主权。《中国共产党农村基层组织工作条例》规定以村为基本单元设置党组织，明确村党组织是党在农村的基层组织。村民委员会作为村民自治组织、村党委作为党的基层组织，政治性都是其根本性质，而农村集体经济组织的根本性质是经济性，但现实中村"两委"往往代行村集体经济组织职能，客观上造成了农村基层组织"政经不分"的状态。在甘肃省不少农村地区，集体经济组织在经营活动中被村党支部和村民委员会架空，村集体经济组织中的重要职位都是由村"两委"班子交叉任职，村党支部和村民委员会成为村级集体经济的运营者，人力、财力和各类生产资源都由他们统一支配使用，参加合作社的村民只是在生产的过程中充当劳力和合作生产者，不能参与到村级集体经济组织的管理与发展中去。这导致"政企不分"，不利于保障农户作为股民的参与权、管理权，可能使股东大会、董事会、监事会的组织架构只流于形式而不能产生实际效用。同时在村级集体经济由村干部起主导和推动作用时，由于监事会也是由村干部兼职组成，所以在村级集体经济组织中村"两委"既成为运动员也成为裁判员，无法充分发挥监事会的监督作用。此外，农村集体经济组织承担了社会管理、公共支出、福利事业等集体资产经营管理以外非经济职能的问题也很突出，是另外一种的"政经不分"，不利于村级集体经济组织的长远发展；在富人治村等模式的推行过程中，企业家当村干部现象普遍，这些新型的村干部一方面要带领群众致富，另一方面他们自身的经济活动也要获取利润，由此可能出现公权力与私权力界限不清、权力资本化的倾向，成为"政经不分"问题的新表现。

三　计划性与市场性

1. 农村资源配置计划性与市场性矛盾的由来

新中国成立以后，我国作为社会主义国家，加之受苏联体制的影响，长期实行高度集中的计划经济体制，在农村尤甚。具有代表性的是长期实行"一大二公"的人民公社体制、粮食统购统销的农产品流通政策、控制人口流动的户籍管理制度。改革开放以后，农村逐渐开始实行市场经济，解体了人民公社体制，取消了粮食统购统销政策，逐步放开了农产品价格，逐步放松了人口流动控制，并开始鼓励乡镇企业发展，推进农村土地流转，支持培育新型农业经营主体，农村市场经济也逐渐发展起来。在之前计划经济和随后市场经济的发展洗礼下，农村资源配置中既有计划因素，又有市场因素，两者共存，然而计划的指令性和市场的自主性两者间本就有内在的冲突，如若分工协调不当（实践中普遍存在），矛盾也就在此过程中孕育而生。

2. 当前农村资源配置中计划性与市场性的矛盾

2013 年 11 月，党的十八届三中全会通过的《中共中央关于全面深化改革若干重大问题的决定》，明确了"使市场在资源配置中起决定性作用和更好发挥政府作用"的定位，厘清了市场与政府在资源配置中的地位作用问题。在发展不平衡不充分的农业农村领域，尤其要重视政府和市场的分工与协同，必须坚持市场化的方向，发挥市场在农业资源要素配置中的决定性作用，使亿万农民成为乡村振兴的主要参与者和受益者，同时要通过政府的"有形之手"对市场失灵和外部性较大的领域进行校正和补充。然而，当前市场在农村资源配置中的决定性作用远未能充分发挥出来，农村土地、金融、人才等要素市场的发育还很不充分、不完善，而在推行新农村建设、美丽乡村建设、精准扶贫和脱贫攻坚、乡村振兴战略以及一系列支农惠农强农政策的背景下，政府在农村资源配置中发挥了超乎寻常的作用。由于政府与市场分工协调不足，市场性与计划性之间的矛盾在农村地区表现得非常突出，导致农村资源配置的效率低、效益差，成为农村经济可持续发展的深层次障碍。

四 运动式与常规式

1. 农村基层治理运动式与常规式矛盾的产生

农村农业问题千头万绪，既需要常规长效机制，也需要运动式治理。在治理中，常规机制与运动机制相互矛盾又相辅相成。如若常规机制不能正常发挥作用，特别是在组织失败背景下，采取运动机制就有了必要性。然而运动式治理的突出特点是（暂时）打断、叫停官僚体制中各就其位、按部就班的常规运作过程，意在替代、突破或整治原有的官僚体制及其常规机制，代以自上而下、政治动员的方式来调动资源、集中各方力量和注意力来完成某一特定任务。这些运动式治理的行为常常由自上而下的指令启动，甚至来自上级领导的主观意志。这种治理方式可以在非常短的时间内，造成轰轰烈烈的声势，打破条条块块的分割，调动方方面面的力量，并且效果几乎是立竿见影。运动式治理方式以"时间短、见效快"著称，但是它也明显缺乏必要的持久性。但是，缺了运动式治理也不行，常规治理机制虽有持久性、长效性的优点，但也存在波澜不惊、行动迟缓、见效太慢等问题。

2. 当前农村基层治理中运动式与常规式的矛盾

当前在甘肃省农村基层，运动式治理实质上成为主流形式，常规式治理退居次要地位。运动式治理时间短、见效快，受到上下各级管理者的青睐，各类短期性的活动、行动、工程、项目等充斥于当前甘肃农村基层治理的方方面面。从脱贫攻坚到乡村振兴的各项繁重任务，层层加码式的运动式治理，到了乡镇政府，然后再"下卸"加压到村干部的头上。常规式治理虽然持久长效，但难出政绩、见效慢，长效性的政策、制度、体制、机制、改革、创新等在当前甘肃农村基层治理中的存在感和影响力相对较弱。以垃圾处理为例，如果单纯依靠运动式治理，垃圾问题虽能短期见效但难以根本解决，建立一套城乡一体的垃圾一体化处理体系才是根本之道。同理，现代农业发展、村级集体经济发展、劳动力就业、扶贫脱贫、移风易俗、人居环境改善、环境污染防治等，均是如此，都需要运动式治理与常规式治理相结合，而且应以常规式治理为基础和主体、注重建设长效机制和健全制度体系，以运动式治理为辅助、重在解决非常规的突出性问题。

五 人治化与法治化

1. 农村基层治理人治化与法治化矛盾的由来

长期以来，甘肃各地农村基层治理实际实行的都是以人治为主的模式，这种模式已经成为农村基层治理现代化的重要制约。人治在农村基层治理中从不缺失，而法治在农村基层治理中却是个相对新的课题。法治建设的根基在基层、薄弱区域在乡村。在当前全面依法治国的新的时代背景下，法治需居于农村基层治理的核心和基础地位，法治化是农村基层治理需长期坚持的方向，必须在农村基层治理模式上实现从人治到法治的变革。以法治保障乡村有效治理，是夯实农村基层治理的固本良策。然而在农村从人治到法治转变过程中，不可避免地会出现人治与法治的冲突和矛盾。

2. 当前农村基层治理中的人治化与法治化矛盾

当前全国各地农村基层治理中，时常出现诸如"能人治村"之类的模式，这种模式不仅普遍存在甚至成为一种成功经验被效仿或推广（如近年来庆阳市大力实施"能人治村、好人治村"战略，积极选拔管理型"好人"和致富型"能人"担任党支部书记），这反映了农村基层治理未能真正步入法治轨道。"能人治村"是依靠能人的智慧、胆识、口才、人脉等，走的是"人治"之路，强调的是个人才能，而不是依靠制度和规范。这进一步加剧了干部群众法治观念淡漠问题，"信访不信法""宗族治村"等现象频现，农村社会法治根基不牢。

在当前农村基层治理实践中，"法治为形、人治为实"现象较为普遍。这具体表现在：一是村民自治实施效果不尽如人意，村民自治的核心是实现村级民主治理，包括民主选举、民主决策、民主管理和民主监督等内容，但实际上不少地区农民参与选举积极性不高，一些村庄村民选举流于形式，村干部也普遍缺乏监督，民主决策、民主管理和民主监督难以得到落实，村民自治甚至沦为村干部自治。二是涉农法律政策实施容易"变通"，甘肃农村法律人才紧缺、村干部法律知识匮乏，而农村基层治理需求又复杂多变，刚性的法律政策很难执行，法律实施事实上演变为政策执行，行政意志一定程度上决定了法律实践状态。三是私人性治理方式兴起，在农村基层治理中基层政权缺乏调动村干部辅助行政工作的制度安排，村干部也缺乏开展群众工作的手段，因此乡村干部不得不动用私人关系开展工作，在农村基层治理中讲人情、讲关系。四是不讲原则、只讲策略，依法治理的核心是规则之治，在农村基层治理中坚守法律底线，在法律许可的范围内对具体的社会治理事务进行自由裁量，因此坚持原则是基础、讲究策略是手段，然而不少地方的农村基层治理基于短期目标，奉行"搞定就是稳定、摆平就是水平、无事就是本事、妥协就是和谐"，常常唯目标而不讲究过程和手段，背离了法治原则，如在征地拆迁、社会保障、扶贫脱贫、人居环境改善等工作过程中常常出现各种违法违规操作。

第二节　关键性问题

一　社会原子化

（一）农村社会原子化的出现

传统农村基本上是一个"稳固的乡村共同体"，是一个"知根知底的熟人社会"。改革开放以来，家庭联产承包责任制的推行、人民公社体制的解体、农业税费的全面取消、新型城镇化的快速推进、村庄的逐渐空心化等一系列变化，极大地"撕裂"和"解构"了传统的"乡村共同体"，农民从"团结性"走向"分散性"，农民个人之间、农民和村集体之间的联系逐渐弱化，农村社会呈现去组织化、去合作化和去邻里化的特征倾向，农民越来越"个体化"，农村社会越来越"原子化"。

（二）农村社会原子化的危害

归结起来，个人主义与功利主义是农村社会原子化的根源，农村社会原子化反过来又加速了个人主义和功利主义的泛滥，导致个人与集体、个人与国家、集体与国家之间的距离变远，乃至出现社会规范失效、公共道德缺失等社会危机。这在当前甘肃农村，表现得越来越突出，产生了一系列不良影响。例如，甘肃不少农村的农民道德观念表现得越来越个人主义和功利主义，合作性、组织性和集体主义则趋于消解，这侵蚀了村民自治、村级集体经济发展等农村基层治理的根基。

二　政权悬浮化①

（一）农村基层政权悬浮化的产生

1980 年代，伴随家庭联产承包责任制的确立推广以及人民公社体制的

---

① 本部分内容中的观点主要参考了周飞舟：《从汲取型政权到"悬浮型"政权——税费改革对国家与农民关系之影响》，《社会学研究》2006 年第 3 期；朱战辉：《富人治村与悬浮型村级治理——基于浙东山村的考察》，《中共浙江省委党校学报》2017 年第 4 期。

解体消亡，国家行政权力逐渐从农村社会退出。到 1990 年代中期，上级政府加强垂直化管理，县乡权力不断被切割。在财政分配格局中，地市级挤压县级，县级挤压乡镇，基层政府所要承担的责任很多却没有相匹配的财政支持。在政府权力的配置方面，越来越多的部门被上级垂直管理，抽空了作为基层政府的乡镇所具有的管理职权，致使乡镇政权开始成为"悬浮型"政权。2006 年之后，随着农业税的全面取消（搭车收费的乡统筹和村提留相应也都被取消了），农村基层治理格局进一步发生了变化，特别是基层政权不再从农民手中汲取资源，财政收入没有了来源，在很大程度上要靠上级的转移支付，这加重了它们对上级的依赖程度，固化了自上而下的管理模式。原本依靠农村税费维持运转的乡镇政府逐渐演变为依靠上级的财政转移支付，乡镇财政的运作空间与乡镇政权的自主空间都被压缩。与此同时，国家又通过制度设计直接把资源转移支付给农民，致使基层政权更加"悬浮"于农村。综合影响下，乡镇作为基层政权，与农民关系由过去紧张的"汲取型"转变为松散的"悬浮型"，组织运作方面则面临着财政资源匮乏和基础性权力弱小的困境，乡镇"空壳化"和治理能力弱化（表现为"经济调节、市场监管、社会管理、公共服务"四方面治理能力弱化）现象普遍。此外，"能人治村""富人治村"等模式的普遍推行，致使村级治理主体脱嵌于村庄社会、治理方式行政化、治理资源外生性等特征在村庄层级逐渐强化，形塑了"悬浮型"村级治理的新样态，加剧了农村基层政权悬浮化。

（二）农村基层政权悬浮化的危害

农村基层政权悬浮化事实上削弱了乡村社会进行动员与监控的能力，从而最终影响国家权力向乡村社会的渗透。农村基层政权悬浮化进一步加剧了农民个体与村庄集体乃至基层政权的疏离，除了土地在名义上仍属集体以外，农民与村集体几乎没有其他的实质性联系。在此不良影响下，村庄的公共事务乏人问津，甚至无人参与，农村公益事业建设少有人关心、热心。

三　发展内卷化

（一）农村发展内卷化的基本含义

"内卷化"是指一个系统在外部扩张受约束的条件下，内部走向越来越精细化，而整体却停滞不前或无法转化升级的现象，简单来说就是自我锁死在低水平状态上。在我国，内卷化现象在农村发展领域最为常见，内卷化常被用来分析农业经济、农村扶贫、农村教育等方面的问题。

（二）农村发展内卷化的主要体现

农村发展内卷化主要体现在三个方面：一是国家出台的各种制度政策在遭遇到复杂多元的农村基层社会后，内部设置越来越复杂、低效使制度政策实践陷入停滞，以至于同制度政策设计者的初衷相比，制度政策实践效果出现实质性倒退；二是国家资源下乡过程中，精英俘获的普遍存在导致资源利用效率低下，资源下乡的公共利益诉求并没有得到满足，国家资源输入反而不断侵蚀地方社会公共利益；三是国家和农民关系互动过程中，由于制度政策实践出现的偏差以及资源下乡中出现的精英俘获和低效率利用等问题，国家与农民关系的良性发展被限制，基层政权的合法性不升反降。需指出的是，当前农村项目制的普遍实施，各类资源依托项目入村，加大了精英俘获概率，加剧了农村发展内卷化的风险。

特别地，农村扶贫的内卷化现象非常突出。农村扶贫的内卷化是指在国家扶贫资源不断增加的情况下，农村扶贫工作的整个内部系统变得更加精细化和复杂化，但难以完全实现从"救济式"向"开发式"转变进而达到可持续发展的减贫目标，反而陷入难有实质性发展的刚性结构之中。

四　政策碎片化

（一）农村政策碎片化的由来

农村政策碎片化是农村政策系统的零散状态，具体表现为政策目标、政策资源、政策要求与政策执行的内部碎片化以及部门政策、地方政策、部门与地方政策、先前与后续政策之间的关系碎片化。农村政策的碎片化，主要源于以权力分工、分层为基础的科层制（亦即建立在高度分工和专业化基础之上的官僚制）。科层制强调分工，分工从两个维度展开：一是依职能进行分工，形成组织的各职能部门，即通常所说的"条条"；二是依地域进行分工，形成不同的行政区域，即所谓的"块块"。由此导致政府职、权、责的一种分割状态，具体表现为部门内部不同业务间分割、政府内部不同部门间分割、同级政府不同管辖区域之间的分割。这一问题越到农村基层越突出，所谓"上面千条线、下面一根针"，上级政府部门的各种政策最后都得经过基层来传达落实。

（二）当前农村政策碎片化的体现与危害

当前农村政策碎片化体现在多个领域，诸如农村最低生活保障、养老保障、医疗保障、农业保险等社会保障政策的碎片化，农村耕地、林地、草地、宅基地、集体经营性建设用地、水利设施、房屋等财产权利政策的碎片化，农村种植业、畜牧业、林业、工业、商业、服务业等产业发展政策的碎片化。农村政策碎片化具有很大的危害，以社会保障政策碎片化为例，这不利于社会公平公正、不利于农村人口流动、不利于推进新型城镇化、不利于提高社保资金使用效率、不利于控制社保财政支出风险、不利于统一长效的社会保障制度建设等。

五 激励压力化

（一）农村干部激励压力化的产生

村级干部是服务农村群众、发展农业生产的中坚力量，是实施乡村振兴战略最直接的推动者、组织者和实践者。农村基层本是以村民自治和自我管理为主，农村干部本应主要以内在的积极性和主动性来开展工作。然而在农村不断行政化、农村各项繁重任务不断增加等的情况下，层层落实责任、层层传导压力的口号与做法在农村泛滥开来。所谓"上面千条线、下面一根针"，层层责任和压力最终都落到农村干部头上。由此，压力型体制在农村基层也落地生根，农村干部总迫于压力和处于压力下而完成上级政府布置的各项任务和各项指标。

（二）农村干部激励压力化的危害

一定的压力传导有助于落实责任，有利于推动一些重要问题和难题的有效解决，但过多的压力传导则有害无益，会导致上级压下级层层加码、农村基层干部压力过大。加之农村干部普遍工资水平较低、晋升渠道相对狭窄等因素，激励压力化也会大大抑制而难以激发农村干部工作的积极性、主动性和创造性，进而会引发农村干部唯上级是从、脱离群众、脱离实际、逃避责任、行为粗暴等问题。

| 第六章 |

甘肃省农村基层治理的改进思路

本章立足甘肃省实际，针对目前存在的农村基层治理困境，提出改进的基本思路，进一步提升甘肃省农村基层治理水平。

第一节　优化治理策略

一　把握正确方向

（一）以推进治理体系和治理能力现代化为根本追求

党的十八届三中全会提出："全面深化改革的总目标是完善和发展中国特色社会主义制度，推进国家治理体系和治理能力现代化。"党的十九届四中全会指出，要"坚持和完善中国特色社会主义制度、推进国家治理体系和治理能力现代化"。治理体系和治理能力现代化已成为我国全面深化改革的总目标、成为全党的重大战略任务，也成为农村基层治理所应坚持和追求的治理方向。

（二）以形成"三治结合"治理格局为基本任务

党的十九大报告强调："加强农村基层基础工作，健全自治、法治、德治相结合的乡村治理体系。"2018 年中央一号文件要求："必须把夯实基层基础作为固本之策，建立健全党委领导、政府负责、社会协同、公众参与、法治保障的现代乡村社会治理体制，坚持自治、法治、德治相结合，确保乡村社会充满活力、和谐有序。"2018 年 9 月印发的《乡村振兴战略规划（2018～2022 年）》中强调："坚持自治为基、法治为本、德治为先，健全和创新村党组织领导的充满活力的村民自治机制，强化法律权威地位，以德治滋养法治、涵养自治，让德治贯穿乡村治理全过程。"据此，"三治结合"已成为党中央和国务院关于现代农村治理的基本方略。相应地，推进和形成"三治结合"治理格局应成为各地农村基层治理的基本任务。

二 确立正确理念

（一）树立整体性治理理念

要反思和避免科层制以及"条条块块"管理体制的弊端，针对传统农村治理的"碎片化"现象，强调和树立整体性治理理念。所谓整体性治理，就是以公共需求为导向，以协调、整合和责任为机制，对各种碎片化的治理举措进行有机统筹，不断"从分散走向集中，从部分走向整体，从破碎走向整合"。整体性治理意味着制度设计与建设的系统性、整体性、全面性、协同性，这不仅要靠地方政府尤其是乡镇政府以及政府各部门间的合作，还需要农村、社会及市场的全面参与。

（二）坚持精细化治理理念

不同乡村之间因区位、规模、社会结构、发展水平、历史文化等因素的差异，不应该也不可能存在一个统一的治理模式。农村基层治理不能一刀切，要能够识别和区分农村基层千变万化的情况，强调针对不同情况的精细化治理。每个乡村在推行治理创新的过程中，不能简单复制和生搬硬套，而应以人民为中心，突出需求导向、问题导向、效果导向。在理念上，强调精打细算、精益求精、一丝不苟和追求卓越；在过程上，强调从本地实际情况出发，关注个体和局部的需要，尊重个性和差异性，包容他者和异质性。

（三）坚持多主体治理理念

多元主体的共同参与是治理的本来含义。农村基层治理应坚持多元化的立场，强调乡镇政府、村党委、村委会、村集体经济组织、农民专业合作社、农业大户、一般农户、贫困农户、驻村帮扶队伍、乡贤、宗族、富人、能人、农业企业等各类主体的广泛参与，运用多元化手段，整合多方利益，协调差异、分歧以及冲突，实现多元主体的协同共治。

三　分清主次手段

（一）坚持以市场为主、计划为辅

在农村切实落实"使市场在资源配置中起决定性作用和更好发挥政府作用"的定位要求。要推进农村市场的培育和发展，形成和强化市场在农村资源配置中的决定性作用。要调整优化各类政府计划手段的使用，把政府计划建立在市场发挥作用的基础之上，避免政府计划削弱或背离市场作用。

（二）坚持以自治为主、行政为辅

农村基层治理的核心是农村基层民主。切实坚持以自治为基，不断强化村民自治的基础地位，持续推进农村基层民主自治建设。要在继续推进民主选举制度化和规范化的基础上，加强民主决策、民主管理、民主监督的制度化和规范化建设，形成完善的村民自治制度保障，促进民主自治规范运行。要调整优化各类行政化措施，弱化农村行政化的趋势，避免农村行政化对于村民自治的冲击与消解。

（三）坚持以法治为主、德治为辅

尽管农村是以"德治"为传统，但法治是现代社会的基本框架，农村也不应例外。只有在民主化的基础上实现农村基层治理的法治化，才能使农村基层治理符合治理现代化的标准，才能适应现代经济社会的发展。农村基层治理必须坚持以法治为纲要，以德治为补充。要在农村贯彻落实全面依法治国要求，增强农村基层干部的法治观念，增强农民的法治意识，持续推动按规范办事、按规矩行事、按规则干事。"法"代表正式制度，"德"代表非正式制度，"德"是"法"的一个重要来源，"法"是"德"的升华与凝练。必须持续推进农村正式制度建设，把良善可行的非正式制度转化为正式制度，以正式制度支撑、引领农村基层治理，把农村基层治理建立在正式制度基础之上，让法治化的理念、原则、措施在农村基层落地生根、开花结果。同时，也不应忘却"德治"对"法治"的辅助和支持作用，重视发挥道德教化作用，做到"明大德、守公德、严私德"。

（四）坚持以常规式为主、运动式为辅

要通过改革创新，建立持久性、长效性的常规式治理体制机制。引导推动农村基层形成现代化的治理体系，支撑农村基层实施和开展常规式治理，发挥常规式治理持久性、长效性的优势。推动农村基层治理以运动式为主转向常规式为主，努力将农村基层的运动式治理融入常规式的治理体系框架之中，在发挥运动式治理优势的同时，不冲击、不阻断常规式治理体制机制的有效运行。

第二节　完善治理体系

一　深化理论认识

加强理论研究，深化对农村治理体系本身的理论认识。从治理领域来说，农村治理体系应包括农村经济、农村政治、农村文化、农村社会、农村生态和农村党建等各领域。从治理要素来说，农村治理体系应包括治理主体、治理客体、治理内容、治理手段、治理措施等。从治理过程来说，农村治理体系应包括总体规划、实施方案、行动计划、工程项目、监测评估等。从治理方式来说，农村治理体系应包括党的领导、村民自治、法治、德治等。从治理主体来说，农村治理体系应该包括乡镇政府、村党组织、村委会、村集体经济组织、农民合作社、村民、驻村帮扶干部、农业企业、村社会组织等。

二 推动扬长补短

应结合甘肃省农村治理现状,从治理领域、治理要素、治理过程、治理方式、治理主体等角度对照农村治理体系的各个部分或环节,发扬长处,补足短板。先知长知短,才能做到扬长补短。坚持以问题为导向,做好扬长补短这篇大文章,一方面大力发扬长处、巩固特色优势、扩大治理成效,另一方面突出问题导向、紧抓薄弱环节、从迫切处寻求突破。

三 搭建治理平台

(一)搭建农村综合性服务平台

搭建综合性服务平台,提供高质量服务。深入推进集就业社保、卫生计生、教育文体、综合管理、民政事务、信息物流等于一体的农村综合性服务中心和服务点建设。在各乡镇设立综合性服务中心,在各村庄(特别是集聚型村庄)设立综合性服务点,全面推行市县级公共服务、公共管理、公共安全等方面的人财物资源向乡村延伸、下沉,在家门口为农民提供高质量的教育、医疗、文化、养老、信息等方面的公共服务。

(二)搭建村民自我管理平台

搭建各类自治管理平台,推进村民自治落到实处。例如:建立面对面说事平台,推行"有事敞开说,有事要商议,有事马上办,好坏大家评"的"说、议、办、评"制度;建立纠纷调解平台(如村民调解委员会),调解处理各种村民矛盾和邻里纠纷,并可聘请专业法律人士(村庄法律顾问)进行咨询指导;建立村规民约监管平台(如聘请义务监管员),监督村规民约实施落实,发扬优秀传统文化,推进移风易俗、净化风气。此外,也可引导建立红白理事会、道德评议会、老年人协会等群众自治组织。

第三节 提高治理能力

一 提高基层组织治理能力

（一）提高基层党组织领导能力

以党的领导统揽农村基层治理全局，强化农村基层党组织的领导作用。要以提升农村基层党组织领导能力为核心，以农村基层党组织建设为主线，壮大农村基层党组织的队伍力量，破解农村基层党组织不同程度上的弱化、虚化、边缘化等问题，健全以党组织为核心的组织体系，发挥农村基层党组织的战斗堡垒作用，切实发挥好党支部在农村基层治理中的领导者、号召者、行动者、示范者、整合者角色。例如，可以借鉴一些地区的经验，开展"四培养工程"①，把致富能手、退伍军人、私营企业主、返乡大中专毕业生等优秀分子发展为党员，发展壮大党组织和村干部队伍力量；推行党员承诺制、党员先锋岗、党员义务奉献日、无职党员设岗定责、分类管理等做法，深化党员联系户、党员责任区、党员结对帮扶等活动，进一步提高党组织的行动力和号召力。

（二）提高基层自治组织自治能力

要进一步完善农村民主选举、民主决策、民主管理和民主监督"四个民主"的制度体系，要建立农民自我管理、自我教育、自我服务"三个自我"的工作体系，充分尊重农民群众的主体地位，真正让农民群众自己当家做主。进一步推进村民委员会规范化运行，建立健全村民议事会、村民理事会、村民监事会等自治载体，强化村务公开，凸显村民在农村基层治理中的主体地位，吸引和动员以村民为主的多元主体参与民主协商与决策，切实提高农村基层自治能力。

---

① 具体是指把党员培养成致富能手、把致富能手培养成党员、把党员致富能手培养成村干部、把优秀村干部培养成书记或主任。

（三）提高基层经济社会组织参与能力

提高农民的组织化程度，积极培育和建设各种类型的农村基层经济组织（如农民合作社、农业企业等）和社会组织（如志愿服务组织、群众互助组织、公益服务组织、村民社群组织等），积极搭建各类经济社会组织有效参与农村基层治理的平台和渠道，充分发挥这些组织在提供服务、协调利益、承接管理等方面的积极功能和作用，提高基层经济社会组织参与治理的能力。

二　提高村干部治理能力

（一）提高村干部的综合素质

加强村干部培训，提升村干部素质。实施乡村"班长"工程，对乡村党支部书记、村委会主任等乡村发展带头人进行全方位的综合素质培训，制定科学合理的激励机制，真正将村级党政领导班子打造成一支"有思路、有想法、有能力、有情怀"的基层实干家队伍。尤其是，加强村干部法律知识培训，提高村干部法治素养，带头做法治的宣传员和践行者；提高村干部道德素质，引导村干部心系村民、以德服人，要求村干部做到吃苦在前、享受在后、严格自律、秉公办事。

（二）提高村干部的服务能力

提高村干部服务群众的工作能力。组织开展经验交流和参观学习，帮助村干部开阔眼界、转变观念。实施村干部"一人一技"工程，选派专业技术人员组成专家服务组，指导每名村干部掌握一门实用技术，辅以经验交流、观摩考察等方式，提升村干部带领群众致富的能力。实施村干部为民办实事工程，引导广大村干部转换角色定位，主动服务群众。

三　提高村民自治能力

（一）提高农民自我发展和主动参与能力

农村基层治理能力现代化的关键是培养具有现代观念和能力的农民。

要大力培养新型农民，加强农民培训工作，采取邀请专家学者给农民授课、通过网络给农民上课、调动乡村精英为广大农民授课、支持农民走出去到学校接受培训、挑选优秀农民尤其是青年农民到大学接受再教育、自创农民大学利用农闲和晚上给村民补课、让普通农民登台讲解或相互交流等措施，使农民不断开阔视野、丰富知识、改变观念，在此过程中持续提升农民自我发展和主动参与能力，改变村民中普遍存在的只愿享受权利、不愿承担义务、消极对待公共事务等不良现象。

（二）提高乡贤宗族和能人富人参与能力

建立乡贤宗族和能人富人参与的平台和规范，加强与乡贤宗族、能人富人的联系互动，充分发挥乡贤宗族、能人富人的积极带动作用，让乡贤宗族、能人富人成为农村基层治理和发展的中坚力量。深入挖掘乡贤宗族文化，充分重视和用好乡贤宗族人才，发挥乡贤宗族的威望、威信优势来推动乡村移风易俗，倡导树立文明乡风，引导村民遵守村规民约。广泛团结各类能人富人，引导更多根在农村、情系家乡的在外成功人士，以资源返乡、技术返乡、智力返乡、资金返乡等方式，积极投身乡村建设，推动故乡再造。

（三）强化村民的民主参与和监督权利

农村的权力应属于当地农民群众，赋权也应该赋给当地农民群众。农村基层民主建设中，民主选举取得的成绩最为突出，然而民主决策、民主管理和民主监督却处于被忽视的、较低的位置水平。在民主决策、民主管理和民主监督缺位的情况下，农村权力事实上只是掌握在农民群众选出的代理人即村干部手中。当前，要进一步加强对农民群众的赋权，实现广大农民群众对基层事务的知情权、参与权和监督权，即：让具有广泛代表性的村民享有对村庄资源分配有关信息的知情权、对村庄资源分配决策的参与权（发言权）以及对村庄资源分配决策执行的监督权，由此构建一个农民群众对村干部权利进行制衡的平台，建立起民主选举、民主决策、民主管理和民主监督协同发展的良好格局，切实提升农村基层民主治理的质量和水平。

第四节 健全治理制度

一 筑牢农村基层治理制度基础

（一）全面深入推进农村制度改革

对标党中央和国务院关于推进治理现代化和实施乡村振兴战略的任务和要求，以土地制度改革为核心和牵引，全面深入推进农村各项制度改革。包括农村耕地、林地、草地、宅基地等的"三权分置"改革，农村集体经营性建设用地入市改革，小型水利工程产权制度改革，农村集体产权制度改革，农村资源变资产、资金变股金、农民变股东的"三变"改革以及农村生产、供销、信用"三位一体"综合改革等。直面农村基层治理的各种制度性障碍，加强提升各项农村制度改革的统筹性和协同性，注重城乡一体化、破除城乡二元结构、完善农村要素市场、建立城乡统一市场，加快公共服务均等化和农村公共服务体系建设，推进新型城镇化和城乡融合发展。

（二）推进农村基层组织的"政经分开"

作为治理主体的农村各类基层组织需要正确面对和妥善处理政治性与经济性的矛盾问题，需要坚持和推进"政经分开"。农村基层各类经济组织（村集体经济组织、农民专业合作社等），需要按照市场经济规律运行，只有跟农村政治组织（村委会、村党委等）相对分开，剥离经济以外的职能，农村经济才能得到更好发展。与此相对应，农村基层政治组织只有将经济职能剥离以后，管理上才能更专业化、精细化，为村民提供更优质的服务。

二 推进农村基层治理制度建设

（一）编制农村基层制度建设指南

目前甘肃各地农村基层制度建设处于严重滞后状态。这主要表现在：

第一，不能及时回应国家和省相关制度，跟不上国家和本省制度制定的步伐；第二，与国家和本省制度呈现上下一般粗的状况，不能根据本地实际进行调整；第三，不能发挥基层自主性进行制度创新，更难以走在国家和省前面，进行前瞻性制度创造；第四，制度缺乏系统性、规范性和实用性，难以适应农村基层实际，尤其无法弥补实践中的漏洞。针对此，有必要在尊重农村基层治理制度创新的基础上，研究制定农村基层制度建设指南，列明农村基层制度建设的框架体系、主要内容、备选方案以及成功案例，为农村基层制度建设提供"一篮子"的参考和指导。在此基础上，推进试点探索和示范带动，由此全面提升全省农村基层制度建设的系统性、规范性、操作性和实用性，推动农村基层从依赖于人的主体性治理转向基于制度的规则性治理。

（二）建立农村基层治理规划制度

坚持以规划为引领和统筹，以规划服务和促进农村基层治理，克服农村基层治理的无序性、盲目性和碎片化问题。建议借助国土空间规划和"十四五"规划编制的契机，把农村基层治理作为五年发展规划和国土空间规划的重要内容，在市县级规划编制中一同研究制定农村治理总体方案，在"多规合一"的乡镇和村庄规划编制中研究制定农村基层治理实施方案，借此将各项农村治理措施依托规划进行整合与协同，指导未来农村基层治理工作，并借助于规划实施监督评估制度，开展农村基层治理常规化监督评估工作。

（三）建立农村基层治理权责清单

梳理农村基层治理的各项权责，建立农村基层治理权责清单制度，包括乡镇权责清单和村庄权责清单，并通过广泛宣传让各级干部群众知晓熟悉。借助于权责清单，促使基层干部规范用权、主动履职，减少基层权力寻租和小微腐败，提高基层工作的规范性和透明性，落实群众对公共事务的参与权、知情权、决策权和监督权，推进农村基层民主管理、民主决策与民主监督。

主要参考文献

白贺兰、张继、马小黎、任慧：《甘肃省特色农业产业化发展研究报告》，载魏胜文、乔德华、张东伟编《甘肃农业现代化发展研究报告（2019）》，社会科学文献出版社，2019，第 26~40 页。

陈家刚：《基层治理：转型发展的逻辑与路径》，《学习与探索》2015年第 2 期，第 47~55 页。

程黎军、沈学文、张静丽：《甘肃省农村转移劳动力配置研究——以甘肃省平凉市为例》，载朱智文、陈波、王建兵编《甘肃县域和农村发展报告（2019）》，社会科学文献出版社，2019，第 229~233 页。

丁志刚、王杰：《中国乡村治理 70 年：历史演进与逻辑理路》，《中国农村观察》2019 年第 4 期，第 18~34 页。

《定西：腾飞的"中国药都"》，http://www.dingxi.gov.cn/art/2019/8/22/art_3_1216753.html。

窦学成、耿小娟：《甘肃省农业新业态发展研究报告》，载魏胜文、乔德华、张东伟编《甘肃农业现代化发展研究报告（2019）》，社会科学文献出版社，2019，第 70~87 页。

《甘肃发展年鉴》编委会编《甘肃发展年鉴 2018》，中国统计出版社，2018。

甘肃省统计局、国家统计局甘肃调查总队编《甘肃发展年鉴 2019》，中国统计出版社，2019。

《甘肃省农村人居环境整治 12 种典型模式》，http://nync.gansu.gov.

cn/apps/site/site/issue/jblb/gsncrjhjzzjb/2019/06/13/15604 16864866. html。

甘肃省林业厅：《甘肃省第五次荒漠化和沙化监测情况公报》，http://www. gansu. gov. cn/art/2016/6/16/art_36_276647. html。

甘肃省水利厅：《2017 年甘肃省水资源公报》，http://slt. gansu. gov. cn/xxgk/gkml/nbgb/szygb/201811/t20181102_113548. html。

甘肃省水利厅：《2018 年甘肃省水资源公报》，http://slt. gansu. gov. cn/xxgk/gkml/nbgb/szygb/201911/t20191111_122952. html。

《甘肃省委书记：截至 2018 年底甘肃累计减贫 581 万人》，http://www. gs. chinanews. com/news/2019/06 - 05/318186. shtml。

《临泽县板桥镇红沟村的蝶变：乡村旅游谱新篇》，http://www. gs-zy. com/news/2019 - 06/12/content_2448507. htm。

《甘肃省第三次全国农业普查主要数据公报》，http://www. gansu. gov. cn/art/2018/3/21/art_35_358764. html。

高云虹、赵硕：《基于供给侧结构性改革的甘肃省农业结构调整研究》，《开发研究》2018 年第 2 期，第 13 ~ 19 页。

国家统计局编《中国统计年鉴 2019》，中国统计出版社，2019。

国家统计局住户调查办公室编《中国农村贫困监测报告（2019）》，中国统计出版社，2019。

江国华、项坤：《从人治到法治——乡村治理模式之变革》，《江汉大学学报》（社会科学版）2007 年第 4 期，第 5 ~ 9 页。

郎友兴：《走向总体性治理：村政的现状与乡村治理的走向》，《华中师范大学学报》（人文社会科学版）2015 年第 2 期，第 11 ~ 19 页。

李亚东：《新时代"三治结合"乡村治理体系研究回顾与期待》，《学术交流》2018 年第 12 期，第 79 ~ 86 页。

李振东、潘从银、贾琼：《甘肃省村级集体经济发展情况研究》，《农村金融研究》2019 年第 5 期，第 72 ~ 76 页。

李振东、潘从银、贾琼：《甘肃省农业经营方式的比较》，载朱智文、陈波、王建兵编《甘肃县域和农村发展报告（2019）》，社会科学文献出版社，2019，第 172 ~ 198 页。

李祖佩：《乡村治理领域中的"内卷化"问题省思》，《中国农村观察》2017年第6期，第116~129页。

陆益龙、王枫萍：《乡村治理中乡镇政府的双重困境及其成因——甘肃省C镇的个案经验》，《西北师大学报》（社会科学版）2017年第5期，第37~44页。

罗兴佐：《村级治理的行政化倾向与改革的民主化路径》，《华东师范大学学报》（哲学社会科学版）2016年第1期，第7~9页。

马振晶：《"戈壁农业"发展理论初探——以酒泉现代农业为例》，《发展》2017年第9期，第24~26页。

每日甘肃网：《从"药乡"到"药都"的崛起之路——定西市大力发展中医药产业综述》，http://www.gansu.gov.cn/art/2019/8/22/art_36_427423.html。

《甘肃农业新定位——现代丝路寒旱农业》，http://gansu.gansudaily.com.cn/system/2019/01/25/017128293.shtml。

《甘肃农业新定位——现代丝路寒旱农业》，http://gansu.gansudaily.com.cn/system/2019/01/25/017128293.shtml。

《戈壁绿洲产业兴 ——酒泉市科学推进乡村振兴纪实》，http://gansu.gansudaily.com.cn/system/2019/05/03/017180201.shtml。

《陇西首阳：崛起的中药材特色小镇》，http://gansu.gansudaily.com.cn/system/2018/10/10/017060731。

《"三变"改革注活力 肉牛养殖促脱贫》，https://www.meipian.cn/1h2k3pug。

欧阳静：《村级组织的官僚化及其逻辑》，《南京农业大学学报》（社会科学版）2010年第4期，第15~20页。

平凉市发改委：《庄浪县"三变"改革成效显著》，http://fgw.pingliang.gov.cn/xqdt/201810/t20181029_451243.html。

乔德华、刘锦晖：《甘肃省新型农业经营主体发展研究报告》，载魏胜文、乔德华、张东伟编《甘肃农业现代化发展研究报告（2019）》，社会科学文献出版社，2019，第233~256页。

秦春林、秦来寿：《甘肃省农业信息化发展现状及技术研发要点》，载魏胜文、乔德华、张东伟编《甘肃农业现代化发展研究报告（2019）》，社会科学文献出版社，2019，第 132～147 页。

《陇上有佳果创新发几枝——甘肃静宁县推动苹果产业升级观察》，http://country. people. cn/n1/2018/1016/c419842－30343381. html。

《甘肃武威清源葡萄酒小镇（中国波尔多）——中国第一批特色小镇》，https://www. sohu. com/a/209594331_258164，最后访问日期：2020年 3 月 6 日。

《国家级特色小镇——永登县苦水镇》，https://www. sohu. com/a/325810264_120067156。

《静宁苹果产业发展大事记》，https://www. sohu. com/a/2001 45124_731560。

肖唐镖：《近十年我国乡村治理的观察与反思》，《华中师范大学学报》（人文社会科学版）2014 年第 6 期，第 1～11 页。

《酒泉市成为全国最大的戈壁生态农业示范区》，http://www. gs. xinhuanet. com/jiuquan/2019－04/19/c_1124388438. htm。

《双湾镇陈家沟村多措并举整治环境卫生》，http://www. gs. xinhuanet. com/jinchuanqu/2019－05/15/c_1124496063. htm。

叶红玲：《统筹推进农村土地制度改革三项试点——甘肃陇西的探索与思考》，《中国土地》2018 年第 9 期，第 6～10 页。

张晓山：《农村基层治理结构：现状、问题与展望》，《求索》2016 年第 7 期，第 4～11 页。

张新文、张国磊：《社会主要矛盾转化、乡村治理转型与乡村振兴》，《西北农林科技大学学报》（社会科学版）2018 年第 3 期，第 69～77 页。

张玉强：《政策"碎片化"：表现、原因与对策研究》，《中共贵州省委党校学报》2014 年第 5 期，第 102～109 页。

赵武云、张学坤：《甘肃省农业机械化发展研究报告》，载魏胜文、乔德华、张东伟编《甘肃农业现代化发展研究报告（2019）》，社会科学文献出版社，2019，第 116～131 页。

《我们走在大路上——甘肃省脱贫摘帽县先进经验展示》，http://gansu.gscn.com.cn/system/2019/09/04/012219715.shtml。

《陇南市副市长刘朝晖在第四届中国农村电子商务大会上分享农村电子商务工作实践经验》，http://www.ec.com.cn/article/nsfzdh/nsfzxwzx/201910/41074_1.html。

《甘肃武威市凉州区：农业水权水价改革经验交流——2018年农田水利设施产权制度改革和创新运行管护机制培训班典型发言材料》，http://www.jsgg.com.cn/Index/Display.asp？NewsID=23165。

《"庄浪模式"与"三变"改革：黄土地上走出的庄浪路子》，http://news.china.com.cn/2019-07/05/content_74957670.htm。

《甘肃省构建"一带五区"现代农业发展格局》，http://www.gov.cn/xinwen/2017-06/05/content_5199881.htm。

周飞舟：《从汲取型政权到"悬浮型"政权——税费改革对国家与农民关系之影响》，《社会学研究》2006年第3期。

周雪光：《运动型治理机制：中国国家治理的制度逻辑再思考》，《开放时代》2012年第9期，第105~125页。

朱新山：《中国乡村治理体系现代化研究》，《毛泽东邓小平理论研究》2018年第4期。

朱战辉：《富人治村与悬浮型村级治理——基于浙东山村的考察》，《中共浙江省委党校学报》2017年第4期，第31~37页。

甘肃省农村基层治理的代表性政策文件

甘肃省人民政府办公厅关于印发《甘肃省培育壮大特色农业产业助推脱贫攻坚实施意见》的通知

甘政办发〔2018〕20号

各市、自治州人民政府，兰州新区管委会，省政府有关部门，中央在甘有关单位：

《甘肃省培育壮大特色农业产业助推脱贫攻坚实施意见》已经省政府同意，现印发给你们，请认真抓好贯彻落实。

甘肃省人民政府办公厅

2018年2月5日

甘肃省培育壮大特色农业产业
助推脱贫攻坚实施意见

为深入实施产业扶贫行动，助推全省打赢脱贫攻坚战，根据省委、省政府关于脱贫攻坚的决策部署，结合我省贫困地区特色农业产业发展实际，制定本实施意见。

一 总体要求

（一）指导思想。全面贯彻党的十九大精神，以习近平新时代中国特色社会主义思想为指导，深入落实习近平总书记视察甘肃重要讲话和"八个着力"重要指示精神，统筹推进"五位一体"总体布局和"四个全面"战略布局，坚持精准扶贫精准脱贫基本方略，统筹实施乡村振兴战略，加快推进一二三产业融合发展，省负总责、市州主导、县抓落实，通过三年努力，以带动脱贫攻坚作用大的牛、羊、菜、果、薯、药等六大特色农业产业为重点，把提高脱贫攻坚质量放在首位，以供给侧结构性改革为主线，突出优势产区，狠抓提质增效，适当扩大规模，创新体制机制，实现"户有增收项目、村有致富产业（产品）"目标，切实发挥产业扶贫在脱贫攻坚中的作用。

（二）基本原则。

1. 精准到户。各级在制定实施规划和工作方案时必须突出精准，做到目标任务精准、政策措施精准、责任考核精准、组织保障精准。

2. 创新机制。构建有效利益联结机制，找准产业项目实施与贫困户受益的结合点，确保产业发展真正惠及贫困户。

3. 长短结合。优先安排和扶持中短期较快见效的产业项目，适当兼顾中长期持续增收的发展项目。

4. 点面并举。综合考虑贫困地区资源优势、产业基础、市场需求等因素的基础上选定产业，立足贫困村、贫困户实际上项目、强措施。

二 主要任务

（一）坚持精准施策。省级出台的六大特色农业产业精准扶贫三年行动工作方案将目标任务细化到县、到乡。市州政府相应制定到乡、到村方案。每个贫困村发展一个以上特色农业产业或产品，制定到村、到组、到户产业扶贫方案。市州方案报省农牧厅审核，县市区方案报市州审核，乡镇及以下方案报县市区审核。各县市区要以市场需求为导向，结合当地资源禀赋和区位优势，集中生产要素投入，坚持规模化种植、标准化管理、品牌化经营，大力发展特色农业产业和品质优良、特色明显、附加值高的名优特新农产品，进一步提高资源产出率和农业比较效益，增加贫困户从事农业生产的经营性收入。向深度贫困地区倾斜产业扶贫项目资金，科学设计到村、到户项目，集中力量解决好贫困村、贫困户产业发展中存在的各种问题。在充分考虑搬迁群众生产生活习惯的基础上，积极支持搬迁群众发展特色种养业和加工业。

（二）强化主体带动。大力培育、扶持、发展农民专业合作社，推进农业示范社创建，积极发展专业合作、股份合作等多元化、多类型的合作社。2018 年上半年，全省贫困村特色产业合作社要实现全覆盖。推广庄浪县"国有公司＋合作社＋贫困户"等模式。鼓励贫困户以合作社、协会等组织形式参与规模化生产基地建设，农民以土地经营权、财政量化到户资金、技术等要素入股合作社，积极引进各类龙头企业，有实力的企业到贫困地区发展，贫困地区有条件的农业龙头企业通过绿色通道上市。按照"利益共享、风险共担"原则，在坚持订单收购、保护价收购、最低利润返还等传统模式的基础上，引导和鼓励经营主体通过股份、服务、保底分红等开展合作经营。对有效带动贫困户达到一定数量的经营主体给予适当奖励。

（三）加大技能培训。强化农民特别是贫困户实用技术培训，不断提升农民职业技能水平和就业创业能力，培育一批爱农业、懂技术、善经营的新型职业农民。充分利用各类培训资源，按照产业、层次、岗位分类设置培训内容，采取集中培训、现场指导、参观交流等多种形式，培养一批"田秀才"、"土专家"。充分发挥各类农业科研院所和农技推广机构的作用，大力推广应用适宜贫困地区的良种、良法，为产业升级、产品优质提供科技支撑。各级农牧部门要为基层农技人员和农民提供方便快捷的农业生产技术、市场信息、富民政策等咨询服务。每个贫困村要培育2—3 个农业科技示范户，努力形成能复制、可推广的生产模式和管理经验。

（四）加强产销对接。积极发展订单农业，畅通农产品销售渠道，减少流通环节，坚持以销促产、产销衔接，使贫困户获得稳定的经营性收入。坚持整合资源、聚合要素、完善功能，合力打造覆盖全省的村级电商综合服务体系，利用线上营销和线下体验充分挖掘市场潜力。提高地域品牌市场知名度，引导、支持农产品分等分级、包装销售，提高农产品的附加值和综合竞争力。省农牧厅组织全省农业生产企事业单位切实做好种苗、种畜和农业生产技术跨区域调度，推动农业供给侧结构性改革，坚决避免因市场分析不准、准备工作不当影响产业扶贫效果。

（五）健全物流体系。加快建立健全贫困地区储藏、运输、加工、销售一体化冷链物流体系，大力培育第三方冷链物流企业，彻底改善生鲜农产品外销条件。在贫困地区更新一批冷链设备设施，新建一批储藏能力大、相对集中的大型农产品物流园区，实现乡镇大型农产品生产基地冷链预冷全覆盖。农牧部门要制定果蔬等农产品贮藏保鲜库（窖）建设奖补标准和实施办法。

三　保障措施

（一）加强组织领导。省上成立产业扶贫领导小组，负责统筹协调全省产业扶贫工作。省直有关部门要明确工作职责，加强协调配合，形成齐抓共管的工作合力。各地要把产业扶贫工作纳入重要议事日程，成立相应的议事协调机构，建立产业扶贫领导包抓责任制，协调解决产业扶贫工作中的重大问题。

（二）加大资金投入。特色农业产业发展资金主要由贫困县统筹整合涉农资金、特色产业发展工程贷款、群众自筹和投劳折资等四个渠道解决。各地要选择市场前景好、发展潜力大、具备一定规模、对农民增收有较强带动作用的特色农业产业，调整完善项目资金的支持重点、补贴标准和扶持方式，切实发挥好财政资金的引导和撬动作用。加快建立健全农业信贷担保体系，通过市场化运作方式为企业增信支持企业有效融资。县市区政府要全力做好产业扶贫专项贷款工作，积极配合承贷银行做好贷款发放、管理和回收工作。探索建立农业和农产品保费补贴办法，通过整合资金等方式扩大政策性农业保险覆盖面，减轻贫困户因自然灾害和市场波动造成的损失。按照"谁管项目、谁用资金、谁负主责"的原则，加强对特色农业产业重点项目、关键环节、工作流程的监督管理。

（三）加快"三变"改革。以"资源变资产、资金变股金、农民变股东"为主要内容，以打造"股份农民"为核心，加快推进农村"三变"改革，激活农村资源要素。把培育壮大特色农业产业与推进农村"三变"改革结合起来，突出重点领域，抓住关键环节，确保农村"三变"改革在我省抓实抓好、抓出成效，切实为脱贫攻坚和发展壮大村集体经济找到一条新路子。

（四）建立考核机制。着眼于找准产业特色、发挥引领作用、坚持绿色发展、激发内生动力、产业增收实效、力戒形式主义等方面探索建立产业扶贫考核激励机制，激发干部群众和龙头企业、专业合作社的生产积极性，促进产业扶贫责任落实，确保有发展能力的困难群众稳定脱贫。

中共甘肃省委甘肃省人民政府关于坚持
农业农村优先发展做好全省"三农"工作的实施意见

（二○一九年二月二十八日）

今明两年是全面建成小康社会的决胜期，全省"三农"领域有不少必须完成的硬任务。要充分认识当前"三农"工作特殊重要性，始终坚持把解决好"三农"问题作为全省工作的重中之重、摆在优先发展的位置。做好全省"三农"工作，必须坚定不移以习近平新时代中国特色社会主义思想为指导，全面贯彻党的十九大和十九届二中、三中全会以及中央经济工作会议、中央农村工作会议精神，深入贯彻落实习近平总书记视察甘肃重要讲话和"八个着力"重要指示精神，紧紧围绕统筹推进"五位一体"总体布局和协调推进"四个全面"战略布局，按照省委十三届七次全会暨省委经济工作会议和省委农村工作会议部署要求，坚持农业农村优先发展总方针，以实施乡村振兴战略为总抓手，对标全面建成小康社会"三农"工作必须完成的硬任务，适应国内外复杂形势变化对农村改革发展提出的新要求，切实发挥"三农"压舱石作用，深化农业供给侧结构性改革，坚持走高质量发展路子，坚决打赢打好脱贫攻坚战，做大做强乡村特色产业，充分发挥农村基层党组织战斗堡垒作用，全面推进农业农村改革发展。

一 聚力精准施策，坚决打赢打好脱贫攻坚战

面对贫困人口和贫困发生率都处在全国高位的艰巨任务，要把打赢打好脱贫攻坚战作为实施乡村振兴战略的优先任务，以中央脱贫攻坚专项巡视和国家考核反馈问题整改为契机，着力提高脱贫质量，坚决打赢打好这场输不起、等不得、没退路、没弹性的硬仗。

（一）不折不扣完成脱贫攻坚任务。全面贯彻精准方略，深入实施"一户一策"，紧盯"两不愁、三保障"，聚焦深度贫困地区和特殊困难群体，在责任落实、政策落实、工作落实上狠下功夫，敢死拼命真扶贫，砸

锅卖铁扶真贫，着力增强扶贫实效，着力巩固减贫成果，全面夯实精准帮扶、产业扶贫、各方责任、基层队伍和工作作风基础。2019年全省实现减少贫困人口85万人以上，贫困发生率下降到1.3%以下，29个片区县、1个插花县摘帽；到2020年，确保现行标准下农村贫困人口实现脱贫、贫困县全部摘帽，解决区域性整体贫困。

（二）集中攻克深度贫困堡垒。坚持扶持政策优先供给、项目资金优先支持、基础设施建设优先安排、扶贫举措优先倾斜。继续把"两州一县"和18个省定深度贫困县及深度贫困乡镇、深度贫困村作为攻坚重点，瞄准重点难点问题，逐项明确责任抓落实。新增财力、整合涉农资金优先用于脱贫攻坚，对"两州一县"和18个省定深度贫困县的均衡性转移支付补助系数高于全省市县平均水平3个百分点。

（三）更好发挥产业扶贫支撑带动作用。坚持把产业扶贫作为脱贫攻坚的根本之策，坚持以牛、羊、菜、果、薯、药等特色产业为主攻方向，完善生产组织、投入保障、产销对接、风险防范四大体系。实施农民专业合作社能力提升工程，组织开展壮大万家合作社行动计划、合作社带头人万人培训计划、合作社辅导员培训计划，力争今年在办实农民专业合作社、提升带动能力上有突破性进展。坚持"外引"和"自建"相结合，推广"庄浪模式"、"宕昌模式"以及其他多种龙头带动模式，积极引进和培育农业龙头企业。健全保险保本垫底、入股分红保底、公益岗位托底和低保政策兜底的"3＋1"保险保障体系，完善自然灾害保险和目标价格保险，建立种养产业综合保险，充分发挥村金融综合服务室作用，形成地方政府与保险公司共同推进农业保险落实的合作机制，争取将建档立卡贫困户所有种养产业纳入保险范围。巩固贫困村集体经济"空壳村"消除成果。推广扶贫车间、电商扶贫、光伏扶贫、乡村旅游等扶贫新业态。积极扩大消费扶贫。扶持小家禽、小庭院、小作坊、小手工、小买卖等"小产业"发展。坚持与"一户一策"、农户意愿、见钱见物、真种真养、奖勤罚懒"五挂钩"原则，加强到户资金使用管理，切实提高贫困人口参与度和直接受益水平。

（四）聚焦"两不愁、三保障"补齐短板弱项。大力实施农村饮水安全巩固提升工程，切实加强水窖水净化处理，提高供水保障程度。加快贫困地区寄宿制学校建设，扎实做好义务教育控辍保学，避免因贫失学辍学。落实基本医疗保险、大病保险、医疗救助等健康扶贫政策，筑牢乡村卫生服务网底，保障贫困人口基本医疗需求。完成农村四类重点对象存量危房改造。加快易地扶贫搬迁工程进度，强化产业配套，确保搬得出、稳得住、逐步能致富。扎实推进生态扶贫，促进扶贫开发与生态保护相协调。

（五）着力解决扶贫工作中的突出问题。坚持扶贫与扶志扶智相结合，大力推广"三说三抓"、"两户见面会"等有效做法，引导贫困群众树立主体意识。加强贫困地区职业教育和技能培训，加强开发式扶贫与保障性扶贫统筹衔接，着力解决"一兜了之"和部分贫困人口等靠要问题，增强贫困群众内生动力和自我发展能力。切实加强一线精准帮扶力量，选优配强驻村工作队伍。关心关爱扶贫干部，加大工作支持力度，帮助解决实际困难，解除后顾之忧。持续开展扶贫领域腐败和作风问题专项治理，严厉查处虚报冒领、贪占挪用和优亲厚友、吃拿卡要等问题，坚决反对和纠正形式主义、官僚主义。深入推进抓党建促脱贫攻坚，切实加强贫困地区农村基层党组织建设。

（六）巩固和扩大脱贫攻坚成果。认真落实"脱贫不脱政策、减贫不减力度"要求，攻坚期内贫困县、贫困村、贫困人口退出后，保持扶贫政策的连续性，减少和防止贫困人口返贫。研究解决收入水平略高于建档立卡贫困户的群众缺乏政策支持等新问题。做好脱贫攻坚与乡村振兴的衔接，对摘帽后的贫困县通过实施乡村振兴战略巩固发展成果，持续推动经济社会发展和群众生活改善。

二　扎实推进农村人居环境整治，打好实施乡村振兴战略的第一场硬仗

认真贯彻落实中央决策部署，深入学习推广浙江"千万工程"经验，按期完成农村人居环境整治任务。

（一）科学制定农村人居环境整治工作方案。研究制定实施意见和农

村"厕所革命"、"垃圾革命"、"风貌革命"、生活污水治理、废旧农膜回收利用、畜禽粪污、尾菜及秸秆资源化利用等专项行动方案及乡村规划编制、村级公益性设施共管共享、"四好农村路"建管等实施方案，明确任务书、时间表、路线图，压实县级主体责任，发挥农民主体作用，建立长效机制。

（二）因地制宜开展农村人居环境整治。坚持因地制宜、分类施策，尽力而为、量力而行，示范引领、统筹推进，以奖代补、奖勤罚懒的原则，分梯次分年度推进，实行差异化考核。不搞一刀切和齐步走，决不允许搞形式主义、刮风搞运动，决不允许摆花架子、做表面文章，决不允许搞形象工程、政绩工程，决不允许劳民伤财、弄虚作假。"厕所革命"通过抓点示范，由点到面推进，2019 年争取改建户用卫生厕所 50 万户以上，争取到 2020 年全省农村户用卫生厕所普及率达到 50%。"垃圾革命"在深入推广甘南经验基础上，争取到 2020 年全省乡镇生活垃圾收集转运处理设施基本实现全覆盖，90% 以上的村庄生活垃圾得到有效治理。"风貌革命"从村庄干净、整洁、有序入手，以治理脏乱差和拆除危房违建为重点，扎实推进村庄清洁行动，到 2020 年实现村庄内垃圾不乱堆乱放、污水不乱泼乱倒、粪污收集处理、杂物堆放整齐、乱搭乱建和危房拆除、房前屋后干净整洁。

（三）建立资金投入机制。建立以县级为主、农民自筹和省市县三级奖补的投入机制，加大资金投入力度，拿出"真金白银"支持农村人居环境整治。允许县级按规定统筹整合相关资金，通过财政预算安排、社会捐助等方式筹措资金，集中用于农村人居环境整治。鼓励有条件的县（市、区）按照"城乡共治、肥瘦搭配、打捆打包"等形式，引进市场主体参与农村人居环境整治，形成多元化投入格局。建立先建后补、早干早补、多干多补、不干不补等以奖代补、奖勤罚懒的激励机制，调动基层和农民积极性。

（四）加强农村污染治理和生态环境保护。统筹推进山水林田湖草系统治理，推动农业农村绿色发展。加大农业面源污染治理力度，开展农业节肥节药行动，实现化肥农药使用量负增长。坚持试点先行，积极探索农村生活污水治理模式。发展生态循环农业，有效推进畜禽粪污、秸秆、废旧农膜、尾菜等农业废弃物资源化利用，实现畜牧养殖大县粪污资源化利用整县治理全覆盖。扩大轮作休耕制度试点。实施乡村绿化美化行动，推进森林乡村建设，保护古树名木，开展湿地生态效益试点和湿地生态保护修复。深入实施天然林保护、"三北"防护林建设工程，推进新一轮退耕还林、退牧还草、野生动植物保护、防沙治沙、草原治理等重点生态工程，建立成果巩固长效机制。加大重点流域生态治理和重点区域水土流失综合防治力度，实施生态清洁小流域建设。落实最严格的水资源管理制度，继续实行水资源消耗总量和强度双控行动。落实河长制、湖长制，推进农村水环境治理，严格乡村河湖水域岸线等水生态空间管理。

（五）全面推行村级公益性设施共管共享。全面落实开展农村村级公益性设施共管共享的部署要求，健全完善村庄基础设施建管长效机制，全省所有行政村要组建村级公益性设施共管共享理事会、设立管护基金、开发公益性岗位。建立健全分级负责、高效运行、督导有力的村级公益性设施共管共享工作考核机制，做到管护有制度、维护有资金、看护有人员，让农民群众重管护、用得上、长受益。

（六）切实加强农村人居环境整治督查考核。建立省负总责、市州统筹、县乡抓落实的工作推进机制，靠实县乡主体责任和职能部门专责责任。按照各地基础条件、发展水平分类设置考核指标，实施差异化考核。把农村人居环境整治作为省委、省政府督查的重点内容，纳入市（州）、县（市、区）党政领导班子年度考核。

三　大力发展现代丝路寒旱农业，培育壮大乡村主导产业

发展乡村重点产业是促进乡村振兴的根本所在，要充分发挥资源和区域比较优势，大力发展具有甘肃特色的现代丝路寒旱农业。

（一）做大做强现代丝路寒旱农业。紧紧围绕我省多样的地理条件、独特的农情民情、丰富的资源禀赋以及拥有"独一份"、"特别特"、"好中优"、"错峰头"农产品优势，着力发展壮大高原夏菜、优质林果、马铃薯、中药材、草食畜、现代制种等特色产业，走具有"现代"方向引领、

"丝路"时空定位、"寒旱"内在特质的甘肃现代丝路寒旱农业发展道路。科学谋划沿黄现代农业产业带和河西节水高效戈壁生态农业区、陇东循环农业区、中部现代旱作农业区、陇南天水山地特色农业区、高原草地农牧交错区等"一带五区"特色农业产业布局。按照绿色高质量发展要求,持续推进区域化、标准化、规模化连片种养基地建设,力争到2020年建成一批马铃薯、蔬菜、肉牛、肉羊、中药材、苹果、花椒等产业大县,带动周边地区共同走上品种、品质、品牌三品齐抓,标准化、规模化、科技化三化共创的路子。用2~3年时间力争每个市州打造1个特色强、规模大、品牌优,具有较强辐射带动作用和市场核心竞争力的战略性农业重点产业。实施品牌提升战略,大力推进无公害农产品、绿色食品、有机农产品和农产品地理标志认证,着力打造"甘味"知名农产品品牌,争创一批"甘"字号区域公用品牌和中国驰名商标,力争全省"三品一标"产品数量年增幅保持在8%以上。

(二)大力发展现代农产品加工业。按照生产、加工、销售一体化发展的要求,瞄准种养业基地大县,依托现代农业产业园建设,统筹推进农产品初加工、精深加工、综合利用加工协调发展,形成农产品加工产业集群,尽可能把产业链留在县域,创建一批特色农产品加工强县,促进农村一二三产业融合发展。支持企业技术装备改造升级,鼓励研发市场需求量大、品牌知名度高的农字牌加工产品。完善利益联结机制,鼓励产业链条长、产品附加值高、市场竞争力强的农业龙头企业下联合作社带农户、上联市场开发深加工。

(三)切实抓好农产品产销对接。加快构建从产地到终端的市场网络体系,着力提升兰州定远高原夏菜产地批发市场、定西马铃薯综合交易中心、张掖高原夏菜冷链物流中心、陇西中药材交易中心、静宁苹果产地批发市场等大型农产品产地市场的集散功能,尽快形成产地集散中心、价格形成中心、信息发布中心、仓储物流中心。大力支持特色产业大县新建一批农产品产地批发市场,扩大大宗特色农产品销售。发挥省扶贫产业产销协会的带动作用,组建六大特色产业产销分会,支持成立地方产销协会,有效联合各级经销队伍抱团出省。发挥我省特色农产品品牌优势,加强与珠三角、长三角、京津、成渝、东西协作区、"一带一路"沿线国家和地区等大型终端市场的有效对接。大力实施品牌营销战略，继续办好西北贫困地区农产品产销对接活动暨甘肃特色农产品贸易洽谈会等各类特色农产品产销推介会，拓展线上线下销售渠道，不断提高市场占有率。

（四）加快推进现代农业园区建设。鼓励特色产业大县积极创建国家级现代农业产业园。参照国家标准，结合我省实际，通过财政奖补、产业工程贷款、生态产业基金等资金支持方式，开展省级现代农业产业园创建工作。充分发挥现代农业产业园平台载体作用，推动产业大县尽快形成布局区域化、科技集成化、种养规模化、生产标准化、加工集群化、营销品牌化的全产业链开发新格局，使县域农业主导产业尽快走上园区引领、一二三产业融合发展的路子。

（五）发展乡村新型服务业。支持供销、邮政、农业服务公司、农民专业合作社、农机大户等开展农技推广、土地托管、代耕代种、统防统治、烘干收储等农业生产性服务。充分发挥乡村资源、生态、文化等优势，发展适应城乡居民现代需求的休闲旅游、餐饮民宿、文化体验、健康养生、养老服务等产业。加强乡村旅游基础设施建设，改善交通、卫生、信息、物流等公共服务设施。实施数字乡村战略，依托"互联网＋"推动公共服务向农村延伸。

（六）促进农村劳动力转移就业。落实更加积极的就业政策，加大就业技能培训力度，促进农村劳动力多渠道转移就业和增收。积极发展县域经济。扶持发展吸纳就业能力强的乡村企业，支持企业在乡村兴办生产车间、就业基地，增加农民就地就近就业岗位。稳定农民工就业，保障工资及时足额发放。加快农业转移人口市民化，推进城镇基本公共服务常住人口全覆盖。鼓励外出农民工、高校和中等职业学校毕业生、退伍军人、城市各类人才返乡下乡创新创业，支持建立多种形式的创业支撑服务平台，完善乡村创新创业支持服务体系。落实好减税降费政策，鼓励地方设立乡村就业创业引导基金，加快解决用地、信贷等困难。大力开展乡土人才示范培训，培养一批"土专家"、"田秀才"、"农创客"、产业发展带头人和农村电商人才，扶持一批农业职业经理人。

四　夯实农业生产基础，保障重要农产品有效供给

（一）毫不放松粮食生产。深入落实粮食安全省长责任制，实施藏粮于地、藏粮于技战略，大力推进"优质粮食工程"。严守耕地红线，全面落实永久基本农田保护制度。挖掘品种、技术、减灾等稳产增产潜力，确保粮食播种面积稳定在4000万亩以上、总产量稳定在1100万吨以上，确保粮食安全。中东部旱作区持续推进以全膜双垄沟播技术为主的1500万亩旱作农业示范区建设，河西及沿黄灌区积极发展高产高效节水粮食作物。通过优化品种、集成技术、改善品质、提高单产，切实提升粮食综合生产能力。深入实施马铃薯主食化战略，加大脱毒专用优质马铃薯标准化产业基地建设。

（二）大力推进高标准农田建设。抓紧修编全省高标准农田建设规划，加强资金整合，统一建设标准，创新投融资模式，建立多元筹资机制，加快高标准农田建设步伐。高标准农田建设项目优先向粮食生产功能区安排。落实主体功能区规划要求，全面完成2050万亩粮食生产功能区划定任务，加强建后管护和政策配套。推进耕地质量保护与提升。推进山水林田路电综合配套，加强农田渠系配套和"五小水利"等小型农田水利建设。推进大中型灌区续建配套节水改造与现代化建设，发展高效节水农业。

（三）着力调整优化农业结构。大力推进种养业结构调整，加快发展以牛羊为主的草食畜牧业和蛋鸡产业，实施奶业振兴行动，加强优质奶源基地建设。调整优化种植业内部结构，全力推进青贮玉米、苜蓿、燕麦等优质饲草料生产。积极争取扩大国家粮改饲、高产优质苜蓿示范建设等项目实施面积，主推耐旱、高产的粮饲兼用优质青贮玉米品种和苜蓿优良品种。大力发展绿色养殖，继续实施全省自然水域禁渔制度，保护渔业资源。

（四）加快农业科技推广和创新体系建设。加强基层农业技术服务体系建设，打造产学研深度融合平台，加强现代农业产业技术体系、科技创新联盟、产业科技创新中心、高新技术产业示范区、科技园区、现代气象为农服务体系等建设。加大农业先进适用技术大面积推广应用。加快推进

畜禽良种繁育体系建设，积极开展纯种扩繁和杂交改良，培育一批肉羊、肉牛、生猪、蛋鸡等良种畜禽繁育基地大县。全面加强基层兽医防疫服务体系建设，加大非洲猪瘟等动物疫情监测防控力度，严格落实防控举措，确保产业安全。推进农村农业机械服务体系建设，培育发展农机合作社等新型服务组织，鼓励研发和推广应用适用农业机械。加快农业主导品种和主推技术推广应用，到2020年全省农业科技贡献率达到57%以上。建立健全农业科研成果产权制度，完善人才评价和流动保障机制，落实兼职兼薪、成果权益分配政策。

（五）提升农产品质量安全水平。大力实施质量兴农战略，着力推进农产品品种、品质、品牌和标准化生产的管理评价体系建设，加快主要农产品种质资源库建设，支持培育一批抗旱耐寒、优质特色新品种，做大做强玉米制种、马铃薯脱毒快繁、蔬菜瓜果花卉良种繁育等现代种业。推广普及测土配方施肥、绿色防控等实用技术，严格管控残留农药、饲料添加剂的滥用，加大国家级农产品质量安全县创建力度。实施农产品质量安全保障工程，加快健全监管体系、监测体系、追溯体系。加大抽检监测力度，针对禽蛋、肉制品、生鲜乳、果蔬、水产品等重点品种开展专项整治，严查严惩私屠滥宰、非法添加、注水注药等违法违规行为，确保农产品综合抽检合格率稳定在98%以上。

五　扎实推进乡村基础建设，加快补齐农村基础设施和公共服务短板

（一）强化乡村规划引领。把加强规划管理作为乡村振兴的基础性工作，以县为主体抓紧编制或修编村庄布局规划，实现规划管理全覆盖。按照先规划后实施的原则，突出乡村特点、地域特征、民族特色，体现村庄民居风貌、农业景观、乡土文化，兼顾生产生活生态多种功能，编制多规合一的实用性村庄规划，彰显乡村不同于城市的自然性、原生态、错落美。加强农村建房许可管理，提高规划约束力和操作性。加快建设乡村规划师队伍，让专业的人来做专业的事。出台鼓励和选拔乡村规划建设工作人才队伍的政策，培养熟知乡村情况、有志乡村振兴、精通乡村规划建设

的专业人才，切实解决乡村规划建设管理缺机构、缺编制、缺人员、缺经费的问题。

（二）持续推进农村基础设施建设。全面推进"四好农村路"建设，实施"畅返不畅"整治工程。量力而行，有序推进自然村村组道路建设。加大"路长制"推行力度，推进农村公路专业养护、承包养护、群众养护等多元化养护进程。完善客运服务设施，在具备条件的地方推进城乡客运一体化发展。加快引洮供水二期骨干及配套城乡供水工程建设，开工建设甘肃中部生态移民扶贫开发供水工程，加快推进农村饮水安全巩固提升工程，加强农村饮用水水源地保护，提高农村饮水安全保障水平。继续推进农村危房改造。全面实施乡村电气化提升工程，加快完成新一轮农村电网改造，大力发展太阳能、风能、沼气、秸秆气化等新能源，在有条件的地方推进供气设施向农村延伸。加快产业路、资源路、旅游路、国有林场林区道路建设。推进宽带网络向村庄延伸和提速降费，统筹完善公共场所宽带网络的覆盖。

（三）努力提升农村公共服务保障水平。优先发展农村教育事业，深入实施农村义务教育学生营养改善计划，巩固提升农村中小学入学率，坚决控辍保学。实施高中阶段教育普及攻坚计划，加强农村儿童健康改善和早期教育、学前教育。加快标准化村卫生室建设，积极争取国家全科医生特岗计划项目，开展家庭医生签约服务。完善城乡居民基本养老保险待遇确定和基础养老金正常调整机制，落实贫困人口城乡居民基本养老保险全覆盖和代缴保费工作。统筹城乡社会救助体系，全面落实最低生活保障制度、优抚安置制度。加快推进农村基层综合性文化活动阵地建设。完善农村留守儿童和妇女、老年人关爱服务体系，支持农村养老服务事业发展。推动建立城乡统筹的基本公共服务经费投入机制，完善农村基本公共服务标准。

六　扎实推进新一轮农村改革，有效激发乡村发展动力活力

全面深化农村改革是推进乡村振兴的根本动力，要把制度建设贯穿其中，以土地制度改革为牵引，完善产权制度和要素市场化配置，为乡村振

兴不断增添活力。

（一）加快深化农村土地制度改革。巩固和完善农村基本经营制度，坚持家庭经营基础性地位，赋予双层经营体制新的内涵。保持农村土地承包关系稳定并长久不变。完善"三权分置"办法，落实集体所有权、稳定农户承包权、放活土地经营权。继续做好农村土地承包经营权确权登记颁证收尾工作，确保农村土地承包经营权证书发放到户。健全土地流转规范管理制度，引导农村土地规范有序流转，发展多种形式农业适度规模经营，允许承包土地的经营权担保融资。坚持农地农用、严防非农化，坚持保障农民土地权益、不得以退出承包地和宅基地作为农民进城落户条件。允许在县域内开展全域乡村闲置校舍、厂房、废弃地等整治，盘活建设用地重点用于支持乡村新产业新业态和返乡下乡创业。严格农业设施用地管理，满足合理需求，坚决彻底整治"大棚房"问题。调整完善土地出让收入使用范围，提高农业农村投入比例，重点用于农村人居环境整治、村庄基础设施建设和高标准农田建设。加快推进新增耕地指标和城乡建设用地增减挂钩节余指标跨省域调剂使用，调剂收益全部用于巩固脱贫攻坚成果和支持乡村振兴。

（二）加快推进农村集体产权制度改革。进一步深化陇西县改革试点，适时推开农村土地征收制度改革和农村集体经营性建设用地入市改革，加快建立城乡统一的建设用地市场，稳慎推进农村宅基地制度改革，2020年底前全面完成房地一体宅基地确权登记颁证工作。巩固完善农村集体资产清产核资成果，加快农村集体资产监督管理平台建设，建立健全集体资产各项管理制度。加快推进农村集体经营性资产股份合作制改革，继续扩大试点范围，在民主协商的基础上，做好成员身份确认，注重保护外嫁女等特殊人群的合法权利。全面推进农村"三变"改革，不断拓宽融资渠道，形成财政、金融、社会、农民多方投资的融资机制。建立股权（股金）监管机制，防范权益缺失风险，加强法律文书的审核把关，维护农民、村集体和企业的合法权益。注重完善改革收益分配机制。健全完善农村产权流转交易市场，推动农村各类产权流转交易公开规范运行。

（三）加快推进农村其他各项改革。建立健全支持家庭农场、农民合作社发展的政策体系和管理制度。落实扶持小农户和现代农业发展有机衔接的政策，完善"农户＋合作社"、"农户＋公司"的利益联结机制。全面深化供销合作社综合改革，加快基层供销合作社、村级综合服务社恢复改造。加快建设乡村加油站，配建农资专业合作社，完善为农服务体系。大力推进农垦垦区集团化、农场企业化改革。加快推进农业水价综合改革，健全节水激励机制。深化集体林权制度改革。

（四）全面落实农业支持保护政策。坚持高质量绿色发展导向，按照增加总量、优化存量、提高效能的原则，落实好耕地地力保护、农机具购置补贴和草原生态补助奖励政策。发挥省绿色生态产业发展循环农业基金作用。健全完善农业信贷担保体系，为各类农业新型经营主体提供信贷担保服务。切实做好信贷资金的回收工作，创造良好信用环境。打通金融服务"三农"的各个环节，探索农业大灾保险试点和"保险＋期货"试点。建立县域银行业金融机构服务"三农"的激励约束机制，实现普惠性涉农贷款稳步增长。推动农村商业银行、农村合作银行、农村信用社等机构逐步回归本源，为本地"三农"服务。甘肃金控、甘肃银行、兰州银行、黄河财险等省属金融机构，要把"三农"作为优先服务领域，扛指标、担任务、作贡献。用好差别化准备金率和差异化监管等政策，完善担保机制，创新担保方式，切实降低"三农"信贷担保服务门槛，鼓励银行业金融机构加大对乡村振兴和脱贫攻坚中长期信贷支持力度。鼓励期货机构充分利用期货工具，多形式开展农产品价格风险管理业务。

七 加强基层党组织建设，健全完善乡村治理体系

基层党组织是党在农村全部工作和战斗力的基础，要围绕建设善治乡村，把党的领导贯穿到实施乡村振兴战略全过程，推进村民共建共治，建立健全党委领导、政府负责、社会协同、公众参与、法治保障的现代乡村社会治理体制。

（一）抓实建强农村基层党组织。持续推进党支部建设标准化，以提升组织力为重点，突出政治功能，强化农村基层党组织领导作用。靠实县（市、区）党委抓农村党组织建设的主体责任，持续整顿软弱涣散基层党

组织，巩固提升整顿成效。全面落实村党组织书记由县级党委备案管理制度，实施村党组织带头人整体优化提升行动。建立第一书记派驻长效工作机制，加强考核管理和关怀激励。对村"两委"换届进行"回头看"，坚决把存在"村霸"和涉黑涉恶等问题的村"两委"班子成员清理出去。加大从高校毕业生、农民工、退伍军人、机关事业单位优秀党员中培养选拔村党组织书记力度。健全从优秀村党组织书记中选拔乡镇领导干部、考录乡镇公务员、招聘乡镇事业编制人员的常态化机制。落实村党组织5年任期规定，推动全省村"两委"换届与县乡换届同步进行。优化农村党员队伍结构，加大从青年农民、致富带头人、合作社领办人、农村外出务工人员中发展党员力度。健全县级党委抓乡促村责任制，定期排查并及时解决基层组织建设突出问题。全面推行村党组织书记通过法定程序担任村委会主任，推行村"两委"班子成员交叉任职，提高村委会成员和村民代表中党员的比例。加强村党组织对村级集体经济组织的领导。全面落实"四议两公开"，健全村级重要事项、重大问题由村党组织研究讨论机制。

（二）强化各类村级组织作用和服务功能。加强和改善村党组织对村级各类组织的领导，健全以党组织为领导的村级组织体系。理清村级各类组织功能定位，实现各类基层组织按需设置、按职履责、有人办事、有章理事。村民委员会要履行好基层群众性自治组织功能。村务监督委员会要发挥在村务事项上的监督作用。强化集体经济组织服务功能，加强基层群众组织建设，发挥农村社会组织在服务农民、树立新风等方面的积极作用。按照有利于村级组织建设、有利于服务群众的原则，将适合村级组织代办或承接的工作事项交由村级组织，并保障必要工作条件。规范村级组织协助政府工作事项，防止随意增加村级组织工作负担。健全以财政投入为主的稳定的村级组织运转经费保障制度，全面落实村组干部报酬待遇和村级组织办公经费，建立正常增长机制。加大政策扶持和统筹推进力度，因地制宜发展壮大村级集体经济，增强村级组织自我保障和服务农民能力。加强村务档案归档、保管和使用管理。

（三）着力提升乡村治理能力。建立健全党组织领导的自治、法治、德治相结合的领导体制和工作机制，发挥群众参与治理主体作用。开展乡村治理体系建设试点和乡村治理示范村镇创建。加强村级自治组织规范化制度化建设，开展村务公开标准化规范化建设。指导农村普遍制定或修订村规民约。深入推进扫黑除恶专项斗争，严厉打击农村黑恶势力，杜绝"村霸"等黑恶势力对基层政权的侵蚀。严厉打击敌对势力、邪教组织、非法宗教活动向农村地区渗透。推进纪检监察工作向基层延伸，坚决查处发生在农民身边的不正之风和腐败问题。健全落实社会治安综合治理领导责任制。深化拓展网格化服务管理，整合配优基层一线平安力量建设，把更多资源、服务、管理放到农村社区。加强乡村交通、消防、公共卫生、食品药品安全、地质灾害等公共安全事件易发领域隐患排查和专项治理。加快建设信息化、智能化农村社会治安防控体系，继续推进农村"雪亮工程"建设。坚持创新发展新时代"枫桥经验"，完善农村矛盾纠纷排查调处化解机制，提高服务群众、维护稳定的能力和水平。加强农业综合执法。加强农村精神文明建设，引导农民践行社会主义核心价值观，巩固党在农村的思想阵地。加强宣传教育，做好农民群众思想工作，宣传党的路线方针和强农惠农富农政策，引导农民听党话、感党恩、跟党走。开展新时代文明实践中心建设试点，抓好县级融媒体中心建设。深化拓展群众性精神文明创建活动，持续推进"八个一"示范工程、"德润陇原"等活动，发挥示范引领作用。鼓励支持建设乡村文化礼堂、文化广场等设施，加快推动乡土文化、特色文化与特色农业有机结合，培育特色文化村镇、村寨。保护和传承具有民族特色的农耕文明，加强农村地区文化遗产保护。

（四）持续开展治理高价彩礼推进移风易俗行动。继续实行城乡同治、区域共治，实施"限高"并逐步加严的约束性措施，把纪律和规矩挺在前面，抓住"关键少数"，充分发挥红白理事会、道德评议会、村民议事会等群众自治组织作用，加强婚介机构和人员管理，发挥新乡贤的宣传劝导和教育监督作用，推进农村移风易俗。广泛宣传婚事新办、丧事简办的先进典型，提倡厚养薄葬。治理婚丧陋习、孝道式微、老无所养等不良社会风气。开展丰富多彩的乡村文化活动，培育文明乡风、良好家风、淳朴民风，让良好风尚成为人人追求的自觉。

八　加强党对"三农"工作的领导，坚决把农业农村优先发展的总方针落到实处

坚持农业农村优先发展是党和国家的重大决策部署，全省各级党委和政府要真正摆在优先位置，把党管农村工作的要求落到实处。

（一）严格落实五级书记抓乡村振兴的要求。健全省负总责、市县乡抓落实的农村工作机制，全面靠实五级书记抓乡村振兴的工作责任，严格督查考核。加强乡村振兴统计监测工作。各级党组织书记要切实担负起第一责任，加强学习和调查研究，重要政策和工作举措亲自谋划、亲自部署、亲自协调、亲自推动。省委出台市县党政领导班子和领导干部推进乡村振兴战略的实绩考核意见，将考核结果作为评价和选拔使用领导干部的重要依据。县委书记是脱贫攻坚和乡村振兴"一线总指挥"，必须把主要精力和工作重心放在"三农"工作上，牢牢扛起打赢打好脱贫攻坚战和实施乡村振兴战略的重任。

（二）切实做到乡村振兴"四个优先"。各级党委和政府必须把落实"四个优先"要求作为做好"三农"工作的头等大事，时时放在心上，牢牢扛在肩上，紧紧抓在手上，同政绩考核联系在一起，层层落实责任。优先考虑"三农"干部配备，把优秀干部充实到"三农"战线，把精锐力量充实到基层一线，注重选拔熟悉"三农"工作的干部充实地方各级党政班子，优先提拔使用实绩突出的优秀"三农"干部。优先满足"三农"发展要素配置，坚决破除妨碍城乡要素自由流动、平等交换的体制机制壁垒，改变农村要素单向流出格局，推动资源要素特别是青壮年劳动力向农村流动。优先保障"三农"资金投入，坚持把农业农村作为财政优先保障领域和金融优先服务领域，公共财政更大力度向"三农"倾斜，县域新增贷款主要用于支持乡村振兴。地方政府债券资金要安排一定比例用于支持农村人居环境整治、村庄基础设施建设等重点领域。优先安排农村公共服务，推进城乡基本公共服务标准统一、制度并轨，实现从形式上的普惠向实质上的公平转变。

（三）着力培养"三农"工作队伍。建立"三农"工作干部队伍培

养、配备、管理、使用机制，把到农村一线锻炼作为培养干部的重要途径，落实关爱激励政策，打造一支懂农业、爱农村、爱农民的"三农"工作队伍。引导教育"三农"干部大兴调查研究之风，倡导求真务实精神，密切与群众联系，加深同农民感情。坚决纠正脱贫攻坚和乡村振兴工作中的形式主义、官僚主义，清理规范各类检查评比、考核督导事项，切实解决基层疲于迎评迎检问题，让基层干部把精力集中到为群众办实事办好事上来。着力打造高素质农村人才队伍，把乡村人才纳入各级人才培养计划予以重点支持。建立县域人才统筹使用制度和乡村人才定向委托培养制度，探索通过岗编适度分离、在岗学历教育、创新职称评定等多种方式，引导各类人才投身乡村振兴。对作出突出贡献的各类人才特别是农业实用技术推广应用中实绩突出的科技人员给予表彰奖励。实施新型职业农民培育工程。大力发展面向乡村需求的职业教育，加强高等院校涉农专业建设。充分发挥群团组织的优势和作用，实施乡村振兴"青年建功"行动、"巾帼行动"。发挥各民主党派、工商联、无党派人士等独特优势作用，支持脱贫攻坚和乡村振兴各项工作。

（四）尊重农民主体地位发挥农民主体作用。加强制度建设、政策激励、宣传引导，把发动群众、组织群众、服务群众贯穿脱贫攻坚和乡村振兴全过程，充分尊重农民意愿，弘扬自力更生、艰苦奋斗精神，激发和调动农民群众积极性主动性。健全农民参与的引导机制，发挥政府投资的带动作用，通过民办公助、筹资筹劳、以奖代补、以工代赈等形式，引导、支持村集体和农民自主组织实施或参与直接受益的农村人居环境整治和村庄基础设施建设。加强筹资筹劳使用监管，切实防止增加农民负担。制定村庄建设项目简易审批办法，创新农村建设管理方式，规范和缩小招投标适用范围，简化审批程序，让农民更多参与并从中获益。

做好"三农"工作意义重大、任务艰巨、使命光荣。要紧密团结在以习近平同志为核心的党中央周围，全面贯彻落实习近平总书记关于"三农"工作的重要论述，坚定信心、攻坚克难，咬定目标、苦干实干，为决胜全面建成小康社会、建设幸福美好新甘肃作出新的贡献，以优异成绩庆祝中华人民共和国成立70周年。

甘肃省人民政府办公厅关于河西戈壁农业发展的意见

甘政办发〔2017〕138号

嘉峪关、金昌、酒泉、张掖、武威市人民政府，省政府有关部门，中央在甘有关单位：

戈壁农业，是指在戈壁滩、砂石地、盐碱地、沙化地、滩涂地等不适宜耕作的闲置土地上，在符合国家有关生态保护法律法规政策的前提下，以高效节能日光温室为载体，发展设施蔬菜及瓜果等特色农产品的新型农业发展业态。近年来，经过我省各级农业工作者的研究、示范和推广，戈壁农业取得了良好的经济、社会和生态效益。为充分利用沙漠戈壁资源，促进河西戈壁农业发展，根据省第十三次党代会精神，经省政府同意，提出如下意见。

一　总体要求

（一）指导思想。全面贯彻党的十八大和十八届三中、四中、五中、六中全会精神，深入贯彻习近平总书记系列重要讲话精神和治国理政新理念新思想新战略，认真落实习近平总书记视察甘肃重要讲话和"八个着力"重要指示精神，按照党中央统筹推进"五位一体"总体布局和协调推进"四个全面"战略布局的各项决策部署，牢固树立创新、协调、绿色、开放、共享发展理念，坚持以创新驱动战略为引领，以农业供给侧结构性改革为目标，充分发挥政府的引导作用和社会力量的主体作用，通过健全产业体系，规范市场秩序，激发社会活力，培育壮大新动能，提高有效供给率，促进河西戈壁农业健康发展，不断满足人民群众日益增长的绿色产品需求。

（二）发展思路。以市场为导向，加快培育农业农村发展新动能，开创农业现代化建设新局面。在农业生态保护和资源合理利用的前提下，以高效园艺作物为主要生产对象和以农业废弃物为主要生产原料，利用高标准日光温室和塑料大棚，采取基质无土栽培技术和高效节水技术，运用企业化园区式管理模式，走出一条具有甘肃特色的河西戈壁农业开发利用道路。

（三）基本原则。

1. 坚持科技支撑，生态优先。依靠科技创新，发展现代循环农业。转变发展方式，推动优势产业向规模化、集约化经营转变。以发展绿色、优质、高效农产品为方向，培育绿色品牌。坚持生态环境保护优先，自觉把生态文明建设摆在重要位置，严格执行国家有关生态保护法律法规政策。合理高效利用水土光热资源，降低资源消耗，构建节约型产业发展模式。

2. 坚持适度规模，整体推进。根据不同区域生产特点，高起点谋划，高标准建设，高质量生产，因地制宜发展特色优势产业，集中连片整体推进，产业化集群发展。

3. 坚持市场导向，突出效益。依托资源优势，综合考虑不同区域和产业基础，选择市场前景好、发展潜力大、对区域经济有较强辐射带动作用的主导产业，形成优势突出、特色鲜明、高产高效的发展格局。

4. 坚持政府扶持，多元投入。加大政府扶持，优化投资环境，完善政策措施，发挥经营主体作用。改革投融资机制，以财政资金为引导，吸引社会资金投入，形成多元化产业投入格局。强化政府公共服务，构筑河西戈壁农业发展平台，发挥市场主体在农业资源配置中的决定性作用。

（四）发展目标。到2022年，在河西地区沙漠戈壁新建30万亩高标准设施农业，其中：新建高标准日光温室25万亩（酒泉市11万亩、张掖市11万亩、武威市2万亩、金昌市0.7万亩、嘉峪关市0.3万亩），新建全钢架高标准塑料大棚5万亩（酒泉市2万亩、张掖市1.7万亩、武威市1万亩、金昌市0.3万亩），新建智能连栋温室150亩。项目建成后，新增优质高效园艺作物产品250万吨（其中食用菌50万吨），年实现产值120亿元。初步建成基础设施完备、设施装备先进、科技支撑水平高、综合生产能力强、生态环境友好、产品特色鲜明的河西戈壁农业产业带，把河西地区打造成西北乃至中亚、西亚、南亚地区富有竞争力的"菜篮子"产品生产供应基地。

二 主要任务

（一）建设标准化产业园。以市为单位制定戈壁农业发展规划，优化生产布局，形成规模优势，确保供求平衡、结构合理、质量安全。在河西地区建设一批规划面积不少于1000亩的标准化产业园区，带动产业园区周边农民通过承包经营或劳务输出方式增加收入。

（二）建设工厂化种苗场。加快新品种引进培育，建立良种繁育体系，筛选出适宜不同区域、不同栽培类型的新品种。嘉峪关、金昌、酒泉、张掖、武威等市分别建立年产蔬菜种苗500万株以上的工厂化育苗中心1个以上，以张掖市为主建立一定规模的原料发酵、袋料生产车间，实现蔬菜优质种苗和菌棒统供率达到100%。支持建立一批果品、花卉种子、种苗繁育场。

（三）建设标准化基质厂。依托最新生物工程技术，大力发展现代循环农业，实现尾菜等农牧业废弃物及畜禽粪便无害化处理。在张掖、武威、酒泉、金昌等市建立以畜禽粪便、农作物秸秆等为原料的有机栽培基质标准化加工厂，满足河西戈壁农业对育苗基质和栽培基质的需求。

（四）加强科技研发支撑。加大对戈壁农业的科技立项，组织联合技术攻关，制定完善不同区域戈壁农业的生产、栽培和质量标准。重点推广设施轻简化建造、生态栽培、农机农艺融合、水肥一体化、光电能源温室利用及物联网远程管控等现代农业高效生产技术，提升装备水平，减轻劳动强度，降低生产成本，提高生产效率。

（五）完善配套服务设施。加大预冷设施、批发市场冷藏设施、分级包装车间、低温配送中心建设。加快产地批发市场建设，升级改造一批大型果蔬批发市场，完善市场交易功能。加大冷藏、冷运、冷销等冷链物流建设，支持龙头企业建立省外、境外销售窗口。同时，逐步建设一批农业文化旅游"三位一体"、生产生活生态同步改善、一二三产业深度融合的河西戈壁农业田园综合体。

（六）打造戈壁农业品牌。注重提升产品品质，以绿色、有机、生态为主,打造在全国乃至国际都具有一定影响的河西戈壁农业品牌。加快品牌认证步伐,扩大认证数量和规模,强化品牌保护意识。加快戈壁农业质量安全追溯信息平台建设,扩大追溯试点和范围,加大监管力度。

三 保障措施

(一)加强组织领导。省政府成立河西戈壁农业建设协调推进领导小组,统筹推进戈壁农业发展工作,定期研究河西戈壁农业发展中的重大事项、发展战略和政策措施。省政府有关部门要充分发挥职能作用,加强沟通衔接,形成工作合力,指导河西地区推动戈壁农业良性发展,要定期对戈壁农业任务落实、资金使用等情况开展督查。市、县也要成立相应的工作机构,建立政府引导、部门主抓、社会参与的工作格局。

(二)加大资金投入。加大财政资金投入和涉农资金整合力度,积极争取中央财政资金向河西戈壁农业项目倾斜,采取定向补助、先建后补、以奖代补等方式进行扶持。探索建立采取财政贴息、股权投资等手段撬动金融资本和社会资本投资河西戈壁农业的模式,大力培育股权投资基金、创投基金等融资服务组织,探索开展戈壁农业产权抵押贷款业务,利用好省级农业信贷担保公司相关政策,为新型农业经营主体提供融资担保服务。建立戈壁农业发展政策性保险机制,对参与戈壁农业生产的经营主体给予保费补贴。重点县市区要集中力量尽快完成水、电、路等基础设施建设。

(三)严格用水管理。要在控制用水总量的前提下,通过农田高效节水、完善输配水措施、加强调蓄设施建设和农业水价综合改革等措施,把传统农业节约下来的水向低耗水、高效益、无污染的河西戈壁农业以及生态领域调剂。严禁开荒打井,限制和压缩不合理用水需求,优化用水结构,提高用水效率,确保河西地区水资源平衡。

(四)强化生态保护。坚持生态优先、绿色发展,依法保护草原、森林和防沙治沙建设成果,保护河西地区生态环境。河西戈壁农业建设规划和项目前置审批都要严格遵守生态环境保护相关法律法规,确保经济、社会与环境协调发展。

（五）营造良好环境。市、县要强化公共服务，加大宣传引导，提高河西戈壁农业的社会认知度和产业影响力。改革投融资机制，以财政资金为牵引，鼓励引导国有和民营企业及其他社会力量以多种模式参与河西戈壁农业，充分调动社会各界的积极性，增强产业发展动能。

甘肃省人民政府办公厅
2017 年 8 月 15 日

中共甘肃省委　甘肃省人民政府
关于推进农村资源变资产资金变股金
农民变股东改革的指导意见

(2017 年 12 月 26 日)

为深入推进农村产权制度改革，激活农村要素资源，加快培育农业农村发展新动能，加快农业农村现代化步伐，就推进全省农村资源变资产资金变股金农民变股东改革（以下简称"三变"改革），提出如下指导意见。

一　总体要求

（一）指导思想。高举中国特色社会主义伟大旗帜，以马克思列宁主义、毛泽东思想、邓小平理论、"三个代表"重要思想、科学发展观、习近平新时代中国特色社会主义思想为指导，全面贯彻党的十九大精神，围绕统筹推进"五位一体"总体布局和协调推进"四个全面"战略布局，牢固树立和贯彻落实新发展理念，全面落实习近平总书记视察甘肃重要讲话和"八个着力"重要指示精神，实施乡村振兴战略，把"三变"改革作为完善农村基本经营制度和农村产权制度、增强新形势下农业农村发展新动能的总抓手，作为农业供给侧结构性改革和产业扶贫的主引擎，作为发展县域经济、壮大村级集体经济、优化乡村治理体系的突破口，围绕人、地、资金、经管主体、村级集体经济五类要素，通过股份制改革盘活农村自然资源、存量资产和人力资本，发挥政府主导作用和龙头企业、农民合作社带动作用，构建以农民为主体、股权为纽带，整合农村、政府和社会各种资源要素的产业发展平台，促进农业增效、农民增收、生态增值，为加快全省脱贫攻坚和全面小康进程奠定坚实基础。

（二）基本原则

1. 坚持党的领导，统筹协调推进。始终把加强党的领导作为推进"三变"改革的政治保证，注重改革的系统性、整体性、协同性和耦合性，形成改革合力。以"三变"改革统揽农村改革，统筹考虑农业和农村发展、城乡改革发展、效率公平和共享，增强管控能力。

2. 坚持政策底线，尊重各方意愿。坚持农村改革目标不放松、农村基本经营制度不动摇、农村多种所有制经济共同发展，切实维护农民土地承包经营权、住房财产权、宅基地使用权、集体收益分配权，确保农村土地集体所有性质不改变、农业用途不改变、耕地红线不突破、农民利益不受损、生态环境不破坏。充分尊重村集体、新型经营主体和农民意愿，发挥好基层群众的首创精神，不搞行政强迫命令。

3. 坚持正确方向，注重循序渐进。坚持社会主义市场经济改革方向，发挥市场作用，有效配置城乡资源要素，实现产业发展有市场、生产经营有收益、农民集体有分红。发挥政府主导作用，分类施策，不搞"齐步走""一刀切"，审慎稳妥推进。

4. 坚持保障权益，加强风险防控。以实现好、维护好、发展好广大农民根本利益为改革的出发点和落脚点，保障农民知情权、参与权、表达权。严格依法办事，妥善处理各种利益关系和矛盾纠纷，切实防止集体经济组织内部少数人侵占、支配集体资产，防止外部资本侵吞、控制集体资产；着力防范自然风险、市场风险、资金风险、社会风险，保障农民合法经济利益，防止集体资产流失，真正让改革成果惠及农民。

（三）主要目标。通过"三变"改革，使农村闲置的资源活起来、分散的资金聚起来、增收的产业强起来、群众的日子好起来。到 2020 年，全省每个村都有集体经济经营收入，运营管理机制健全规范，党在农村执政的经济基础进一步夯实，基层党组织的凝聚力、战斗力和号召力进一步增强。

1. 让更多农村资源增值。盘活资源配置，激活发展要素，促进资源向资产转化，提升资源经济价值，增加村集体和农民财产性收入，实现百姓富与生态美的有机统一。

2. 让更多农业产业转型升级。统筹资金项目，搭建股权平台，引导农户将承包地经营权入股到企业、合作社、合作社联合社、家庭农场等经营主体，创新农业规模经营体制机制，培育一批种养、加工、仓储、冷链、物流等农业龙头企业和特色农产品，促进一二三产业融合发展。

3. 让更多农民增收。着力打造"股份农民"，增加股权收益，拓宽增收渠道，最大限度释放改革的综合效应和红利，增强农民在改革中的获得感。

4. 让更多贫困户参与。把产业扶贫作为主攻方向，把贫困群众与经营主体有机连接起来，确保户户有增收项目、人人有致富门路，提高产业扶贫效益和资产收益，增强脱贫攻坚的内生动力。

5. 让更多村级集体经济增长。深化农村集体产权制度改革，壮大集体经济、增加集体收入、改善乡村治理。

二 主要内容

（一）资源变资产。将集体土地、林地、水城和闲置的房屋、设备等资源资产的使用权，在清查核实、确权登记、评估认定基础上，通过一定形式入股家庭农场、农民合作社、农业产业化龙头企业等经营主体，取得股份权利。

1. 变集体资源为入股资产。对尚未承包到户，仍属于集体所有的耕地、林地、荒地、荒山、荒滩、荒漠、水城等资源进行清查核实，评估作价，将农村集体资源的使用权入股到经营主体。探索将能产生价值的民俗文化、自然风光、古树村落、休闲旅游等资源资产入股，按股比获得分红收益。（省农牧厅、省财政厅、省国土资源厅、省水利厅、省林业厅、省旅游发展委负责）

2. 盘活集体资产入股经营主体。对一些闲置或低效利用的集体资产，包括集体兴建或购置的房屋、具有经营价值的各种建筑物和机械设备、生产设施，村庄整治、宅基地整理等节约的建设用地，以及财政资金投入但划归集体所有的经营性资产，通过清查核实、确定权属关系之后，折价入股经营主体，按股比获得收益。（省农牧厅、省财政厅、省国土资源厅、省建设厅、省水利厅负责）

3. 稳步推进"两权"抵押贷款。切实抓好农村土地承包经营权抵押和农民住房财产权抵押贷款试点，总结推广试点经验，加快农村产权确权、抵押、登记、流转等配套制度建设，支持条件具备的地区积极稳妥开展"两权"抵押贷款业务。（省政府金融办、人行兰州中心支行、省农牧厅、省林业厅、省财政厅、省国土资源厅、省建设厅、省发展改革委负责）

（二）资金变股金。将各级各部门投入到农村的发展生产和扶持类财政资金（财政直补、社会保障、优待抚恤、济救灾、应急类等资金除外），按照各自使用管理规定和贫困县统筹整合使用财政支农资金、资产收益扶贫等政策要求，量化为村集体或农民持有的股金，集中投入到各类经营主体，享有股份权利，按股比获得收益。

1. 财政支农项目资金转变为村集体股金。将各级各部门投入到农村的项目资金和村集体申请到的财政专项扶持资金，包括生产发展类资金、农业生态修复和治理资金、农村基础设施建设资金、支持村集体经济发展等专项资金和扶贫专项资金，在符合资金使用管理规定和贫困县统筹整合使用财政支农资金、资产收益扶贫等政策要求前提下，量化为村集体或农民享有的股金，投入到具有法人资格、经济效益好、发展前景广的经营主体，并按股比获得收益。将分散扶持农村生产发展的财政资金按使用管理规定和政策要求进行整合，投入到农村基础设施、水电产业、乡村旅游等形成的固定资产，以及授入经营主体形成的经营性资产采取折股量化分红或固定收益等方式，增加村集体和农民收入。（省财政厅、省扶贫办、省发展改革委、省农牧厅、省水利厅、省国土资源厅、省林业厅、省旅游发展委负责）

2. 财政到户资金转变为贫困户股金。将精准扶贫到户财政补助资金，在尊重建档立卡贫困户意愿基础上，按照国家资产收益扶贫政策规定，投入到效益较好的经营主体，合理确定贫困户持有的股份比例，通过建立利益联结机制，获得保息分红和收益分红，增加贫困户收益。（省财政厅、省扶贫办、省发展改革委、省林业厅、省民委、省农垦事业管理办公室负责）

（三）农民变股东。鼓励和引导农民自愿以土地（林地）承包经营权、集体资产股权、住房财产权（包括宅基地使用权）以及自有生产经营设施、大中型农机具、资金、技术、技艺、劳动力、无形资产等各种生产要素，通过协商或者评估折价后，投资入股经营主体，享有股份权利。

1. 发展多种形式的土地（林地）股份合作。鼓励农民依法自愿以承包土地经营权、林地经营权等入股经营主体，采取"经营主体＋基地＋农户""经营主体＋集体＋农户"等多种组织形式，开展股份合作，让农民既能够就近就业获得工资性收入，又能够作为股东分享股金分红等增值收益。（省农牧厅、省林业厅、省国土资源厅负责）

2. 开展农户住房使用权股份合作。结合美丽乡村建设，在生态条件较好、人文资源丰富、地域风情浓厚等旅游资源较好的乡村，大力发展以休闲娱乐、健康养生、农事体验为主要内容的乡村旅游产业，采取"旅游公司＋农户""经营主体＋集体＋农户"以及组建股份合作社等形式，鼓励引导农民以住房使用权入股，盘活闲置房舍资产，拓宽农民增收渠道。（省旅游发展委、省建设厅、省委农工办、省国土资源厅、省农牧厅负责）

3. 开展农村集体经营性资产股份合作。从 2017 年开始，每个市（州）各选择 1 个县（市、区）开展农村集体经营性资产股份合作制改革试点，将经营性资产折股量化到本集体经济组织成员，赋予农民对集体资产股份占有、收益等更多权能。2019 年全省有条件的县（市、区）全面推开，力争到 2021 年基本完成改革任务，让农民群众分享产权制度改革成果。（省农牧厅、省林业厅、省政府金融办、人行兰州中心支行、省财政厅、省国土资源厅、省扶贫办、省建设厅、省发展改革委负责）

三 重点措施

（一）建立股份合作机制。从 2017 年开始，用 3 年左右时间基本完成农村集体资产清产核资工作，用 5 年时间做好农村集体经营性资产股份合作制改革任务。按照尊重历史、兼顾现实、程序规范、群众认可的原则，统筹考虑户籍关系、农村土地承包关系、对集体积累的贡献等因素，全面做好农村集体经济组织成员身份确认。坚持全面确权和优先确权相结合，加快农村集体土地所有权、集体建设用地使用权、农村宅基地使用权、农村土地承包经营权、集体林权以及草原确权等工作，对贫困户优先确权。引导村集体和农民将土地、林地、荒地等经营性自然资源使用权和经营权依法有序流转入股，通过股权纽带盘活资源，发展多种形式的股份制合作。鼓励村集体和农民将资产、资金、技术等入股经营主体，建设物业设施，发展物业经济，营运不经营，分红不分产，确保资产安全增值。制定折股量化办法，合理确定入股主体和承接经营主体所占股比及收益分配制度，明确集体（公积金、公益金等）、成员、经营主体收益比例。完善民主治理机制，保障股份权利，防止村干部等少数人直接操控经营企业。县级农业主管部门要加强农村集体经济组织成员登记备案和集体资产监套管理工作。（省农牧厅、省国土资源厅、省林业厅、省水利厅、省委组织部、省发展改革委、省财政厅、省扶贫办、省交通运输厅、省建设厅、省工商局负责）

（二）建立资金整合机制。严格执行国家和省上贫困县统筹整合财政支农资金政策，将中央及省级符合条件的涉农资金进行整合，资金项目审批权限完全下放到县，由县级政府自主安排使用。按照资金使用管理规定要求，量化为村集体的股金（除补贴类、救济类、应急类资金外，扶贫开发资金可量化到贫困农户）集中投入到各类经营主体，健全完善资金使用办法，按投资入股比例分红。（省财政厅、省农牧厅、省扶贫办负责）

（三）建立经营主体培育机制。按照壮大一批、引进一批、新建一批的思路，探索"企业＋村集体＋合作社＋农户"的模式，大力培育"三变"改革经营主体。重点围绕草食畜、优质林果、高原夏菜、马铃薯、中药材、现代制种等特色优势产业，打造各具特色的"一村一品""一乡一业"示范区，完善提升国家级、省级示范区和省市县级产业园。引导同质企业、产业链条企业联合抱团发展，组建具有市场优势的企业集团，借助58个贫困县绿色通道上市。通过招商引资，引进一批对农业农村资源、农产品、农业劳动力依赖度高、规模大、实力强的国有企业、民营企业，引导其转型转产投入农业领域，参与"三变"改革，让工商资本在农业领域迸发新活力。鼓励返乡农民工、致富能手、大学生、退伍军人等返乡创业，兴办创办生产型、加工型、商贸型、物流型、乡村旅游型企业与合作社。建立激励机制，允许财政补助形成的资产量化给村集体所有后，由经营主体经营和管护。对承接"三变"改革的经营主体，加大政策、项目、资金、技术等方面的支持力度。（省农牧厅、省财政厅、省政府国资委、

省工商局、人行兰州中心支行、甘肃银监局、甘肃证监局、甘肃保监局、省农村信用社联社负责）

（四）建立产权交易机制。市（州）、县（市、区）要在有需求、有条件的地方尽快建立健全农村产权流转交易市场，引导建立乡镇农村产权流转交易窗口和村级服务点，形成县、乡、村级农村产权流转服务体系。制定农村产权流转管理办法等相关配套制度，健全交易规则和流程，扩大交易品种，保障农村产权依法自愿公开公正有序交易。建立交易监督机制，强化监管，确保产权交易规范透明运行。鼓励支持以市场化方式组建农村产权及其他权益类资产评估机构，满足农村资产和权益评估需求。对进入市场流转交易的农村集体资产，要充分尊重村民意愿，可由村集体经济组织委托中介机构进行评估，也可委托农经机构组织评估，评估结果必须经村民大会确认。（省农牧厅、省财政厅、省工商局负责）

（五）建立融资支持机制。认真落实精准扶贫专项贷款和产业扶贫专项贷款，健全风险补偿制度，探索建立"三变"改革信贷风险补偿基金、"三变"改革扶贫产业基金。鼓励组建政府出资为主，重点开展涉农投融资业务的县域投融资平台、担保机构或担保基金。积极争取人民银行增加支农、扶贫和支小再贷款投放，切实强化再贷款管理，督促落实利率优惠政策。支持政策性银行加大对农村路、水、房等基础设施建设的投入。鼓励银行创新开发专门支持农村"三变"改革的信贷产品，推广农村承包土地经营权、农民住房财产权、林权、小型水利设施使用权、设施温棚、大型农机具、应收账款、知识产权、动产、版权、仓单、保单等抵（质）押贷款。鼓励引导"三变"改革经营主体中的龙头企业在主板上市，在"新三板"或甘肃股权交易中心挂牌融资。完善农村信用体系建设，深入推进信用农户、信用村组、信用乡镇等农村信用体系建设，开展新型经营主体信用评级与授信。积极推动我省农业信贷担保公司在市县设立办事处或分公司，逐步构建省市县三级农业信贷担保体系。探索建立企业、合作社等经营主体、村集体经济组织、村民共同出资组建的行业性担保公司。（省财政厅、省政府金融办、省发展改革委、省扶贫办、人行兰州中心支行、省农村信用社联社、甘肃银监局、甘肃证监局、甘肃保监局负责）

（六）建立权益保障机制。引导农民、村集体经济组织和承接经营主体依法订立合同或协议，做到"三变"改革合同书、股权证、分红单"三个到户"，形成"保底分红"和"按比例分红"的股份联结机制，确保村集体和农民个人的股份权益。建立股权收益分配和分红机制，入股主体和承接经营主体按照合同确定的收益分配方式进行分配，兼顾国家、集体、个人的土地增值收益。引导新型经营主体按照合作制原则完善股权结构和治理方式，确保村集体和农民履行股东的职责、行使股东的权力。建立股权退出机制，农民和村集体持有承接经营主体的股份部分，或成员内部之间可以依法转让，并办理相关手续。探索在非社区的其他集体成员、农民间依法转让。建立合同备案机制，制定规范合同样本，完善股权量化、变更、分红、退出台账，引导合作当事人按协商内容，依法签订合同协议，约定双方的权利和义务。（省农牧厅、省财政厅、省司法厅、省人社厅负责）

（七）建立风险防控机制。完善农业保险制度，增加保费补贴品种，扩大保费补贴区域，鼓励各地开展"一市一品、一县一品"等各具特色的农产品保险。开发适合新型经营主体需求的保险品种，探索开展农产品目标价格保险、天气指数保险等创新型保险产品，引导商业保险机构开发面向农户的小额信贷保证保险产品。在保障农民利益的前提下，合理设定土地承包经营权流转年限，加强对工商企业租赁农户承包地的监管，建立健全资格审查、项目审核、风险保障金制度，明确农民入股经营主体解散、破产后的处理办法。建立法律顾问机制，组织律师和法律服务工作者对法体文书进行审核把关，并全程指导农民做好合同签订、入股经营、股权收益等。（省政府金融办、省农牧厅、省财政厅、省司法厅、省工商局、甘肃银监局、甘肃保监局负责）

（八）建立"三支力量"支持机制。加强村"两委"班子、村帮扶工作队和村第一书记"三支力量"建设，为"三变"改革提供人才支撑。指导盘活区域内分散的生产要素，提高资源配置效率，明晰入股资源权属，确定股份分红比例，整合资金项目，培育经营主体，保障各方权益。通过"三支力量"与农户贫困户"众扶帮帮团"等模式，靠实帮扶责任，实现抱团发展。建立优先培养使用、提高待遇保障、表彰奖励、关心支持等正向激励制度，实行考核评价、问责召回等督促约束措施，奖优罚劣，激发驻村帮扶干部的积极性和创造性。（省委组织部、省委农工办、省扶贫办负责）

四　组织领导

（一）加强组织领导。成立省农村"三变"改革工作领导小组，办公室设在省委农工办。各成员单位要按照"三变"改革要求，研究制定相关配套政策、实施细则或操作办法，并加强业务指导。市（州）要加强统筹协调，督促县（市、区）落实"三变"改革各项要求。"三变"改革以县（市、区）为主体，县（市、区）党委主要负责同志为第一责任人，政府主要负责同志为直接责任人。各市（州）、县（市、区）成立相应的领导小组，明确工作机构，加强人员配备，推进"三变"改革工作顺利实施。

（二）稳妥有序推进。各市（州）试点工作方案报省农村"三变"改革工作领导小组办公室批复后实施。各市（州）要坚持循序渐进、试点先行的原则，2017年选择1~2个县在有条件的乡村或专业合作社开展试点，2018年在总结经验的基础上全面推开，2019年做到巩固提高。省直有关部门要在政策、项目、资金等方面加大对"三变"改革的支持。

（三）加大宣传培训。充分运用各类媒体，多形式、多渠道、全方位宣传"三变"改革的重要意义、重点内容、方式方法和基本要求，及时发现和总结"三变"改革中涌现出来的好做法、好经验，营造"三变"改革的良好氛围。注重加大对乡村干部、村民代表的培训，不断提升推进"三变"改革的能力。

（四）做好督查考核。各地要将"三变"改革纳入年度重点督查和考核内容，研究制定考核办法，加大督查指导力度。对"三变"改革成效显著的县（市、区），在项目、资金方面进行奖补支持。组织部门要将"三变"改革工作成效作为党政干部提拔任用的重要依据。

甘肃省人民政府办公厅关于全面消除
贫困村村级集体经济"空壳村"的意见

甘政办发〔2018〕120 号

各市、自治州人民政府，兰州新区管委会，省政府有关部门，中央在甘有关单位：

为发展壮大村级集体经济，全面消除贫困村村级集体经济"空壳村"，结合我省实际，提出如下意见。

一　总体目标

到 2018 年底，全省 7262 个贫困村中的 3594 个村级集体经济"空壳村"都有村级集体经济收入，基本消除贫困村村级集体经济"空壳村"。到 2020 年，全省贫困村村级集体经济年收入力争达到 2 万元以上，建立村级集体经济收入持续稳定增长发展机制。

二　重点任务

（一）拓宽发展渠道。增加村级集体经济收入要选择资产盘活型、资源开发型、为农服务型、项目带动型、多元合作型等多种模式，探索创新村级集体经济发展的方式方法和有效途径，全方位推进消除贫困村村级集体经济"空壳村"工作。

1. 积极推进农村"三变"改革，把村集体所有的土地、山林、水面等资源性资产和闲置的房屋、基础设施等可经营性资产以及各类扶持资金，投资入股农民合作社和经营稳定、发展前景良好的企业等经营主体。

2. 开发集体"四荒"地（荒山、荒沟、荒丘、荒滩）等土地资源和其他可利用的集体资源，发展农业产业项目。

3. 支持村级组织牵头领办、组建农民合作社、劳务中介公司、农机服务队、运输公司等服务组织，承接劳务输出、环卫清洁、物业管理等业务，开展经营、提供服务。

4. 依托农业产业、自然风光、民俗风情、农耕文化等特色优势资源，发展休闲观光农业、农家乐等乡村旅游项目，积极引进社会资本开发乡村旅游业。

5. 支持有条件的村实施光伏扶贫项目，建设村级光伏电站，资产所有权和收益权归村级集体经济组织所有。

6. 实施土地整治等项目新增加的集体土地资源，由村级集体经济组织经营管理，结合实际采取自营或发包等方式。

7. 鼓励村级集体经济组织采用县市区或乡镇（街道）组团方式，在本地或跨区域在经济开发区、城镇商业区、城乡社区等区位条件较好、产业集聚度较高的区域，兴建或购置商铺店面、农贸市场、仓储设施、标准厂房、写字楼、旅游服务房屋及设施、生活服务设施等物业资产，实施自营、入股、租赁等。

（二）创新经营机制。积极推进农村集体产权制度改革，探索发展壮大村级集体经济的有效实现形式。积极引进、培育和壮大一批新型农业经营主体，探索建立"企业＋村集体＋合作社＋农户""村集体＋合作社＋农户"等多种合作模式发展集体经济。支持多个集体经济组织共同出资组建经济联合体，抱团发展集体经济。

（三）强化资产管理。严格按照相关政策法规，切实做好农村集体资产财务管理工作。进一步规范农村会计委托代理，确保将村级集体经济组织的所有收入和支出纳入账内统一核算。建立科学合理的村集体收益分配制度，合理确定发展村级集体经济、建设村级公益事业、保障集体成员分配权益的分配比例。建立健全农村集体资产登记、保管、使用、处置等制度，建立资产资源台账，实行动态管理。完善全省农村集体资产监管平台，推动集体资产财务管理制度化、规范化、信息化。加强农村集体经济组织审计监督，定期开展财务收支审计，深入开展村干部任期和离任经济责任等专项审计，严肃查处侵占农村集体资产、损害农民权益等违法违纪行为。

（四）加强班子建设。加强贫困村党组织建设，选优配强村"两委"

班子，强化党对村级集体经济发展的领导，把年轻、懂科技、有经营管理能力的高素质人才吸引到村级领导岗位上来，着力提升贫困村村"两委"班子领导发展村级集体经济的能力。

三 保障措施

（一）加强组织领导。省级成立全面消除贫困村村级集体经济"空壳村"工作领导小组，办公室设在省农牧厅。各地也要成立相应的工作机构，明确部门职责，强化统筹协调。有关部门要按照职责分工要求，各负其责、密切协作，重点向贫困村村级集体经济"空壳村"倾斜项目和资金。要加强乡镇农经机构及队伍建设，在不增加编制的前提下，调剂充实农经工作人员。

（二）精心组织实施。市州要结合各自实际，研究制定消除贫困村村级集体经济"空壳村"工作方案，细化工作措施，督促检查指导，落实工作任务。县市区要制定消除贫困村村级集体经济"空壳村"实施方案，明确目标任务、步骤时限、政策措施、实现途径等，建立工作台账，实行销号管理。工作方案和实施方案报省农牧厅备案。

（三）营造发展环境。各级政府要定期召开专题会议，研究解决消除贫困村村级集体经济"空壳村"工作中出现的困难和问题，推动工作落实。要建立容错机制，鼓励和调动各级各方面发展壮大村级集体经济的积极性和主动性，为村级集体经济发展营造宽松环境。要采取多种激励措施，对消除贫困村村级集体经济"空壳村"工作成效突出的单位和个人给予奖励。积极开展村级集体经济组织登记证书发放工作，保障村级集体经济组织的市场主体地位，充分发挥村级集体经济组织的功能作用，确保其正常开展经营管理活动。

（四）强化督查考核。各地、各有关部门要加强督查督导，及时发现问题、解决问题，指导推动工作。各地要按照贫困村脱贫退出验收要求，将消除贫困村村级集体经济"空壳村"任务完成情况逐级纳入领导班子和领导干部考核内容，强化考核监督，对工作成效突出的予以通报表扬。对工作推进不力、年度任务未完成或弄虚作假造成恶劣影响的，追究相关责任人的责任。

（五）加强宣传培训。各地要采取多种形式宣传发展村级集体经济的政策，及时总结推广发展贫困村村级集体经济的好做法、好模式、好经验，调动群众支持和参与村级集体经济发展的积极性，营造良好发展氛围。要多途径培训乡村干部、驻村帮扶队长、新型农业经营主体带头人，增强工作本领，为村级集体经济发展提供人才保障。

（六）加大投入力度。多渠道、多途径加大投入力度，加大光伏发电、乡村旅游、土地整治等项目资金投入，采取"千企帮千村""村企结对"等方式引导企业通过资金扶持、项目帮扶和产业带动，利用村级扶贫互助资金入股企业或合作社等经营主体，通过各级帮扶单位加大资金扶持力度等多种途径，解决"空壳村"发展资金不足问题。对于既无可利用资源资产又无主体带动，产业基础薄弱的村，按照县级为主、省市补助的原则，确保每个贫困村村级集体经济"空壳村"都有集体经济发展资金。同时，加大对村级组织运转、村级公共事业和基础设施建设转移支付力度。

（七）落实用地政策。在安排年度建设用地计划指标时，优先落实贫困村村级集体经济"空壳村"发展所需用地。鼓励村级集体经济组织和农户积极参与配合农村土地综合整治，探索开展城乡建设用地增减挂钩节余指标有偿交易，所得收益按照土地出让收支管理有关规定，支持村级集体经济发展和乡村振兴。农村集体土地依法被征收为国有土地的，应按被征收土地面积的一定比例，为被征地村安排集体经济发展留用地，或以留用地指标折算为集体经济发展资金等形式予以补偿。实施留用地政策为被征地村安排集体经济发展留用地的，要依法办理用地手续。涉及土地出让的，土地出让收入按照土地出让收支管理有关规定，支持村级集体经济发展。对依法批准归村级集体经济组织所有的房产和建设用地，可办理不动产登记，允许以其地上建筑物、构筑物通过入股、联营等方式开发经营。

（八）加强金融支持。充分发挥财政资金的撬动作用，引导工商资本、金融资本、社会资本积极支持贫困村产业发展。引导各级金融机构对村级集体经济组织经营或参股的项目提供优质金融服务，在简化审批手续、贷款利率方面加大支持力度。积极探索扩大有效担保物范围，丰富融资手段，助推村级集体经济发展。

（九）加大税费优惠。在农村集体产权制度改革和农村"三变"改革中，免征因村级集体经济组织名称变更登记、资产产权变更登记涉及的契税，免征签订产权转移书据涉及的印花税，免收确权变更中的土地、房屋等不动产登记涉及的登记费和工本费。企业通过公益性社会团体或县级以上政府及其部门的捐赠支出，符合《中华人民共和国公益事业捐赠法》规定，且在年度利润总额 12% 以内的部分，准予在计算应纳税所得额时扣除。

甘肃省人民政府办公厅

2018 年 7 月 21 日

关于印发《甘肃省农村村级公益性设施
共管共享工作管理办法（试行）》的通知

甘村领发〔2018〕1号

各市、州党委和人民政府，兰州新区党工委和管委会，省农村村级公益性设施共管共享工作协调推进领导小组成员单位：

《甘肃省农村村级公益性设施共管共享工作管理办法（试行）》已经省委、省政府领导同志同意，现印发你们，请各地结合实际认真贯彻执行。

省农村村级公益性设施共管共享

工作协调推进领导小组

2018 年 6 月 1 日

甘肃省农村村级公益性设施共管共享
工作管理办法（试行）

第一章 总 则

第一条 为认真贯彻落实习近平新时代中国特色社会主义思想和党的十九大精神，深入推进乡村振兴战略，助推脱贫攻坚，按照国家《农村人居环境整治三年行动方案》的要求，管好、用好、维护好农村村级公益性设施，完善乡村治理体系，提升乡村治理水平，根据《关于开展农村村级公益性设施共管共享工作的指导意见》，制订本办法。

第二章 村级公益性设施的范围

第二条 村级公益性设施是指村内的公共设施，主要包括村组道路、村内巷道、产业路、给排水设施、绿化带、村级阵地、文化广场、乡村舞台、农家书屋、健身器械、路灯、公厕、垃圾池（箱）等。

第三章 管护机构及职责

第三条 以行政村为单位组建村级公益性设施共管共享理事会（以下简称"理事会"），为村民自治组织。理事会设立理事长、副理事长各 1 名，理事一般不少于 5 人，由村社（组）干部、有威望的乡贤、群众认可的村民通过村民会议或村民代表会议民主选举产生。为便于工作开展，理事会成员原则上在各自然村或村民小组都要有分布。理事会每届任期 3—5 年。

第四条 理事会在村"两委"领导下开展工作，接受村务监督委员会的监督，每年向村"两委"或村民会议（村民代表会议）报告工作。

第五条 理事会负责村级公益性设施登记造册，建立台账，制定管护制度；负责日常巡查，掌握村级公益性设施运行情况，排查安全隐患；组织村级公益性设施的常规性维修；提出公益性岗位设置意见，负责公益性岗位人员日常管理和考核。

第四章 管护基金及管理

第六条 以行政村为单位设立村级公益性设施共管共享管护基金（以下简称"管护基金"）。

第七条 管护基金主要通过以下途径筹措：省级财政每年给每个行政村投入 1 万元，资金从省级下达市县的一般性转移支付中解决，市县财政在保障脱贫攻坚资金需求的前提下，有条件的市县两级财政每年给每个行政村各投入 1 万元；民政、交通、建设、水利、农牧、林业、文化、新闻出版、体育、扶贫等行业主管部门在项目安排时统筹考虑安排管护经费；集体经济收益提取；社会募集、"一事一议"筹集等。

第八条 管护基金主要用于农村村级公益性设施维修材料费等支出，由理事会提出使用意见，经村"两委"审议后实施。村级公益性设施维修所需人工由理事会组织村民投工投劳解决。

第九条 管护基金实行村账乡管，专款专用，累计使用，滚动发展。管护基金不得调剂到别村使用。

第十条 乡（镇）将管护基金收支情况定期公示，接受村"两委"、理事会和群众的查询、监督。

第五章 公益性岗位及管理

第十一条 公益性岗位以行政村为单位设置。省定3720个深度贫困村及"两州一县"1482个其他村按《2018年开发乡村振兴公益性岗位实施细则》执行，全省除上述之外的其他行政村每个村设置4—6个岗位。各行政村根据人口、所辖村民小组的多少及区位差别进行差异化配置。

第十二条 公益性岗位重点保证行政村村部所在地及人口集中的自然村。地处边远、人口居住分散的自然村要积极组织动员村民承担公益性设施管护任务，把村民培养成村内公益性设施运行管护的重要力量，实现管护人员自然村全覆盖。

第十三条 公益性岗位人员主要职责是管护村组道路、村内巷道、产业路、给排水设施、绿化带、村级阵地、文化广场、乡村舞台、农家书屋、健身器械、路灯、公厕、垃圾池（箱）等村级公益性设施，维护公共场所卫生。

第十四条 公益性岗位人员选聘对象，优先考虑本村建档立卡贫困户中零转移就业家庭中有劳动能力者和失地农民家庭成员，不得优亲厚友。每户只得1人选聘为公益性岗位人员。

第十五条 公益性岗位人员选聘程序：县（市、区）审定职数，符合条件人员自愿申请，理事会推荐，村"两委"组织招聘，乡镇审定，聘用协议原则上一年一签。

第十六条 公益性岗位补贴资金，主要通过市县两级财政列支、省级财政奖补的办法来解决。省定3720个深度贫困村及"两州一县"1482个其他村的公益性岗位补贴资金从省上每年分配给县（市、区）的就业补助资金中列支。

第十七条 公益性岗位人员每人每月补贴不少于500元，原则上按月发放，县（市、区）级财政部门拨付到乡（镇），由村上负责发放。

第十八条　有以下情形的应退出公益性岗位：

（一）不认真履行公益性岗位职责的；

（二）入学、服兵役、户口转出本村的；

（三）刑事犯罪的；

（四）终止就业需求的；

（五）经认定其他不适合继续担任公益性岗位的。

公益性岗位人员出现空缺时，由理事会及时提出补充方案，按程序聘任。

第十九条　公益性岗位人员培训，由各县（市、区）负责，根据工作需要及时开展有针对性的业务技能培训，保证具备相应的技能和服务能力。

第六章　考核与监督

第二十条　省农村村级公益性设施共管共享工作协调推进领导小组（以下简称"领导小组"）办公室制定《甘肃省农村村级公益性设施共管共享工作考核办法》，建立分级负责、高效运行、督导有力的考核机制。领导小组办公室负责对领导小组成员单位、市（州）、县（市、区）进行考核，县（市、区）负责对乡（镇）进行考核，乡（镇）负责对村进行考核，督促各级各部门履行职责，发挥作用。理事会要加强对村级公益性设施管护人员的日常检查考核，将检查考核结果作为续聘公益性岗位人员和落实其他相关惠农政策的重要参考。对理事会不履职尽责的、不依规合法使用管护基金的，公益性岗位人员选聘优亲厚友、空岗挂岗、虚报冒领、骗取补贴资金等违纪违规行为，依照有关规定追究相应责任。

第七章　附　则

第二十一条　各市（州）、县（市、区）按照本办法根据实际制定实施细则，报领导小组办公室备案。

第二十二条　本办法自下发之日起实施。

第二十三条　本办法由领导小组办公室负责解释。

图书在版编目（CIP）数据

甘肃省农村基层治理研究／王向东著． -- 北京：
社会科学文献出版社，2020.5
ISBN 978 - 7 - 5201 - 6572 - 3

Ⅰ.①甘… Ⅱ.①王… Ⅲ.①农村 - 社会管理 - 研究
- 甘肃 Ⅳ.①C912.82

中国版本图书馆 CIP 数据核字（2020）第 069105 号

甘肃省农村基层治理研究

著　　者／王向东

出 版 人／谢寿光
组稿编辑／谢蕊芬　李　薇
责任编辑／庄士龙　李　薇　佟英磊

出　　版／社会科学文献出版社·群学出版分社（010）59366453
　　　　　地址：北京市北三环中路甲29号院华龙大厦　邮编：100029
　　　　　网址：www.ssap.com.cn
发　　行／市场营销中心（010）59367081　59367083
印　　装／三河市龙林印务有限公司

规　　格／开　本：787mm×1092mm　1/16
　　　　　印　张：14.75　字　数：226千字
版　　次／2020年5月第1版　2020年5月第1次印刷
书　　号／ISBN 978 - 7 - 5201 - 6572 - 3
定　　价／98.00元